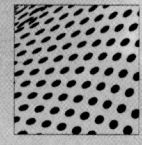

ZHONGGUO DUSHI JIAOYU JINGZHENGLI YANJIU

袁振国　主　编
田慧生　副主编

中央教育科学研究所2008年度科研业务费专项资金项目成果丛书

中国都市教育竞争力研究

中国都市教育竞争力研究及数据库建设项目组　著

教育科学出版社
·北京·

编 委 会

主　　任：袁振国
副 主 任：田慧生
成　　员：方铭琳　孙袁华　刘晓楠　李　东　杨润勇　所广一
　　　　　（按姓氏笔画排列）

课 题 组

负 责 人：方展画　浙江省教育科学研究院
核心成员：王健敏　浙江省教育科学研究院
　　　　　林　莉　浙江省教育科学研究院
　　　　　庞红卫　浙江省教育科学研究院
　　　　　郭耀邦　浙江省教育科学研究院
　　　　　李明华　浙江省教育科学研究院
　　　　　徐敏娟　浙江省教育科学研究院
　　　　　孙丽丽　浙江大学
　　　　　李红梅　浙江大学
　　　　　黄　莉　浙江大学

目 录

导 论 / 1
第一节 都市教育竞争是区域竞争的新态势 / 2
第二节 都市教育竞争力研究的定位与目标 / 11
第三节 都市教育竞争力研究的思路、方法与主要内容 / 18

第一章
都市教育竞争力的出场语境和理论内涵

第一节 教育与都市社会发展关系的历史演进 / 28
第二节 都市教育竞争力的理论基础 / 37
第三节 都市教育竞争力现象的出现 / 46
第四节 都市教育竞争力的概念与内涵 / 59

第二章
教育竞争力的相关评价研究述评

第一节 国际竞争力研究框架下的评价模型与指标体系 / 72
第二节 教育评价视角下的评价模型与指标体系 / 77
第三节 中国城市竞争力相关研究述评 / 82

第三章

中国都市教育竞争力评价指标体系的构建

第一节　都市教育竞争力指标体系的设计 / 94
第二节　中国都市教育竞争力评价指标的选择 / 100
第三节　中国都市教育竞争力评价指标体系的指标解释 / 109

第四章

中国都市教育竞争力实证研究

第一节　样本都市教育竞争的评价指标数据的采集和处理 / 118
第二节　中国都市教育竞争力计量结果及简析 / 121

第五章

中国都市教育竞争力研究结果解读

第一节　中国都市教育竞争力与都市发展关系的分析 / 164
第二节　影响中国都市教育竞争力的主要因素 / 169
第三节　中国都市教育竞争力研究的基本结论 / 173
第四节　不同发展水平的都市教育竞争力特征分析 / 176

第六章

中国都市教育竞争力个案研究

第一节　嘉兴市都市教育竞争力个案研究 / 186
第二节　汉中市都市教育竞争力个案研究 / 195
第三节　绵阳市都市教育竞争力个案研究 / 207
第四节　烟台市都市教育竞争力个案研究 / 216

第七章

浙江省五市教育竞争力的比较研究

第一节　浙江的社会经济与教育发展 / 230
第二节　浙江五市教育竞争力的比较与分析 / 233
第三节　浙江五市教育竞争力的特性、成因及其启示 / 243

附　录 / 251
参考文献 / 265

导　论

　　进入20世纪以来，随着主要发达国家先后完成工业化、城市化（都市化）进程，以及发展中国家城市化进程不断加速，世界进入了城市化时代，城市间的竞争成为国力竞争最直接、最主要的竞争场。尤其是第二次世界大战后，国际竞争逐步从军事向经济、科技领域演进。这种变化是世界经济从工业经济时代向知识经济时代转型的必然现象（田丰，等，2007）[2]。知识和发现知识的创新能力成为决定竞争成败的关键，教育在国家发展战略中的地位日益上升。由此，沿着国力竞争—都市竞争—都市教育竞争的线路，教育与都市发展交互作用，构成一种全新态势的国际竞争模式。

　　在这一背景下，把握都市教育竞争力的内涵，实证地研究我国都市教育竞争力的特点，具有非常重要的理论和现实意义。

第一节 都市教育竞争是区域竞争的新态势

近年来,全球化进程和技术进步对世界发展的一个深远影响是,全球(世界)都市的出现使都市从国家、区域层面凸显出来成为竞争主体,世界的竞争更多地表现为都市之间的竞争。而由于教育在都市经济社会发展中的主导地位,都市教育竞争越来越成为国家、区域竞争的新态势。

一、都市竞争时代与都市教育竞争力研究

(一)都市竞争时代的到来

据联合国统计,从 1950 年到 1995 年,发达国家的城市居民增长了 37%,在欠发达国家,城市居民增长了一倍以上,而在最不发达的国家,城市居民的人数增长了两倍以上(刘合群,等,2005)[2]。世界银行的研究亦指出,20 世纪 90 年代以来世界上所有国家的 50% 以上(发达国家的 75% 以上)的国内生产总值,是通过以城市为基地的经济活动获得的,而且在 21 世纪的头十年,全世界 50% 以上的人口将进入城市,真正成为城市世纪(马庆斌,2004)[47-57]。事实上,有统计数据表明在 2007 年 5 月 23 日世界城市人口为 33 亿 399 万 2253 人,农村人口为 33 亿 386 万 6404 人,城市人口已首次超过了农村人口(魏城,2007)。城市化进程的加速,使都市在经济社会中的主导作用不断加强,都市已经成为人类生活和生产最重要、最主要的场所,在全球政治、经济、文化中也占有绝对主导地位。

而进入 20 世纪 90 年代以来,经济全球化使得国与国之间的边界变得模糊,跨越国界的物流、人流、资本流和信息流加速运动,形成了全球规模的经济系统。都市作为经济系统的主要载体,代表所在国家或地区参与全球分工和合作,成为国家参与全球竞争的核心力量。从都市在国际经济空间结构中的这种新特点出发,弗里德曼(John Friedmann)、沃尔夫(Goetz Wolf)、罗斯(Robert Ross)等学者综合了若干年来世界城市研究的最新成果,提出了著名的"世界城市(World-city)理论",该理论认为世界城市具有以下的一些基本特征(王成至,2004)。

1. 位于发达国家。世界城市基本位于发达国家,并且主要集中在美、日、欧国家。但也有一些世界城市出现在经济发展水平与美、日、欧接近的

所谓半边缘地区，如加拿大的多伦多和中国香港。

2. 金融、服务业为主的产业结构。世界城市的主要产业基本上是金融服务业，面向的是全球市场，衡量标准是金融、会计、保险、法律、咨询、国际贸易、海陆空运输、教育、文化及其他创造性产业（包括高新技术领域）等在其经济中的比重。

3. 经济影响力。世界城市对全球市场拥有巨大的影响力，这主要体现在对下列指标的评估上：国际市场出现率；跨国公司总部的数量；跨国投资的流量；外贸与运输业的分量；生产与商务活动的集中程度等。

4. 人口的多样性。其出生地为外国的人口占城市人口的百分比指标，能够反映世界城市的开放性。

5. 文化生活的多元性。表现为官方语言的多语种化以及市权力机构对非本土文化的一视同仁；多种族社区"马赛克"式的并存；各种族居民对市政的积极参与等。

6. 本土居民的边缘化。世界城市过去为世代居住于此的居民提供的特权现在扩大到外来人士，本地居民在城市精英队伍中的比重不断下降，原来城市生活中的地方色彩趋于淡化。

不难看出，世界城市理论预言民族国家的作用会随着经济一体化降到次要地位，为都市从一个国家层面凸显出来成为竞争的主体提供了催化剂。在全球化进程中，国家或区域之间的竞争将更多地表现为都市与都市之间的竞争，全球化时代是一个都市竞争的时代。

（二）城市（都市）竞争力研究与都市教育竞争力

尽管对城市竞争力的系统研究和评估，是最近20年的事，但城市竞争的大范围展开与竞争的加剧，已使都市竞争力研究成为继国际竞争力研究和企业竞争力研究后的又一个热点。

尤其是进入21世纪以来，城市竞争力研究进一步深入。世界银行和世界会议于2000年5月在华盛顿举行了"城市竞争力全球会议"，城市竞争力对于城市发展的经济、政治和社会意义被上升到前所未有的高度，并得到了各国政府的重视。同年，世界银行INFUND的城市小组委托斯坦福大学亚太研究中心对发展中国家城市区域竞争力进行研究；2004年世界经济论坛（IEF）全球竞争力项目组着手进行全球城市竞争力研究；美国萨福克大学皮肯·希尔研究所（the Beacon Hill Institute at Suffolk University）从2002年起每年发布美国大都市区和州竞争力报告；同年英国副首相办公室成立了核心城市工作小组，致力于英国和欧洲其他国家的城市竞争力的追踪研究；韩国、菲律宾等国家政策研究机构亦纷纷启动了各自的城市竞争力研究项目；而随着欧盟地区一体化进程的加速，城市竞争力研究亦变成欧洲关注的焦点。一股席卷全球的城市竞争力研究热潮正在形成。

我国对城市竞争力的研究始于20世纪末期。1997年我国南开大学经济学院的郝寿义教授等人开始进行城市竞争力研究，此后，上海社会科学院、东南大学经济管理学院、中国社科院财贸经济研究所倪鹏飞课题组、北京国际城市发展研究院等科研机构先后进行了城市竞争力的理论和评估研究。

城市竞争力研究至少在两个方面产生了深远的影响。

其一，深化了人们对城市竞争与城市发展的理性认识，核心竞争力战略成为城市发展的重要战略指导思想。随着城市竞争力研究的不断深入，城市竞争力理论和研究成果对城市发展战略目标、战略步骤、竞争优势和风险控制等政策制定产生了广泛的影响，推动城市发展战略转型，并开始取代早期的城市定位理论指导城市发展和建设实践。评估城市的发展优势与劣势，提高城市竞争力，发挥城市在区域经济发展中的突出力量，推动地区和国家经济的迅速增长，已经被提上了各国政府的议事日程。从我国看，增强城市竞争力也开始进入我国城市发展的战略抉择的视野，江苏、上海等省市已率先把增强城市竞争力明确列入"十五"计划。可以预见，一个大力提高城市竞争力的热潮正在到来。

其二，透过现有的城市竞争力理论模型和指标体系，尤其是年度研究报告，我们发现人力资源和教育作为城市竞争力评价中的一项关键指标，不仅对城市竞争力的提升有着不可忽视的实质性影响，而且在竞争力变化中的重要性日益增加。这一结论已成为主流城市竞争力研究的基本共识。我们注意到，早在1990年，美国学者就开始系统地研究都市竞争力，并证实教育在提升都市竞争力中具有重要作用。1991年美国学者蒙豪（Moomaw）和威廉姆斯（Williams）通过对美国48个相邻州的制造业截面数据进行分析发现，最重要的竞争决定因素是对教育的投资和交通设施。学者克雷斯尔（Peter K. Kresl, 1995）回顾城市竞争力研究文献后的结论是：城市应该坚持基础设施和人力资本投资。我国学者倪鹏飞等人通过连续数年对影响城市竞争力格局变动因素的追踪，亦发现教育和人才在竞争力变化中发挥着日益重要的作用，而城市的科技竞争力中高校效应明显（双华斌，2009）。正是基于此，倪鹏飞在其城市竞争力弓弦箭模型基础上，进一步提出了飞轮模型，将教育因素从最初的环境要素之一上升为人才本体竞争力（倪鹏飞，2004）。

方兴未艾的城市竞争力研究及其相关成果为教育在提升城市竞争力的作用方面提供了有力的证据，不仅构成都市教育竞争力研究的重要背景和动因，而且还从理论和方法论上为都市教育竞争力研究提供了坚实的基础。

二、教育在区域发展战略中地位不断升级

不断提升教育在国家战略中的地位、增加教育投入、国家介入教育改革已成为当今世界各国教育发展的共同趋势。尤其是随着知识经济时代的到来，教育在区域发展中的重要性不断升级，这一发展态势构成了都市教育竞争力研究的另一主要动因。

（一）教育是国力竞争的重要政策杠杆

19 世纪末以来，以美国、日本和亚洲"四小龙"[①]为代表的国家和地区通过优先发展教育，成功实现了对发达国家的赶超，推动着教育不断成为各个国家和区域发展战略的核心。

以美国为例。继 1913 年凭借教育的优先发展超过英国后，为了巩固国家竞争优势，教育在美国国家战略中的地位越来越重要。1957 年 10 月 4 日，苏联成功发射第一颗人造地球卫星，美国政府和社会各界反应强烈，国会不到一年时间通过《国防教育法》，把教育提高到巩固国防的高度。到 20 世纪 80 年代，针对美国在经济增长、科学技术及对外贸易等方面国际竞争力下降的情况，美国"高质量教育委员会"于 1983 年向教育部长提交了《国家在危机中：教育改革势在必行》的报告，指出美国的"教育基础目前正在被一股日益增长的平庸潮流所侵蚀，这股潮流威胁着我们国家和人民的未来。上一代人难于想象的情况已开始出现——其他国家正在赶上和超过我们的教育成就"（滕大春，1998）[367-368]。这一报告的发布直接推动了美国第一部科学教育标准《美国国家科学教育标准》的出台，以培养在未来激烈竞争中立于不败之地的人才（何晋秋，等，2003）[330]。近年来，美国深感其创新地位受到了挑战，前总统布什在 2006 年《国情咨文》中强调："美国的经济是卓越的，但我们在动态的世界经济中不能自满得意。我们正面临着新的竞争者……为了保持美国的竞争力，我们的承诺是最为必需的：我们首先必须在优秀的人才和创新力上引领世界。"（赵中建，2007）[1-2]为此，布什

---

① 亚洲"四小龙"指的是韩国、新加坡、中国香港和中国台湾。

任期内制定了《美国竞争力计划：在创新中领导世界》，并投资3.8亿美元，用于加强国家教育体系的建设（赵中建，2007）[19]。

作为国家教育政策的一个重要标志，发达国家政府均加大了对教育的投入。韩国的政府预算中，教育预算已经从原来的仅次于国防预算跃居到占政府预算首位；而2005年经合组织各国总体有6.1%的国内生产总值用于各级教育，其中86%来自于公共资源；其28个国家中有21个国家教育经费至少占5%（OECD，2009）。

（二）教育进入我国区域经济社会发展战略

从20世纪末至今，我国多个省市相继提出了"教育强省"的口号。广东省是最早提出建设教育强省的省份，1994年《关于教育改革和发展的决定》中提出要加快教育改革和发展步伐，将广东建设成教育强省。

陕西明年起将评选"教育县长"和"教育市长"

2007-12-11 中国教育报 柯昌万

今年2月，陕西省省长袁纯清在全省"两基"迎国检电视电话会议上提出，要把成为教育省长、教育市长和教育县长作为一个理念。在12月7日召开的"两基"总结表彰暨完善义务教育经费保障机制工作会议上，袁纯清再次强调，"以人为本，教育为先"是科学发展观的核心内涵，教育是最大的公共产品，政府是提供这个公共产品的主体，是责任人。"努力成为教育市长、教育县长"不仅要成为一个理念，还要形成一种可行的激励机制、操作措施。据悉，陕西正在着手制定量化考评指标体系，明确市长、县长抓教育工作的经费投入、布局调整、职业教育、教师队伍建设、素质教育等目标任务、职责范围和工作成效。考评标准不仅注意横向比较，还体现纵向发展，不仅表彰教育发展水平高的市县，更要鼓励教育基础差的市县加快发展。从2008年开始，陕西省委组织部、省教育厅和省政府教育督导团每年组织一次督导评估，每年评选5名"教育县长"、1名"教育市长"。哪个市的"教育县长"多，哪个市的市长自然就是"教育市长"。考评结果作为市、县（区）主要领导政绩考核的重要内容之一，作为表彰奖励、提拔任用和年度工作考核的重要依据。考评结果实行动态管理，教育工作滑坡的市、县（区），要取消"教育市长"、"教育县长"称号。

2007年浙江省制定了《浙江省教育强省建设与"十一五"教育发展规划纲要》，提出要在2010年基本建成"教育强省"；同年湖南省下发了《关于建设教育强省的决定》，要求用十年左右的时间，基本建成教育强省（湖南省人民政府，2007）；四川省提出"十一五"期间的教育目标——由教育大省向教育强省迈进。而这些"教育强省"规划均强调，教育强省的"强"不仅是"形容词"，更是一个"动词"，即教育强省是推进省域经济社会持续快速健康协调发展长远战略的关键，推动教育走向全国前列的最终目标是发挥教育的先导性作用来"强"省；而西部的陕西省亦开始评选教育县长和教育市长，以推进"教育为先"的战略。

这些教育发展规划和政策不仅反映出教育在各省域发展战略中的地位日趋重要，更充分表明了我国各级政府通过优先发展教育推动区域经济社会发展的决心。

三、重新理解教育：UNESCO报告解读

都市教育竞争力的研究还建基于对当今教育发展特点、要求和趋势的重新理解和把握。联合国教科文组织（UNESCO）在20世纪70年代和90年代先后发表的全球教育发展纲领性文件《学会生存》和《教育——财富蕴藏其中》等，被誉为"当代教育思想发展中的一个里程碑"和"对世界教育产生重大而深远影响的经典之作"，为我们在新的理念下构建都市教育竞争力提供了一条捷径。

（一）教育先行理念

1972年UNESCO国际教育委员会提交的报告《学会生存》，首次关注到了正在出现的"教育先行"现象。"从'二战'结束以来，从预算方面来说，在全世界公共资金的支出中，教育经费占第二位，仅次于军事预算。教育在制定国家和国际政策时占日益重要的地位。当代教育在全世界的发展正倾向先于经济的发展，教育先行的现象在人类历史上可能还是第一次"（UNESCOa，1996）[35]。

正是《学会生存》报告对"教育先行"的关注，才使之成为一种发展理念，对各国政府制定教育发展战略，促进国家经济社会发展起到了不可忽视的作用。1993年，联合国教科文组织首次发表的《世界科学报告》指出，当今世界上发达国家和发展中国家的差距是"知识的差距"，许多发展中国

家纷纷提出"资源兴国"、"劳动力兴国"等战略目标。

(二) 终身教育理念

从后工业社会的需要出发，UNESCO 报告在《学会生存》中把"终身教育"、"终身学习"和"学习化社会"作为三个并列的概念提出，形成了当代世界主导性的教育思潮。

"终身这个概念包括教育的一切方面，包括其中的每一件事情。整体大于其部分的总和……换言之，终身教育并不是一个教育体系，而是建立一个体系的全面组织所根据的原则，而这个原则又是贯穿在这个体系的每一个部分的发展过程之中的。……是人们在一生中所受到的各种培养的总和。"这一解释澄清了把终身教育混为成人教育、继续教育和单纯理解为某种教育制度的片面认识。

更为重要的是，它还强调终身教育最根本的目的就是促进全体社会成员终身学习，从而充分挖掘个人的潜力，促进个体和社会的充分发展与完善。终身教育的目的"在于使人成为他自己"，使人们"有能力在各种专业中尽可能地流动并永远刺激他们自我学习和培训自我的欲望"，培养"承担社会义务的态度"，"促进个人及其人格的充分发展"，培养人的多种能力，"一个人的观察、试验和对经验与知识进行分类的能力；在讨论过程中表达自己和听取别人意见的能力；从事系统怀疑的能力；不断进行阅读的能力；把科学精神和诗意情境两相结合以探索世界的能力。"（UNESCOa，1996）

(三) 教育的发展功能

UNESCO 系列报告对教育促进人和社会发展的功能作了系统而全面的阐述，从而在各国政府和公众当中形成了对教育发展功能丰富内涵的共识。

其一，教育促进社会民主和正义。教育的民主化有利于社会危机的解决。《学会生存》指出"我们必须强有力地支持民主主义，因为这是使人免于成为机器奴隶的唯一途径，也是人类在智力成就上获得尊严的唯一条件"，"民主还必须满足人们的教育要求，因为不可能、也不会在由于教育不平等所划分的各个阶级之间出现民主和平等的关系；我们必须重新制订教育的目的和内容，使之既有新的社会特点，也有新的民主特点（UNESCOa，1996）。"[8] 国际教育委员会主席雅克·德洛尔认为，"面对未来的种种挑战，教育看来是使人类朝着和平、自由和社会正义迈进的一张必不可少的王牌"，是"促进更和谐、更可靠的人类发展的一种主要手段，人类可借其减少贫困、排斥、不理解、压迫、战争等现象"（UNESCOa，1996）[1]。全民教育、全纳教育、教育机会均等正是建立在这一信念之上的。

其二，教育促进人的发展。 教育促进个人发展是一个古老的命题。UNESCO报告的贡献在于，它强调人的全面、有个性的发展，教育应努力考虑个人和群体的多样性，以促进个人和群体更好地发展完善自我。"事实上，尊重个人的多样性和特性是一个根本原则，这一原则应导致摒弃任何标准化了的教学形式。正规教育系统常常受到不无道理的指责，说它限制个人的充分发展，因为它强迫所有儿童接受同样的文化和知识模式，而不充分考虑个人才能的多样性。"（UNESCO，1996b）[41]教育的基本作用在于保证人人享有他们为充分发挥自己的才能和尽可能牢牢掌握自己的命运而需要的思想、判断、感情和想象方面的自由，"学会认知，学会共同生活，学会做事，学会生存"，更好地促进个人发展。

其三，凸显教育的经济发展功能。 强调人的发展功能的同时，UNESCO反对把教育发展狭隘地理解为单纯满足人的学习需求，而与经济增长毫无关联的观点，强调教育与培训转化为劳动生产率的迁移，"教育是促进经济'起飞'和收复失地的绝对武器。"（UNESCOb，1996）[6]这是因为"经济扩充了，就需要更多的技术工人，而技术上的变革改变着传统的行业或增加了新的职业，因而要求大规模的训练或再训练。任何着眼于刺激国家经济的活动事先也要在教育方面作出相应的努力。"（UNESCOb，1996）[53]

吸取国际教育改革与发展的成果，对我们把握现代社会教育发展的规律，构建具有中国都市特色、时代特征的都市教育竞争力体系深具启发意义。

四、都市教育竞争力研究的中国语境

我国实行改革开放以来，工作重点转向了以经济建设为中心，更加重视科技和教育在经济社会发展中的作用。尤其是20世纪末"科教兴国"和"人才强国"战略的相继提出，有力地推动了我国从"人口大国"迈向"人力资源强国"的转变，推进了教育现代化进程，这也是中国都市教育竞争力研究的重要国内环境。

（一）中国的科教兴国和人才强国战略

1995年5月6日我国颁布的《中共中央国务院关于加速科学技术进步

的决定》，正式提出了实施"科教兴国"战略，"要充分估量未来科学技术特别是高技术发展对综合国力、社会经济结构和人民生活的巨大影响，把加速科技进步放在经济社会发展的关键地位，使经济建设真正转到依靠科技进步和提高劳动者素质轨道上来。"（江泽民，1995）1996年，八届全国人大四次会议正式提出了国民经济和社会发展"九五"计划和2010年远景目标，把"科教兴国"列为基本国策。

2002年5月7日，中共中央、国务院在关于印发《2002—2005年全国人才队伍建设规划纲要》的通知中，首次明确提出要"从战略和全局的高度，深刻认识人才在经济和社会发展中的基础性、战略性、决定性作用，深刻认识'人才强国'战略，做好人才工作的极端重要性和紧迫性，把人才队伍建设工作摆上重要日程，切实加强领导。"（中华人民共和国教育部，2002）2005年中共中央公布中共第十六届中央委员会第五次全体会议公报，进一步强调教育在提升国家竞争力中的重要作用，"发展科技教育和壮大人才队伍，是提升国家竞争力的决定性因素。要深入实施科教兴国战略和人才强国战略……坚持教育优先发展。"（潘鈜，2006）[1-3]

科教兴国和人才强国战略的提出与实施，标志着我国实现了经济社会发展模式的根本转变，把经济建设真正转到依靠科技进步和提高劳动者素质的轨道上来，是改革开放30年来我国经济社会发展鸿篇巨制中的一个壮丽篇章。

（二）公平、优质、创新、和谐：中国教育发展与改革的价值取向

以科学发展观为指导，公平、优质、创新、和谐是我国教育发展与改革的核心价值取向。

社会主义和谐社会的基本特征是公平正义，教育公平是社会公平的重要组成部分，是社会公平的基石，促进教育公平，保障社会公平正义，是构建社会主义和谐社会的客观需要，是教育不懈追求的目标，是我国教育改革发展的一个重要价值取向。

优质教育既是人们从古到今对教育的追求，又是当今世界教育发展的热点问题。2000年联合国教科文组织在"达喀尔会议"上通过的《全民教育行动纲领》中指出"向所有人提供受教育的机会是胜利，但如果不能向他们提供保证质量的教育，那不过是一种空洞的胜利"（徐云鹏，2008），我国当前的诸多因素也推动着时代呼唤优质教育。优质教育不同于精英教育，它不是追求使少数人可以享有接受高质量教育的权利与机会，而是追求教育

整体的优质化。它是一种以教育品质为根本，以内涵发展为主题，以人人享受优质教育为目标，以追求教育质量最优化和教育效果最大化为标志，着眼于提升学习者的学习品质、生活质量和生命质量以及有效地促进教育与人的持续发展的一种现代教育理念与模式体系（沙培宁，2004）[5-8]。

追求教育创新是建立创新型国家的必由之路。教育创新的出发点和归宿，是培养高素质的、有创新精神和实践能力的人才。江泽民同志在北京师范大学百年校庆的讲话中，首次将教育创新提到了与理论创新、制度创新和科技创新同等重要的高度，并强调指出"实施科教兴国战略，大力推进教育创新"，号召推进教育创新。胡锦涛同志也明确指出："自主创新能力是国家竞争力的核心，是我国应对未来挑战的重大选择，是统领我国未来科技发展的战略主线，是实现建设创新型国家目标的根本途径。"自主创新离不开技术、知识和人才。未来国力的竞争，主要是具有创新能力的人力资本的竞争，而教育担负着培养高素质人力要素的重要职责，因此，教育创新势在必行。

构建社会主义和谐社会的大视野，赋予了教育和谐的使命。履行和谐社会赋予教育的和谐使命，实现教育的和谐发展，是教育支持和谐社会的必然选择。以科学发展观促进教育的和谐发展，已成为教育界舆论的中心议题，成为我国当前发展与改革的方向。构建和谐社会，促进教育的和谐发展，要求我们以和谐的理念为指导，认真解决妨碍教育和谐发展的各种矛盾和问题，使教育系统成为一个和谐的社会子系统，具备可持续发展的能力。作好统筹兼顾，统筹全局，协调地区间、城乡间的教育发展节奏，重新审视各级各类教育的发展规模与速度；落实以人为本的理念，从满足广大人民群众日益增长的教育需要出发，办更多更好的教育，加快教育体制创新。教育的和谐发展将为社会和谐发展奠定坚实的人才和智力基础。

公平、优质、创新的教育是和谐教育得以实现的基础。教育的和谐发展需要推进教育公平，促进教育又好又快地发展，并实现从数量的提升转变为质量和内涵的提升这一目标。公平、优质、创新、和谐已成为中国教育改革和发展的重要价值取向。都市教育竞争力研究必须了解中国当前教育改革的理论和信息，使之既适应教育实际，又体现出发展性和先进性。

第二节　都市教育竞争力研究的定位与目标

知识化和全球化给都市发展带来了新的机遇和挑战，并逐渐改变着都市生活的方方面面。当前教育是否适应都市发展,能否有效地提高都市竞争力,是我们在面临新形势时不得不考虑的问题。都市教育竞争力研究旨在从都市竞争的背景出发,立足于教育与都市发展的关系,构建都市教育竞争力理论与中国都市教育竞争力评价体系,以重新审视和评估都市教育发展水平,为制定都市发展战略提供有利的信息平台。

一、都市教育竞争力研究是竞争力分析手段下的区域教育发展水平评估

都市教育竞争力研究是一项立足于都市发展,通过竞争力分析方法,对都市教育发展水平进行的评估。通过评估,促使人们在知识社会和全球化视野下重新审视教育在都市发展中具备的优势以及存在的问题,并对教育的各个层面进行协调统筹,以促进教育协调发展,使都市实现繁荣,提高都市竞争力。

(一)在知识社会和全球化的视野下重新审视都市教育发展

当今世界是知识经济时代,经济的发展很大程度上依赖科技、知识和信息的创造、加工、传播和应用。随着人类社会的信息化,经济全球化也成为一个自然的、历史的发展过程。在全球化背景下,社会竞争的焦点已从对资金和原材料的拥有转变为对知识、信息和技术的拥有,而这一系列要素的产生主要依赖于人脑,因此人力资源的开发成为知识经济时代提高竞争力的重要手段。一个城市的科技进步、经济增长和社会发展将最终取决于它的人力资源的质量及其价值增长。人才的培养依赖教育,因此,知识经济时代都市之间的竞争力,在很大程度上取决于教育的竞争力。

随着我国城市化进程的加快,社会将出现更多的人口转移。根据预测,到2020年,我国的城市化率将达到60%左右。对于我国特殊的城乡二元结构的国情来说,这意味着城市化率每年需提高约1.5个百分点(朱喜钢,2003)。而城市化水平每提高一个百分点,就意味着要有1500多万农村人口转移到城市,也就意味着大量的流动人口和流动儿童将留在城市。都市教育的规模和教育投入必须紧跟城市化的进程,与都市发展相协调。

都市产业结构发展的总体趋势是第一、第二产业向第三产业转移,第三产业的比重不断上升。都市产业结构的这种内部变化,造成都市劳动力的大规模生产部门转换,并带来社会职业结构的变化。当职业结构发生变化时,

就业人员必须具备从事某项职业的专门知识技能，形成一定的职业知识结构。由于国民经济中各产业部门的劳动对象、劳动手段各异，因此对劳动力的规格、数量要求也不相同，这就要求必须加强都市教育预测，综合考虑城市生产力发展水平、生产方式、政治法律制度、经济类型及发展水平、科技发展水平、民族文化传统等因素，及时调整专业结构和类别结构的发展比例，构建合理的人才需求结构；要求都市教育及时调整初等、中等与高等教育在各级层次上的比例关系，调整职业教育与普通教育的比例关系。

知识社会，社会矛盾和社会分化都有所改变。知识、信息和技术成为致富的手段，能否更多地占有这些资源便成为引发社会矛盾的主要原因。对于知识与信息的把握，除了个人因素之外，还有机遇等不可预见的外部条件，这必然会导致知识"富有者"和知识"贫穷者"的出现。社会按拥有知识的多少重新分化为上层、中层和下层三个阶层。在这种社会分化状况下，人们所追求的公平社会实现的途径将越来越寄希望于教育。在知识社会这一背景下，教育应更好地体现公平的原则。教育越普及，则知识资源的共享性将越高。通过努力，知识"贫穷者"仍可以成为知识"富有者"，通过社会阶层的流动来实现共同富裕。

在经济全球化背景下，自主创新能力和水平日益成为影响都市和企业参与区域竞争的重要因素。只有通过都市创新，才能不断开拓新市场，为都市发展营造新的机遇与动力，创新是实现都市可持续发展的有效途径。都市的创新能力包括科研是取得创新的手段，而教育是创新推广普及的途径。都市的教育和科研功能的地位在全球化和知识社会中得到了空前的提高，都市的创新功能将作为一种精神渗透到城市的其他功能中。都市发展只有通过教育培养创新人才、重视教育体制的创新和教育科研的力量，才能构筑出创新人才的"高地"。

总之，都市教育应致力于适合社会、经济、文化发展的水平，适应社会和受教育者的实际需要。都市教育的发展规模、教育的结构水平、教育投入水平、教育质量以及教育的创新性、科研水平和教育公平的实现程度等因素理应成为都市教育竞争力评价的重点考量对象。只有协调并统筹好这些因素，教育才能在提高都市竞争力中发挥出应有的作用。

（二）发挥信息平台作用为制定都市发展战略提供决策支持

决策是人类一切活动的构成要素。在社会信息化的今天，决定事业成败的正确战略决策必须以及时、准确、全面地掌握信息为基础。制定战略决策的过程就是在全面掌握信息的基础上,依据决策对象的客观发展规律和内外条件,在变化的环境中把握时机,作出最有利于决策对象发展的决断,并有效地监督实施的过程。都市发展战略制定过程具有复杂多样性,因此,决策者们必须依赖信息分析人员向他们提供的信息及对信息分析所作的研究报告。

作为都市竞争力的一个重要方面——教育竞争力的作用至关重要,如何制定教育竞争战略,是都市发展战略制定中的核心问题。在社会信息化的进程中,通过构建教育信息平台,清晰定位都市的教育竞争力,为教育发展提供决策依据,这对教育竞争力的提升有着不可小觑的作用。客观、公正、有效的教育评价结果,不仅是教育决策必不可少的信息依据,也是整个都市发展战略制定的有效数据支持。

要制定合理的都市教育发展战略,首先需要准确地了解现阶段的教育竞争力。我们知道,都市教育竞争力是一个具有层次性的评价指标,其外在的表现是众多潜在因素(包括内部因素、外部因素、主观因素、客观因素、可量化因素、不可量化因素等)共同作用的结果。其既表现为静态的结果,又表现为动态的变化过程。细分来看,教育竞争力是由多个方面组成的,涉及教育事业发展指标、国民受教育水平指标、教育经费投入指标、教育资源配置和使用效率指标、教育产出指标等,每个指标背后都需要有大量的实证数据支撑,进而通过层层的转化,赋予相应的权重,最终得出都市的教育竞争力。可以说,这关系到都市教育工作的方方面面,其信息工作量是十分繁重且重要的。

都市教育竞争力评价对都市教育起着导向、鉴定、改进、调控等功能。评价为教育决策提供了有效的信息,基于这样的信息平台,都市教育发展的优势和劣势得以直观呈现。都市教育竞争力评价的导向功能是指它能引导都市教育朝着理想的目标前进。评价标准、评价内容对评价对象而言,都起着"指挥棒"的作用,如对教育创新力与公平力的考察,将有效地引导都市教育朝着教育创新和教育公平的方向发展。鉴定是都市教育竞争力评价的基本功能,能对都市教育竞争力的各层指标要素进行认定,并判断其优劣程度、水平高低等。根据"反馈原理",通过评价及时获得教育对都市竞争力的影响力度等信息,可以及时强化正确的、有利于都市竞争力提高的教育行为,及时调节和矫正不良的、不利于都市发展和教育目标实现的教育行为,从而控制教育活动和教育工作的过程,促使其不断地完善和优化,这正是评价的改进功能。此外,评价所提供的信息能对评价对象的资源配置及教育活动起到调节和控制的功效。通过评价，可以获得有关教育活动满足都市发展需要程度的信息，并将这个信息予以反馈，用以改善和调节教育目标、教育资源分配、教育价值取向等。评价对象通过评价了解自己的长短、功过，明确努力方向和改进措施，以实现自我调节。

随着竞争力评价的进一步发展，其提供的信息在导向、鉴定、改进和调控中的作用日益显现出来，并发挥着重要作用。为了更好地、更科学地管理教育事业，把握教育的未来，发挥教育在增进都市竞争力中的影响力，教育竞争力评价为教育决策服务的功能已越来越被广大教育工作者，特别是教育决策部门所重视。竞争力的评价方法是把一个都市与其他对手作比较，而不是与其自身的过去表现作比较。竞争力理论要求都市的政府领导人改变他们的比较方式，他们应该依据与之竞争的对手在一段时间内的表现和成就来考察自己的表现，并努力把自己的优势最大化。

教育竞争力评价所获得的信息是教育决策的重要依据，而教育决策的制定和执行则是信息服务的最终归宿。都市教育竞争力研究的最终目的是通过协调教育中的各项要素，提高都市教育竞争力，以促进都市整体竞争力的提升。通过教育信息平台，我们可以判断出当前都市教育与都市经济水平发展是否适应，教育的各要素对都市整体发展是否具有促进作用。以教育资源结构为例，如果教育资源结构与都市新的经济结构相适应，那么都市的教育竞争力就会提高，教育体系就能得到较好的发展。而当教育资源结构与经济结构相背离，就可能出现教育资源的浪费。教育资源结构与经济结构应当具有内在的一致性，从一定意义上说，教育资源结构也是经济结构的一个内在的方面。因此，教育资源结构调整应当着眼于经济结构调整的全局，着眼于反映都市产业结构、产品结构，积极主动适应劳动力市场结构、社会形态结构的需要，形成学科结构整体性优化，适应都市对不同层次、类型专业技术人才的需要，而这些都是需要依靠教育信息平台作为强有力的支撑的。都市教育竞争力评价为都市发展战略的制定提供了一个信息平台，通过比较，都市可以认识到自身教育的相对优势，克服薄弱环节，从而在激烈的竞争中赢得主动。这些信息将促进都市的规划编制工作更趋合理。在都市发展战略的制定中引入竞争力机制，能使战略的制定和实际情况紧密结合，促进战略规划的可实施性，使其能在宏观上把握都市的发展方向；通过比较，可以促使都市政府转变观念，优化都市教育资源配置，增强都市的投资吸引力。

二、构建都市教育竞争力理论与中国都市教育竞争力评价体系

构建都市教育竞争力理论与中国都市教育竞争力评价体系是本研究的主要目标,具体又可以分为三个方面,即:相关概念研究、建立分析框架以及找出影响都市教育竞争力的敏感因子。

(一)提出都市教育竞争力概念

都市教育的发展经历了漫长的历程,教育的理念在不断地更新,都市教育竞争力在这一进程中得以出现、形成和发展。作为一个由都市教育诸要素以及不同向度有效组合、互动发展的集合体,它仍处在一个不断发展、不断优化、不断创新的过程中。

概念的准确界定,是任何一项研究得以展开的前提和基础。目前,有关都市教育竞争力研究尚处于起步阶段,其概念和有关认识主要由国家竞争力或城市竞争力理论演变而来。

本研究试从教育事业的特殊性出发,对都市教育竞争力进行界定。为此,本研究沿着教育与都市发展关系演进的历史脉络,考察教育在都市发展中的作用,对都市教育竞争力这一现象的出现进行分析解读,并结合相关理论和现实,提出"都市教育竞争力"的概念和操作定义,致力于合理正确解释其基本内涵,并为后续的相关研究提供参考。

(二)提出都市教育竞争力分析框架

都市教育竞争力是多个分力的系统耦合,单从哪一个视角都难以把握各分力及其相互作用。因此,我们从"多维系统分析方法"出发[1],致力于构建合理的分析框架。本研究遵循新世纪教育改革发展的价值取向,在建立分析框架时十分强调教育发展的公平、均衡、优质、创新等方面,以推动我国都市教育事业的内涵发展。我们认为建立研究的分析框架是十分必要的。

首先,它是解决我国都市教育竞争力评价指标体系问题的需要。教育评

---

[1] 所谓多维系统分析方法指对于分析目标,先从不同的维度、不同的层次、不同的状态对影响因素分力进行分析,再进行综合分析。这里采用这一方法对都市教育竞争力进行各向度的确定,并对其交互机制作出清晰解释。

价指标体系是由评价指标根据评价对象诸因素构成的逻辑结构组织成的有机整体（陶西平，1998）[113]。建立都市教育竞争力评价的分析框架，必须对都市教育竞争力这一待评价系统进行结构分解，界定它的内涵，然后通过定性分析把系统分解为不同的组成部分。都市教育竞争力评价的指标分析体系，是衡量都市教育竞争力水平或状态的标量系统，在竞争力评价方案中处于核心位置。但目前我国教育评价指标体系还存在着诸多问题，如评价的标准过于统一，评价指标与教育改革发展的趋势和教育的新功能联系不够紧密，忽视了全球化和知识经济这一国际大背景等。这些问题的存在使都市教育竞争力的提高受到阻碍，影响都市教育质量。因此，只有在充分了解都市发展现状的基础上，设计指向发展的、适合都市实际的评价指标，才能真正发挥教育在促进都市繁荣中的作用。

其次，它是提高都市教育质量的需要。当前，我国教育还存在着一些不足，如教育不公正现象、教育发展不均衡、培养的学生创新能力不足等。为改变这些状况，提高教育质量，发展学生的各种素质，就要设计符合都市教育实际的评价分析框架，设计合理的评价指标。通过评价，对此类现象进行有效的克制和纠正。

再次，是完善教育竞争力评价理论和指导实践的需要。近年来，国内外有少量研究机构或课题组开展了区域教育竞争力的实证研究，构建了相应的分析框架，积累了不少成功的经验，取得了显著的成果，但对都市教育竞争力评价研究还不够深入。都市教育竞争力评价是推动都市发展的重要环节，其分析框架应依据我国都市的具体情况设计，使其在评价过程中具有可行性，评价的结果可以有针对性地指导都市教育的努力方向，从而提高都市教育水平。

最后，它是促进教育与都市经济、社会、文化协调发展的需要。都市教育竞争力评价是以竞争力为分析手段进行的旨在协调教育的各层面各要素，使其为都市的发展繁荣作出贡献。因此，建立分析框架时，应判断教育是否为都市经济社会发展服务，努力找出不足，确定改进措施，促进两者和谐发展。

（三）寻找影响都市教育竞争力的敏感因子

都市教育竞争力水平需要通过多个指标综合反映。在这些指标中，往往会出现某几个指标高而另外一些指标低的现象。因此，如何科学地将这些指标综合起来，正确地评价一个都市的教育竞争力水平，克服单靠个别指标而忽视整体水平的做法，是研究都市教育竞争力必须关注的一个问题。

研究都市教育竞争力，我们将采用竞争力评价的一系列方法，以全面综合且客观地评价一个都市的教育水平。找出影响都市教育竞争力的主因子，即敏感因子，是评价的主要目标。通过找出研究问题的相关指标，然后运用竞争力评价方法，把多个指标转化为主成分。根据每个主成分的得分来衡量都市教育竞争力在每个主成分上的程度和地位，构建综合评价函数，从而对都市教育竞争力水平进行综合评价。找出影响都市教育竞争力的敏感因子，可以为决策者的决策提供依据，对敏感因子加以控制或协调，能有效提高都市教育竞争力水平。寻找敏感因子，是评价工作的重中之重，它对整个评价系统起着非常重要的作用。

第三节 都市教育竞争力研究的思路、方法与主要内容

一、都市教育竞争力研究的思路

都市教育竞争力研究在总体思路上沿着"理论研究—实证研究—理论研究"的路线展开。

1. 在文献研究和历史追踪的基础上，构建都市教育竞争力的概念、提出解释性框架和操作性定义。

2. 系统梳理竞争力和区域教育评估指标体系的相关研究，总结可供构建都市教育竞争力指标体系和方法论的借鉴之处。

3. 根据都市教育竞争力解释性框架，完成都市教育竞争力指标建模，筛选都市教育竞争力评价指标，构建都市教育竞争力指标体系。

4. 依据都市教育竞争力的指标体系，采集都市教育发展的相关数据，建立中国都市教育竞争力实证研究数据库。

5. 选择都市教育竞争力的定性与定量评价方法，选择我国部分都市，开展实证研究，对这些都市竞争力水平进行综合评价。

6. 解读我国都市教育竞争力的特征，进行都市教育竞争力案例和区域比较研究，为提升都市教育竞争力提出相关策略。

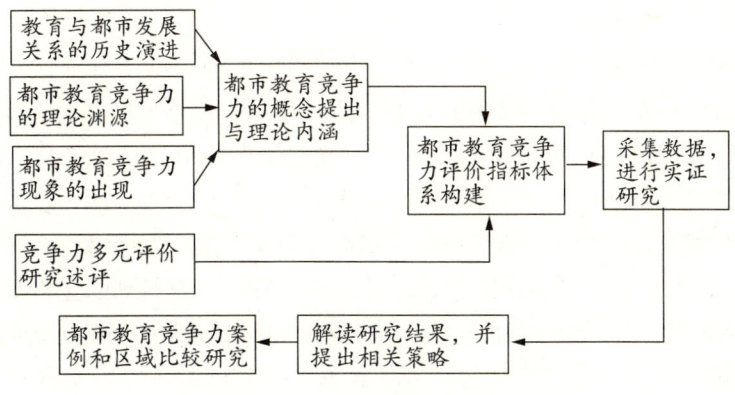

图 导论-1 都市教育竞争力研究思路

二、都市教育竞争力研究的主要方法

都市教育竞争力研究是一种跨学科的综合研究，需要运用多种社会学研究方法；除文献法、比较法等教育学常用研究方法外，作为竞争力研究的一个分支，它还借鉴和运用了多种竞争力评价的方法。

（一）专家评分法

专家评分法，又称德尔菲法，是 20 世纪 40 年代由美国兰德公司首创的一种对各类决策问题按一定程序征询专家意见的预测方法。总部设在瑞士洛桑的国际管理开发学院（The International Institute for Management Development，简称 IMD）所进行的国家竞争力的研究中就采用了这种方法。本研究中，在都市教育竞争力软指标的设定和评分上均采用专家评分法。

专家评分法一般按下列步骤进行。

1. 专家选择。选择 10—20 名专家作为意见征集的群体，人数过少可能收集的意见不全面，过多则操作难度增加。

2. 专家意见第一轮收集。请专家们独立地为都市教育竞争力的各项指标作出判断。强调"独立"，是希望专家在不受他人影响的情况下，独立发表自己的看法。

3. 专家意见归纳。将所有专家的意见进行统计，并将归纳结果依认同程度高低排序。如关于某一条判断，持这一看法的专家数最多，则将这条列为第一判断；专家数次多的一条列为第二条；依次将专家的意见全部排序。同样的方法处理，这样就可以得到一张依认同度高低排列的专家意见表，从而得到一个分析报告。

4. 专家意见第二轮收集。将上一轮归纳出来的包括所有意见在内的专家意见清单分发给专家，请他们在阅读清单中的全部意见后，从中再评判。

5. 第二轮意见归纳。重复步骤三，就可以得到第二份关于都市竞争力指标排序的分析报告，这份报告将会比第一份报告更合理，因为步骤四实际上是让专家对自己的意见有个修正的机会，避免因为一时考虑不全面而带来的偏差。（如果只作定性分析的话，进行完步骤五，将得到的分析报告作为最终报告即可。如果继续后面这些步骤，就可以得到定量分析的分析报告。）

6. 定意见调查表的编制量。将步骤五中得到的包括专家全部意见在内的意见清单中各条都附上一个评价尺度，得到一份带有评价尺度的专家意见表。

7. 专家评分。将步骤六中得到的调查表发给专家，让他们之间在不作相互交流的前提下进行评分，如果认为此意见极为重要，即有重大战略性的影响，则为最高分；如果认为极不重要，则为最低分，给予相应评分（本研究中分值采用1—10分）。

8. 专家评分统计。将收集的专家评分表逐条进行统计，求出它们相应的平均值。由此获得专家对都市教育竞争力相应指标的评分。

这种方法在决策者心中往往享有很高威望。由于吸收不同的专家与预测，充分利用了专家的经验和学识，采用匿名或背靠背的方式，能使每一位专家独立地作出自己的判断，而不会受到其他繁杂因素的影响，因而最终的结论具有较高的可靠性。它有效地避免了会议讨论时产生的害怕权威而随声附和，或固执己见，或因顾忌情面不愿与他人意见冲突等弊病，综合意见具有一定的客观性。

（二）主成分分析法

主成分分析也称主分量分析，旨在利用降维的思想，把多指标转化为少数几个综合指标。在实证问题研究中，为了全面、系统地分析问题，我们必须考虑众多影响因素。这些涉及的因素一般称为指标，在多元统计分析中也称为变量。因为每个变量都在不同程度上反映了所研究问题的某些信息，并且指标之间彼此有一定的相关性，因而所得的统计数据反映的信息在一定程度上有重叠。在用统计方法研究多变量问题时，变量太多会增加计算量和分析问题的复杂性，人们都希望在进行定量分析的过程中，涉及较少的变量，却能得到较多的信息。主成分分析正是适应这一要求产生的。

主成分分析法是一种数学变换的方法，它把给定的一组相关变量通过线性变换转成另一组不相关的变量，这些新的变量按照方差依次递减的顺序排列。这种方法的优点是：1. 可消除评价指标之间的相互影响。因为主成分分析在对原指标变量进行变换后形成了彼此相互独立的主成分，而且实践证明指标间相关程度越高，主成分分析效果越好。2. 可减少指标选择的工作量，对于其他评价方法，由于难以消除评价指标间的相互影响，所以选择指标时要花费不少精力，而主成分分析由于可以消除这种相互影响，所以在指标选择上相对容易些。3. 主成分分析中各主成分是按方差大小依次排列顺序的，在分析问题时，可以舍弃一部分主成分，只取前后方差较大的几个主成分来代表原变量，从而减少了计算工作量。其缺点是容易夸大主成分的影响因素，而掩盖一些贡献度小的因素。

（三）SWOT 分析法

SWOT 分析法是分析一个主体战略地位的重要方法。这里的主体可以是一个区域，可以是一个行业，可以是一个企业，也可以是一个产品。它是通过对区域主体自身所具备的优势（S）和劣势（W）的分析来判断主体的实力，通过对主体所处的环境中的机会（O）和威胁（T）来判断环境的吸引力。主体自身的实力和环境的吸引力就构成了该主体的战略地位，可以据此作为制定区域发展战略的出发点。优势与劣势是主体具备的自身因素，机会与威胁是主体面临的外部因素。这里强调的优势与劣势、机会与威胁都是相对的概念，其含义是指与竞争对手相比较的结果。

衡量一个区域发展战略是否正确的一个简单而有效的准则是：它是否能充分发挥优势，是否能及时抓住机会，是否能很好克服劣势，以及是否能有效回避威胁。SWOT 分析法有助于辨明竞争主体在有限资源和急剧变化条件下以及竞争、冲突不断的世界中所面临的冲击和处境。对于竞争力的分析没有固定目标的限制，因此可以"跳出局外"。此外，它利用了各种不同形式的信息，包括多媒体报告、焦点群体（如不同利益涉及者）和关键信息采访对象成果以及常规的社会经济数据等。

（四）雷达图法

雷达图法是揭示一个主体（区域）相对优劣势的极其有用的分析工具，它尤其适用于综合评价。这一方法将评价对象系统的各指标状况用二维平面图形表示，与导航雷达显示屏上的图形十分相似，因而得名。雷达图法能清晰地把一个讨论的区域中的优劣势揭示出来。

可用一个假想的区域例子说明雷达图法：一个大区域内有五个子区域，分别表示为子区域1、子区域2、子区域3、子区域4和子区域5。各区域六个方面进行比较，这六个方面分别是指标 A、指标 B、指标 C、指标 D、指标 E 和指标 F，其指标比较结果见下表（表 导论-1）：

表 导论-1　五大子区域比较排序

指　标	A	B	C	D	E	F
区域1	1	4	2	5	4	2
区域2	3	3	1	3	5	3
区域3	2	1	3	2	1	1
区域4	4	5	5	1	3	5
区域5	5	2	4	4	2	4

由表中的指标数值可以得到区域1的雷达图，如图 导论-2（王秉安，2000）[122]。图中的半轴分别代表相应的评价指标，各轴上的数据分别代表评价指标的相应排序状况。找出一个子区域六个指标在相应轴的相应位置，依次连接起来，就成了该子区域的雷达图。

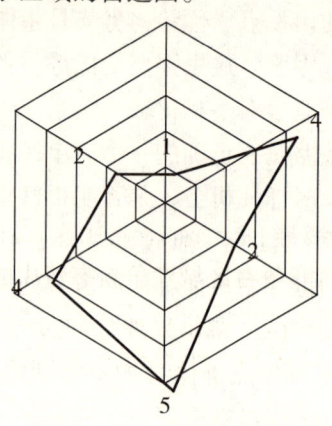

图 导论-2　优劣雷达图绘制

雷达图的重要特点是直观，从雷达图可直观地得出评价对象的状况，因而可直接用雷达图进行定性评价。评价对象的雷达图可分为积极发展型、消极收缩型和正常运作型（见图 导论-3）。积极发展型［如图 导论-3（a）］，该对象系统构成的雷达图的折线位于半径为1和半径为2的圆之间，说明该系统的各项基础指标均处于中上水平，系统运作良好。消极收缩型［如图 导论-3（b）］，该对象系统构成的雷达图的折线位于半径为1的圆内，说明该系统的各项基础指标均处于中下水平，系统运作存在问题。正常运作型［如图 导论-3（c）］，该对象系统构成的雷达图的折线位于半径为1的圆附近，说明该系统的各项基础指标均处于中等水平，系统运作状况一般。

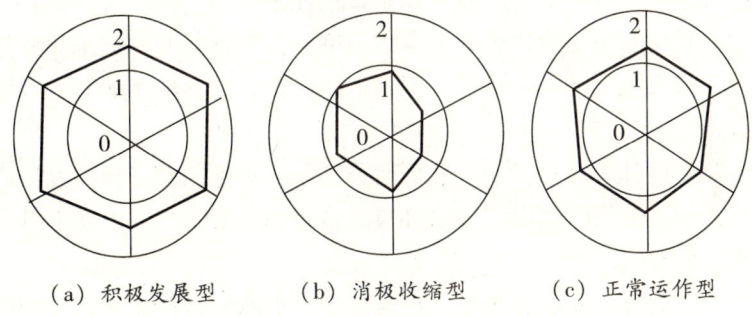

（a）积极发展型　　（b）消极收缩型　　（c）正常运作型

图 导论-3　各种类型的雷达图

都市教育竞争力是一个深刻而复杂的主题，从不同的角度，使用多种评价方法有助于我们形成更具综合性和针对性的研究结果。

三、都市教育竞争力研究的主要内容

中国都市教育竞争力研究是在国际竞争日益激烈，教育在经济社会尤其是在都市经济社会发展的重要性日益凸显的背景下，根据我国都市发展所作的一项理论和实证研究。

全书共分为八个部分。

导论部分从都市教育竞争在区域竞争新态势中的重要地位出发，在区域发展战略、国际教育发展新趋向以及中国教育改革与发展共同面对的宏观背景中，阐述都市教育竞争力研究的背景、意义、目标、思路与方法。

第一章从教育与都市发展关系的历史演进入手，回溯教育从都市发展"边缘"走向"中心"，并最终被赋予"竞争力"属性的历程；结合人力资本理论、知识经济理论和竞争力理论，考察都市教育竞争力概念的理论渊源；并试图从教育事业的特殊性出发，构建都市教育竞争力概念和三维解释性框架，分析其理论内涵。

第二章对世界经济论坛（World Economic Forum，WEF）和瑞士国际管理开发学院（IMD）提出的国际竞争力理论及国际竞争力评价指标体系，以及国际主流教育评价指标体系、国内外各类教育竞争力评价指标体系等进行了综合分析，系统梳理与竞争力多元评价体系相关的设计思路、共同点、关注点、方法论等。

第三章从都市教育竞争力概念和三维解释性框架出发，提出都市教育竞争力模型，并筛选出都市教育竞争力评价的17个三级灵敏指标，同时具体地分析了选择各指标的依据和运用该指标的注意事项。

第四章具体介绍了都市教育竞争力研究样本的选择和数据采集的过程与方法，以及缺失数据的补全原则；对20个都市样本的教育竞争力指数进行计算和分析。

第五章解读都市教育竞争力实证研究结果，对中国都市教育发展的总体水平进行评估，分析不同发展水平都市的教育竞争力特点，以及提升其教育竞争力水平的对策。

第六章以嘉兴、汉中、绵阳、烟台等四市为案例进行都市教育竞争力个案研究。分析了四市的经济社会发展目标、教育发展目标，并以此为背景，采用SWOT法和雷达图法，对四市的教育竞争力发展水平按总体情况、分竞争力情况、单项指标情况，作了较为全面的评估。分析了四市教育发展的优势、劣势、机遇与挑战，提出了增强教育竞争力的具体建议。

第七章是对浙江省杭州、宁波、嘉兴、绍兴、金华五市的教育竞争力进行比较研究，分析同一区域内五市教育竞争力不同特点及其成因，以及提升教育竞争力举措的启示。

四、都市教育竞争力研究的创新性

都市教育竞争力是一个新的研究领域。本研究的创新之处主要体现在以下几个方面。

（一）从竞争力视角研究都市教育发展

现有区域教育发展的研究，主要习惯于用教育学理论来加以解释，如教育经济与管理学，抑或纯粹的教育管理学理论。教育学理论在研究都市教育现象时，能很好地解释诸多状况，但在比较各都市教育竞争力时有一定的局限性。

本研究突破了现有教育学理论的研究范式，从竞争力的角度审视都市教育的发展问题,是一种新的研究视角。而无论是西方教育经济学理论,还是教育管理学理论,它们虽然都是都市教育竞争力研究的理论基础,但它们并不能真正地反映都市教育竞争力的内涵。

(二) 融合了多学科领域的研究思想和研究方法

都市教育竞争力研究不仅运用了教育发展的基本理论,还借鉴了人力资本、知识经济和竞争力理论的基本理论和研究方法,将教育学、管理学、经济学的研究思想和研究方法融为一体,并把所有这些领域的研究特点、主要研究思想和方法运用于都市教育竞争力研究中。

应该说都市教育竞争力研究是一项跨学科的研究工作、不同的学科领域、不同的研究范式,为都市教育竞争力研究提供了更为开阔的视野和更丰富的理论和方法基础。同时也丰富和发展了教育学理论,使教育学研究范围扩大到了竞争力等方面的内容,这样的研究本身就是一种尝试和创新,因而还需要进一步的挖掘和探讨。

(三) 选取了简明扼要的评价因子

国内的专家们认为,在教育指标用于监测目的时,不要再考虑如何增加指标数量,关键在于进一步精简指标,提高指标的信度和效度(国家教育发展研究中心项目组,1999)。也有国内的学者(秦玉友,2005)[13-17]提出:指标领域不是越多越好,重要的是要抓关键性的指标领域,即教育指标领域遵循简约性原则。例如,上海市教委围绕政府工作重点,着重研究和分析教育规划与经济社会发展目标的关系,教育事业指标与经费办学条件指标的关系,教育事业发展速度与人口变化趋势的关系,教育层次结构与社会人才需求的关系,各级各类教育的统筹协调关系等,并及时筛选出一些随着事业发展已经不够敏感的指标,增补一些反映地区发展特点的新的敏感指标。上海市关于教育指标差异性和发展性相结合的原则是都市教育竞争力评价的敏感因子确立的一个实践依据。

都市教育竞争力评价指标体系的建立是一个系统工程,它涉及中国多个都市,涉及都市乃至学校教育竞争力的打造。评价因子的设计必须坚持共同的指导思想,体现一定的时代特征,有较强的前瞻性和适应性,以保持整个体系的可持续发展。本次研究的都市教育竞争力评价指标体系在具体指标的选取上有一定的创新。都市教育竞争力评价指标体系在当今着力促进教育公平、提倡创新的时代背景下,注重对创新力、科研力和公平力进行评价,以期能促进都市制度的创新、"科研兴教"和教育公平。

(四) 对以往注重数量进行了纠偏

教育事业,以往更多地关注教育规模的扩张,追求数量的发展,而本次研究更多地关注教育内涵的发展,如关注教育内部结构、关注教育质量提升、关注教育公平等。指标体系的设计充分体现出对教育内涵的关注。

另外,教育指标领域不能只关心可以量化的东西,而忽视不能够量化的东西,要遵循量质结合原则(秦玉友,2005)[13-17]。都市教育竞争力评价指标体系从社会大背景出发,考察教育对社会、政治、经济、文化、人口的影响和效果。本研究不仅关注教育竞争力的硬性指标,还将关注教育竞争力的软性指标,如教育创新、教育科研、教育公平等领域。

第一章

都市教育竞争力的出场语境和理论内涵

21世纪是城市的世纪。当代社会呈现出以高科技迅猛发展、经济一体化、竞争全球化为特征的发展形态,在城市这一空间集合体内得到了集中体现。

从教育与人类社会发展的历史来看,作为人类文明象征的城市发展史就是一部教育影响力不断扩大的历史。滥觞于19世纪末、成熟于20世纪50年代的人力资本理论,最早系统地论证了教育对经济增长的贡献,使人力政策正式进入国家和区域总体发展政策,成为当时教育发展最大的推动力(曲恒星,等,2000)[40]。而20世纪90年代随着信息社会到来而兴起的知识经济理论和竞争力理论,为都市教育发展水平与都市竞争力之间的内在联系奠定了理论基础。

与此同时,以美国硅谷、波士顿,印度班加罗尔,我国台湾省新竹等为代表的都市群体在全球经济竞争中脱颖而出,使一种全新的以教育为核心动力的都市发展新模式浮出水面,成为都市教育竞争力现象的典型标本。

因此考察都市教育竞争力的出场语境及其理论内涵,成为中国都市教育竞争力研究的起点。

第一节 教育与都市社会发展关系的历史演进

教育与都市，作为人类社会发展的两条不同线索，其关系是随着历史进程而变化的。

都市在西方早期的图形文字中，是一个圆圈包围着一个"＋"，即"嘁"，"＋"代表道路，内部划分为不同的区域、活动场所；"○"表示城堡的壕沟或围墙，用于防范居住在周围的居民。这和中国典籍中的解释相似。中国古代以"城"指都邑四周作防御的墙垣，一般有两重："内为之城，城外为之郭"（《管子·度地》）。都与城相连称都城。"市"是指商品交换的场所。《周易·系辞》曰："日中为市，致天下之民，聚天下之货，交易而退，各得其所"。都和市聚于一体称都市，它是随着社会经济的发展而出现的。

随着现代化和城市化进程的不断推进，现代语境中的都市往往指大城市（辞书编辑委员会，1999）[555]或现代化城市，并没有一个严格界定的专门术语，与城市之间很难作出明确的区分。本研究中，将以人口 300 万的城市作为实证研究的样本对象，不再区分都市和城市。

城市起源的根本原因是源自社会分工、军事防御和商品交换等的需要（牛文元，等，2009）。在城市由"城"而"市"，从举行祭祀、军事防御、商品交换到产业聚集、财富聚集、科技聚集、服务聚集，其内容、功能、结构和形态不断演变，教育与都市的关系也经历了一个不断演变的过程。倘以人类生产力特征划分，在农业社会、工业社会和知识社会，教育与都市社会发展的关系大致经历了三个阶段。

一、农业社会：两分状态下的教育与都市社会发展

人类文明步入农耕时代，人们才开始定居生活，城市亦得以萌芽。由于农业社会的生产力水平所限，这一阶段城市生产功能十分薄弱，因而在国家经济发展中亦未占据重要地位。城市作为当时统治者的属地和堡垒，与进行文化传授和传播的教育，两者沿着各自的逻辑和轨道发展，基本处于分离状态。

（一）农业社会时期的城市

农业文明时代，农业是国家经济的基础，城市要依附农村而存在。在西方，中世纪的欧洲城市主要以周围农村提供余粮和实施封建制度，使每个城市和它控制的农村构成相对封闭、自给自足的庄园经济。在东方，虽然出现了诸如唐朝的长安和宋朝的汴京（即今河南开封市），13世纪地中海地区的尼德兰、米兰、威尼斯，拜占庭的君士坦丁堡，阿拉伯半岛的巴格达等商业城市，但在国家经济生活中扮演主要角色的仍是农业和农民。

城市对乡村的这种依赖性决定了这一阶段城市数量少、规模小、发展速度十分缓慢。有记载数据显示，公元1000年世界上最大的两个城市——科尔多瓦和我国的开封，人口分别是45万和40万（莱斯特·布朗，2002）。由于城市首先是统治者的属地和堡垒，在城—乡两分的"自然—经济—社会"复杂系统中，它的主要功能是政治、军事功能，经济功能薄弱（连玉明，2008）[5]。从这一意义上讲，农业社会的城市是经济上基本不具备生产功能、主要依附于乡村的政治体。

（二）农业社会城市发展的特点

农业社会的生产力特点，决定了城市缺少强有力的内在发展动力机制，在国家经济社会生活中只能占次要地位。因此，从距今约5000年前最早的城市诞生，到工业革命前夕，尽管城市设施和规模都有了长足的发展，但这是一种速度十分缓慢的"自然成长"，每个城市都是相互独立的地域中心，分别有着各自的活动空间。

从影响农业社会城市发展的主要因素看，早期城市的发展主要受周围乡村自然地理位置、资源气候环境和社会政局的影响；及至农业社会晚期，则越来越受商业发展的影响。因此早期的城市主要分布在土壤肥沃的两河流域、尼罗河流域、印度河和恒河流域以及黄河中下游和中安第斯山脉，而后期的城市则位居交通要冲。

（三）农业社会教育与城市发展的关系

学校教育在农业社会开始得到发展，教育内容、方法体系初具雏形。但总体来看，这一阶段的学校教育带有明显的伦理教化色彩，作为政治和宗教的附属品，更多的是社会地位和身份的象征，基本上游离于社会生产活动之外，与都市发展之间缺少实质性的联系。

教育和都市发展之间关系的这种特点，反映在以下几个方面：

第一，教育中心与中心城市错位。 从中外教育史上看，一个有趣的现象就是，古代教育中心一般都不是当时的中心城市。以影响我国千余年的书院制度为例，在宋代书院勃兴期，据统计共有书院203所，而仅江西一地就有80多所（王志民，等，1996）[152]。当时的中心城市是河南的汴京和后来的杭州，教育发达的江西却并不是一个发达的城市。另一方面，由于书院主要由私人隐居读书、收徒、讲学、置田建屋发展而来，先后成为我国古代文化教育、学术交流中心的著名书院，受佛教禅林精舍的影响，往往多设置在山林僻静处，书院的主持人亦被称作山长、洞主或主洞。① 与此同时，中世纪欧洲的教会和教会学校，作为当时的教育、思想与文化中心，亦多建在远离中心城市的僻静之所。

第二，教育内容与城市社会发展分离。 由于这一阶段教育的主要目的是为城市的统治者培养统治人才，相应地，学校教育便要服务于城市统治的需要，以伦理教化和军事防御为主要内容，与城市社会发展几乎没有直接关联。古希腊斯巴达的教育内容带有明显的军事性，"五项竞技"（赛跑、跳跃、摔跤、掷铁饼和投标枪）是主要的教育内容，用以统治城内的奴隶。欧洲封建社会的骑士教育是培养保护封建主利益的忠实追随者，其学习内容以武士七艺为主，即骑马、游泳、投枪、击剑、打猎、弈棋、吟诗等。我国唐代地方官学的一项主要任务是行礼，学生按政府的规定不仅要"习吉凶礼、公私礼"，而且要在一定的场合"示礼仪"（王志民，等，1996）[123]。显然，这一时期，教育的功能是培养合格的统治者和教化人民，以维护城市社会的固有秩序和稳定。

第三，教育与城市发展时有冲突。 农业社会教育与城市关系的一个突出特点是，教育与城市并不和谐甚至时有矛盾冲突。中外教育史上，教育发展与城市发展激剧冲突的事例屡屡出现。从雅典城邦以毒害青年为名处死苏格拉底，到我国秦朝大规模的"焚书坑儒"，无不反映了这种冲突之惨烈。清初统治者鉴于明末书院"群聚党徒"、"摇撼朝廷"的教训，极力对书院采取抑制政策。而在欧洲城市，由于大学里那些思想活跃、生活不羁、赊欠债务和酗酒闹事的外国青年学生，常常不可避免地与当地居民发生冲突，"Town and Gown"（城镇与学袍/市民与学人）一度成为流行语，反映了城

---

① 宋朝著名的六大书院，除应天书院位于当时的陪都宋州（今商丘）之外，白鹿洞书院位于江西庐山五老峰南麓，岳麓书院位于湖南岳麓山麓，嵩阳书院位于河南登封县太室山麓，石鼓书院位于湖南衡州石鼓山，茅山书院位于江苏金坛县顾龙山麓，均不在当时的中心城市。

市居民与大学之间的矛盾，最典型的事例当推公元1209年著名的牛津大学爆发的骚乱。①

要指出的是，农业社会晚期，教育与城市的关系出现了改善，在欧洲开始出现带有一定职业训练性质的城市学校，为市民的现实生活服务；在我国以武学、律学、画学、医学、算学和书学为内容的专科学校体系也得到发展。这种改善在一定程度上促进了城市的发展，但它仅代表整个农业社会教育与城市关系的一种新倾向，而非教育发展的主流。

由此可见，在整个农业社会里，学校教育体系已具雏形，城市平民教育开始萌芽；都市发展进程缓慢，缺乏有效的动力机制，教育与都市发展之间关系的基调是自成一体、甚至时有冲突，未能形成相互促进的良好互动关系。

二、工业社会：教育与都市社会发展不断勾连

18世纪末19世纪初发生在英国的产业革命，拉开了工业社会的序幕，其标志是工业化和城市化大发展，城市生产功能日益彰显，与此同时，随着教育的多种功能被揭示，现代国民教育体系首先在城市建成方面发挥了重要作用，并成为城市经济发展的重要动力之一，这一现象昭示着教育与城市社会发展之间勾连关系的正式形成。

（一）工业社会时期的城市

在传统手工业向近代大工业的转型中，产业聚集、复杂分工，使人口、资本、生产资料急剧向城市聚集，从而推动人类生产方式向工业化演进，一批以曼彻斯特为代表的新兴工业城市在工业化进程中脱颖而出，一跃成为国际性经济和商业中心，经济功能不断增强，这些新兴的工业城市区别于传统农业城市，逐渐成为经济社会发展的重要形态和载体。

---

① 12世纪后期，由于英王与法王的交恶达到高峰，很多到巴黎游学的英国学者及有志于研究学问的年轻人在英王的号召下回国，并渐渐在牛津镇集结，到13世纪初牛津大学已成为学者与学子讲学论道的新学术社区。公元1209年，英格兰中南部的牛津小城发生了持续性的悲剧事件——牛津大学的一名学生在练习射箭时误杀了镇上的一名妇女。这次意外事件随即酿成了牛津学生与居民之间的一场流血冲突。愤怒的居民把牛津大学的数名教授和学生抓起来，进行严刑拷打，其中有3名学生被吊死，数以百计的牛津师生被追逐殴打，牛津学堂也被劫掠一空，这一事件引起牛津学人的恐慌，他们认为安全没有受到充分的保障，纷纷离开牛津，有一部分学者逃难到剑桥另起炉灶，遂创立了后来的剑桥大学。

由于工业生产对城市的依赖，在工业化浪潮下，新兴工业城市迅速崛起，规模、数量迅速增加，城市在国家经济发展中的重要地位不断上升，在国民经济中的地位发生了重大转换，开启了"城市主宰世界"的新时代。以工业化先发国家英国为例，晚近的研究发现，1700—1840年间，与欧洲大陆相比，英国的经济结构已发生了明显的改变，到1840年其工业产出已超出第一产业近六个百分点（Craft，1985）[62-63]。

（二）工业社会城市发展的特点

与农业社会城市的自然发展相比，工业社会存在着一个明显的城市化过程，且这一过程与工业化交织在一起。国内外学者研究表明，城市化发展过程是S形，即城市化起始阶段速度较慢，发展阶段速度加快，成熟阶段又趋缓（李笔戎，1988），并与农业社会向工业社会过渡、工业经济向第三产业经济过渡和第三产业的继续发展与逐步成熟相对应。由于工业的发展，需要其他各业的配合和支持，在"工业生产链"的牵引和协同下，都市群、都市圈成为工业社会都市发展的重要形态。

而从工业社会城市发展的动因看，以工业为主导，工业聚集和工业化水平的提高是推进城市化的主要动力（李树琮，2002）[4]。以工业化带动城市化，是近代城市化发展中的一个重要特点。

（三）工业社会教育与都市发展的关系

工业社会机器化大生产，要求训练有素的劳动力，城市平民教育、职业技术教育由此快速发展，并逐步制度化、正规化，从根本上改变了教育发展的面貌，也首次在教育与都市社会经济生活中建立起有组织性、系统性和连续性的勾连关系，试分析如下。

第一，面向平民的义务初等教育运动率先在城市兴起。 在农业文明时期，虽然各国政府和民间团体兴办的学校教育中也开始吸纳平民入学，但总体来看，平民教育有很大的随意性且带有个人因素，能入学的平民也只占很小一部分。随着工业革命的推进，一些进步的城市教育组织和人士如英国的曼彻斯特教育援助协会、伯明翰教育联盟，敏感地捕捉到了教育面临的新挑战，发起了声势浩大的义务、免费、非教派教育普及运动，形成工业革命以来到20世纪前期席卷主要资本主义国家的城市义务教育运动，极大地保障了儿童福利，提高了城市人口素质。

第二，教育的多种功能尤其是经济功能被揭示，进入现代城市和国家政

策视野。在农业经济时代,教育的文化和政治功能发挥的作用已比较明显,而教育的经济功能、个体和社会发展功能尚未被人们充分认识。随着工业化推进,人口向城市聚集,教育在城市发展中对人口城市化、社会民主生活,尤其是提高生产劳动者的知识基础和技术水平方面所发挥的作用逐步凸显,现代教育的诸多功能由此得到认识。1870 年,英国教育署署长福斯特在提交初等教育议案时发表的演说中,明确地提出:"我国的工业繁荣取决于我们迅速发展初等教育。如果没有初等教育,为艺匠提供的技术教育就缺少基础……迅速发展教育关系到我们民族的强盛(徐辉,等,1993)[166-167]。"事实上,19 世纪工业化国家建立综合公共教育项目时,关于教育对国家财富和效率贡献的断言,已是政策话语的一部分(西蒙·马金森,2008)[74],有效地推动城市中现代国民教育体系的制度化,并快速向全国推进。

第三,科学教育在城市勃兴,现代性不断增强,与经济社会发展关系日益紧密。工业革命不满于当时学校古典人文教育严重脱离社会现实,提高了自然科学的重要性,城市实科教育应运而生:英国出现了提供百科全书式教育的文实学校,德国的赫克尔、美国的富兰克林等先驱,先后开办了进行自然科学教育的新型城市学校。与此同时,在斯宾塞、赫胥黎等教育活动家的影响下,各国学校教学的内容大量增加自然科学知识,代数、三角、物理、化学、生物等逐渐成为学校的必修学科;在教学方法上,采用与教学内容相适应的试验、演示、实习等方法。大学开始开设自然科学讲座,教学、科研、服务成为大学的三大职能。从这时开始,学校教育不再是古典文化一统天下,"教育就变成世俗的、科学的、实际的、技术的(厉以贤,1988)[46-47]"教育内容与社会生产的联系越来越紧密。现代教育的许多特征,抑或为人们所津津乐道的"教育现代性",在很大程度上就是由现代的科学知识所塑造的(石中英,2001)[111]。

三、后工业社会:走向都市社会发展轴心的教育

第二次世界大战后,随着科学技术的高度发展,发达国家传统城市制造业开始让位于非生产性服务业,社会经济的主体由制造业转向以高新科技为核心的第三产业,城市进入了新的发展阶段,即后工业社会阶段。城市生产功能弱化,经济活动越来越变得知识密集。1996 年,经合组织发表著名的《以知识为基础的经济》,提出了一个以知识为基础的经济时代的到来(曾国屏,等,1999)[2]。信息和知识产业主导地位的确立,各国经济日趋密切乃

至形成全球一体化，使教育和都市发展的关系出现了新的特点。

（一）后工业社会的都市

进入后工业社会，城市的信息聚集、智力聚集和信息聚集效应进一步强化，不仅成为每个国家最大的财富，更汇集着国家主要的科技、文化、艺术、教育机构和人才。依照国际上的一般估计，城乡两者之间在地理空间的面积之比约为 1∶50；财富能力之比约为 50∶1；城乡在富裕程度上的比例约为 70∶30；人口数量与发达国家相比约为 85∶15，发展中国家约为 50∶50（牛文元，2009）。可见，国家经济在更大程度上依赖于城市。

与此同时，城市的综合功能进一步健全。与农业社会、工业社会的城市分别侧重于政治和经济的褊狭功能不同的是，后工业社会城市不仅是区域政治、经济、文化中心，是国家经济增长和社会发展的引擎，同时更是城市居民生活、工作、发展的平台，其功能更为丰富。

（二）后工业社会都市发展的特点

相对于工业社会城市化的一路凯进，后工业社会城市化速度趋缓，呈现出新型城市化的特点。从率先步入后工业社会的发达国家都市发展轨迹看，由于处在后工业社会经济全球化和高新科技经济大潮的最前沿，城市规模扩大、郊区化、都市圈发展进一步成熟，有学者将这一阶段城市发展的新趋势归结为：城市功能的全球化，城市规模的巨型化，城市间交流的快速化，城市联盟及其一体化（顾朝林，2006）[26-31]。归根到底，后工业社会的城市已不可避免地融入全球体系和全球产业链。

从后工业社会的发展动因来看，城市间的经济竞争及其对知识和信息技术的依赖，使科技创新和创新型人才成为城市发展的源动力，教育作为专门的人才培养机构、主要的科技创新源和知识源，已经不容置疑地成为都市发展的核心动力源，构成支撑经济发展的知识产业的主体。

（三）后工业社会教育与都市发展的关系

后工业社会都市的关键地位，及其发展所处的全球化竞争环境、推动发展的动力机制，决定了教育与都市发展的关系进入了一个新的阶段，即：教育与都市发展之间已不再是单纯的紧密勾连关系，已成为都市发展的重要杠杆，进入现代都市发展战略和决策的轴心。具体来说，至少体现在三个方面。

第一，大学作为重要知识源，正在进入国家创新体系的中心，成为国家和所在都市发展的引擎。1994年，经合组织启动国家创新系统项目（NIS Project），首次对多个国家的创新体系进行系统的研究，认为大学构成了国家创新系统四种基本知识流的重要一环①。美国战后创新系统的一个明显特征是联邦政府研发费用的大幅增长，从根本上改变大学在国家创新体系中的地位，在国家研发（R&D）计划中扮演了研究中心的角色（曾国屏，等，1999）[41-42]。这种投入机制使大学研究正式成为国家目的。与此同时，从20世纪80年代起，大学研究中工业份额持续增长，大学与工业之间的联系纽带也更为普遍，与都市产业的联动发展关系更加成熟，在都市发展中扮演着重要的科技创新角色。

第二，教育培训构成都市知识生产、应用和传播的重要环节，教育体系与结构进一步完善。后工业社会都市发展与知识的密切结合，使教育成为一种事关经济发展全局的先导性知识产业，推动了都市教育的革新。这一过程中，终身教育观、教育"四大支柱"的提出②，并非偶然。后工业社会是一个信息爆炸的时代，都市的知识、信息聚集效应使"教育不能停止在儿童期和青年期，只要人还活着，就应该是继续的。教育必须以这样的做法，来适应个人和社会的连续要求。"（王道俊，等，1999）[717]终身教育观促成了都市教育培训体系由原来的以正规学校教育为主体向正规教育与非正规教育相互促进，学校、家庭和社会共同承担教育培训职能的嬗变。而"四大支柱"改变了传统教育对综合能力的忽视，教育在都市知识生产、应用和传播中的有效性大大提高。由此教育出现了朝着后工业社会都市所要求的特点不断变化的新趋势。

第三，教育成为都市发展重要的政策杠杆。一方面，由于教育在科技创新和人才培养中不可替代的地位，使得教育在后工业社会都市发展中的重要性必然上升，从而进入都市发展的战略中心。另一方面，由于后工业社会都市作为市民生活、工作和发展平台的功能日益凸显，教育同时还是市民权利和生活质量的重要保障，事关"民生"。正是从都市社会和市民个人的发展

---

① 经合组织的研究认为，集中在国家创新系统中的行者之间的四种基本知识流是：（1）企业之间的相互作用；（2）企业、大学和公共研究实验室之间的相互作用；（3）知识和高技术企业的扩散；（4）人员的流动。

② 由联合国教科文组织在《教育——财富蕴藏其中》一书中提出，教育的四大支柱是：学会认知，学会做事，学会共同生活，学会生存。

出发,"二战"后各国不断出现"教育总统"、"教育州长"和"教育市长"①,标志着教育正式成为都市发展的重要政策杠杆,而教育财政投入也持续增长,构成都市财政预算的主要内容之一。

从都市的功能特性看,沿着农业社会—工业社会—后工业社会的历史脉络,都市经历了从政治体、经济体向综合体的发展历程,其间,随着都市在国家经济和社会发展中的重要性不断上升,教育与都市发展之间的关系也经历了由边缘向中心的演进,并构成都市经济社会发展的关键动因。在后工业社会,教育既与都市产业形成联动发展的关系,又是都市市民生活的重要元素,在都市发展中占有举足轻重的地位。

为便于比较,我们将教育与都市发展关系不同阶段的特征列表如下:

表1-1 教育与都市发展关系演进的三个阶段

发展阶段	都市功能特性	都市发展特征	教育与都市发展的关系
农业社会	政治体	统治者的属地和堡垒,规模小,发展速度慢,城市间孤立。	独立发展,时有冲突,教育未能构成城市发展的有效动力。
工业社会	经济体	产业和生活中心,规模大,发展速度快,以产业带动城市群的形成。	教育进入都市人力和发展政策视野,并成为都市发展的动力机制。
后工业社会	综合体	生产、生活、文化和信息中心,规模大,以科技化、全球化为特征的新型城市化。	教育作为科技创新和知识资本的源泉,被视作都市竞争的源动力,进入都市发展政策的轴心。

在全球经济一体化已成事实的背景下,工业社会向后工业社会的演进意味着全球分工体系的调整。对发展中国家而言,工业化和信息化进程同时发生,交织推进,成为不同于先发国家都市发展的特点,也是发展中国家的都市调整其在全球分工体系中位置的重大契机。而教育在科技创新和培养创新

---

① 如布朗(Edmund G. Brown)担任加州州长、洛克菲尔(Nelson Rockefeller)担任纽约州州长期间都为该州高等教育的发展,作出了史无前例的贡献;而近20年来,布什、克林顿和小布什也都先后举起了"教育总统"的大旗。从2008年开始,我国陕西省将教育成效列入市、县一把手政绩考核,每年评选出5个"教育县长"和1个"教育市长"。

人才中的作用，直接制约着都市融入区域甚至全球分工体系和产业链的路径选择。由此，都市教育发展水平与提升都市竞争力战略之间存在着必然的内在逻辑。

第二节 都市教育竞争力的理论基础

都市教育竞争力的提出，汲取了人力资本理论、知识经济理论和竞争力理论等关于教育价值的理论认识和世界上先进的经济学、管理学成果。由此，都市教育竞争力既立足于教育和都市发展实践演进的历史真实，同时又具有深厚的理论基因。

一、人力资本理论开辟道路

人力资本理论是随着工业化时代教育对经济的促进作用不断被揭示和国际竞争日益加剧而逐步建立起来的教育经济学主流理论。

早在200多年前，亚当·斯密就对教育的经济价值进行了论述，将劳动力的教育成本划归国家的固定资本（Smith，1776/1979）[377]。到19世纪人力资本被很多经济学家所关注（西蒙·马金森，2008）[73]，德国经济学家弗里德里希·李斯特将社会财富区分为物质资本和精神资本两类，并视教育为精神资本的主要生产者。1912年美国全国制造业协会工业教育委员会的一份报告中，首次使用了"人力资本"这个概念。与此同时，一些经济学家如美国的戈塞林（Donald E. Gorseline）和沃尔什（J. R. Walsh）致力于计算教育经济收益的定量分析。这些早期研究为人力资本理论的形成奠定了思想和方法基础。

人力资本理论的真正形成时期是20世纪50—60年代，其代表人物为美国的经济学家舒尔茨、丹尼森和贝克尔。这一时期正值国际政治、经济格局的重大调整期，苏联人造地球卫星成功发射，日本、联邦德国等战败国经济迅速复苏，发展速度超过英国、意大利和西班牙等工业化先发国家。因此，在某种意义上，正是这种由国际格局变化形成的特殊社会环境，使人力资本理论获得发展并形成较为完善的体系。

（一）人力资本理论的主要观点

舒尔茨等人构建的人力资本理论内容非常丰富，且在20世纪70年代后仍不断发展，其主要观点可以概括如下。

1. 人口质量重于人口数量。人力资本包括量与质两个方面。人力资本的量是指劳动者的数量，它在一定程度上代表着社会现在拥有的人力资源的多少；人力资本的质是指劳动者的知识、技能、健康等状况，它们从根本上影响着劳动者从事生产性工作的能力。人力资本理论认为，人力资本的质对经济发展的贡献要大于人力资本的量。

2. 人力资本的作用大于物质资本的作用。人力资本投资与物质资本投资都是经济发展不可缺少的生产性投资。人力资本理论认为，在经济增长中，人力资本的作用大于物质资本的作用。舒尔茨分析了美国"二战"后国民收入的增长大大快于国民资源的增长的原因是"人力资本"比能进行再生产的非人的资本以更快的比率增长。他还从战后日本、联邦德国重新迅速崛起并跻身于世界经济强国的实例中，证明增加对人的资本投资要比物力资本投资更为重要。

3. 教育是人力资本形成的关键。人力资本理论认为，形成人力资本的途径有五种：教育、医疗保健、劳动力迁移、移民和信息获得，其中教育就是生产人力资本最主要的途径。正是基于这一认识，有些经济学家甚至直接以受教育年限来衡量劳动力质量（曲恒昌，等，2000）[32]。

4. 教育投资的收益包括个人收益和社会收益。人力资本理论认为，教育的收益是多方面的，既包括个人收益，也包括社会收益；舒尔茨、丹尼森的研究更关注社会收益，尤其是社会的经济收益，而贝克尔则更为关注个体教育投资的收益。

（二）人力资本理论对教育实践的影响

人力资本理论对教育实践最大的影响，是它为"二战"以来在"政策上使经济和教育比过去任何时候更加紧密地结合起来"提供了理论依据，是国家利益和经济竞争的灵活工具（西蒙·马金森，2008）[81]。

表1-2　20世纪60—90年代的人力资本理论与政府（西蒙·马金森，2008）[80]

理　论	主要的理论假设	普遍的理解	政府实践
第一波人力资本理论（60年代）	教育带来生产力，带来高工资；教育投资带来经济增长。	教育带来职业工作、地位和高收入，所以也引起对更多教育机会的需求。	扩大由政府资助的教育供给，提供平等的机会以使人力资本最大化。

续表

理 论	主要的理论假设	普遍的理解	政府实践
筛选理论（70—80年代）	教育文凭代表个人生产力，教育是分配工作的筛选机制。	需要努力争取相对优势，更高级的文凭提供在劳动力市场中的竞争优势。	停止支出的增加；将教育与工作联系起来的项目；资格标准化。
第二波人力资本理论（80年代）	教育增加了应对新技术和其他创新的能力；教育提高了生产力，促进了增长。	个人投资的策略性：在关键领域（管理、计算机应用等）的个体教育优势能提供相对优势。	在高科技和管理领域的选择性教育投资；旨在提升一般技能（如交流和理解科技的能力）的项目。
市场自由主义人力资本理论（80—90年代）	个人的教育投资继续；总体的私人个体教育投资在市场基础上带来适当水平的社会投资。	教育投资及教育融资是个体责任；个体化投资将使相对优势最大化。	保护自我管理的个人投资项目和政策；选择性地使用学生资助、大肆宣扬的参与、与收入挂钩的收费和贷款。

从20世纪60年代到90年代，人力资本理论经历了教育投入政策目标由政府—个人—回归政府—个人的钟摆式发展（参见表1-2），但它作为政策隐喻的通用性仍得以保持，建立在人力资本理论基础之上的人力资源开发政策是国家总体发展框架的重要内容。

（三）人力资本理论对都市教育竞争力的意义

人力资本理论首次在政府和个人层面，形成了一种教育能增进经济收益的普遍理解与共识。此前，对教育的功能理解更多地集中在文化意义上，正如舒尔茨所言："我对教育的态度是，决不贬低教育的文化贡献。教育把这些贡献视为理所当然，并着手这样一个任务：决定是否有某种适于作为资本来处理并可以被分析和估算的经济利益。"（Schultz, 1960）[572]显然，正是这种开创性的对教育经济收益的定量研究，为教育在都市发展中的作用提供了实证依据，从而也为都市教育竞争力的出场提供了生长点。

更为重要的是,人力资本理论提出教育是生产性投资而非消费,这种观点从根本上奠定了教育生产功能的地位,即:教育可以提升劳动者整体的生产率,最终使国民收入有所增加;同时,教育能使物质资本等其他投入要素形成递增的收益率,从而形成整个经济递增的收益率;而晚近的研究更是表明,教育对生产力的影响还通过以科技为中介的方式发生,科技环境越有活力,教育的利益就越大。由此,20世纪80年代后半期,随着政府对响应度、灵活性、风险承担和技术促进的强调,关于教育、科技和竞争力的主张盛行起来(OECD,1989)。我们认为,教育生产功能的确立,为建构教育与都市竞争力的关系开辟了道路。在这种关系中,教育由于其独特的生产属性,而与都市竞争优势的培育和形成有了直接的关联。

二、知识经济理论奠定基础

知识经济是20世纪80年代以来以高新科技为背景形成的新经济增长理论,严格说来,这并不是一种全新的思想,而是20世纪有关经济思想发展的综合成果,与人力资本理论之间也有着千丝万缕的联系。

对人力资本理论作出过重要贡献的美国经济学家丹尼森,在1959年的论文中就曾将"知识的进展"作为经济增长的一个重要因素。此后,美国的社会学家丹尼尔(Daniel Bell)、托夫勒(A. Toffler)、经济学家奈斯比特(J. Naisbitt)等进一步关注到了正在出现的新兴高技术经济。

随着以美国微软公司为代表的信息产业取得巨大的成功,这种"以知识为基础"的新经济日渐明晰起来。1996年,美国全年新增产值的2/3是靠微软这样的公司创造的。与美国情况相类似,OECD成员国的高技术产品在出口中的份额翻了一番还要多,达到20%—30%。这些国家国内生产总值50%以上是以知识为基础的(洪成文,2001)[249]。针对这种新经济现象,经济合作与发展组织(OECD)的正式文件、美国总统的国情咨文和世界银行的年度报告都正式使用了知识经济概念,用以描述正在全球兴起的"建立在知识和信息的生产、分配和使用之上的新经济(OECD,1996)"。

知识经济最突出的特点是知识的经济功能得到最充分的体现,在产品的价值构成中知识创造的价值占最大的比重(李祖超,等,1999)[41]。

微软现象

"微软现象"可以说极大地提高了人们对知识经济的认识。在《财富》杂志的富豪榜上,微软公司前总裁比尔·盖茨曾经连续三年位列榜首,拥有个人资产逾千亿美元。最为神奇的是,他创造这些财富的时间仅有短短的20年。而传统的汽车大王、石油大王、钢铁大王和金融寡头在200年时间里创造的家族财富一般只在200亿美元左右。那么,比尔·盖茨又是靠什么迅速致富的呢?众所周知,微软公司的产品,无论是过去的"DOS系统",还是后来的"Windows 95"、"Office 97"、"Windows 98",都仅仅是一张软盘或光盘。光盘是用聚碳酸酯做成的,一张光盘的物质成本只有2元人民币,可是,一张正版光盘的售价却高达8000元人民币。这里的差价说明了什么?这差价就是知识的价值。微软公司是固定资产规模较小,原材料库存较少的公司,年销售收入仅100多亿美元,但其资产价值高达2千多亿美元,而通用汽车公司作为工业时代的堡垒,其全球设施和库存量居世界首位,其年销售收入2千多亿美元,但其市值仅500亿美元。尽管微软公司的年销售额只有苹果公司的一半、IBM的1/4,但软件的利润比硬件要高得多。苹果公司每销售1美元,只有3.3美分的利润,而微软公司每销售1美元则可获利润30美分以上,这就是微软能够致富的秘密。微软公司的成功说明了知识产品的价值,标志着知识经济的兴起。知识经济的致富奇迹,站在传统产业经济的立场也许无法理解,但是,事实已经摆在面前,知识经济时代的到来给人们提供了更加广阔的发展空间和迅速致富的可能。(韩抒怀,1996)[6]

到微软公司,看不到大企业车水马龙的热闹景象,没有堆积如山的原料和产品库房,只有几座现代化的办公大楼厚实地耸立于如茵的绿草中间……在微软,没有大规模的生产,没有大规模的原料消耗,没有大规模的产品堆积。它拥有的资源是人的智慧。开发部是微软的核心,每个人拥有的一个办公室只有约5平方米,除了一把椅子和4—5台电脑外几乎见不到其他任何东西。它所进行的国际贸易基本是无形的,但价值与作用却难以描述,它的用户散布于世界各地,数以百万计,且还在日益增加。(李祖超,1999)[53]

(一)知识经济理论的主要内容

尽管知识经济出现的时间不长,但有关理论研究内容却十分庞杂,它的主要观点可以概括为以下方面。

1. 知识是知识经济时代最基本的生产力要素。传统农业经济最基本的生产力要素是土地,工业经济最基本的生产力要素是资本,知识经济最基本的生产力要素是知识,创造"知识价值"最重要的生产资料不再是设施和工具,而是人的知识、技术和能力。高技术产业是知识经济的第一支柱产业,智力资源是首要依托。

2. 知识经济时代经济增长出现新特点。产业结构上,服务业逐渐达到并最终超过制造业在国内生产总值中的比例(OECD,1996);同时,传统农业和传统工业中知识含量大大提高,出现知识化特征。由此,国民经济的增长方式会发生根本变化,收益递增、可持续发展、全球经济一体化将成为经济发展的新特点(周绍森,等,1999)[73-76]。

3. 知识经济对劳动者素质提出更高的要求。一方面,由于就业结构知识密集化,对劳动者掌握的知识技能水平提出了更高的要求;另一方面,由于知识经济对科技创新的依赖,需要劳动者具备创新素质和终身学习的能力。正如OECD报告所言,劳动力素质将成为知识经济最重要的先决条件,而劳动力的素质将主要包括最新的科学技术(OECD,1998)。

4. 教育以其在知识生产、应用、传播中的关键作用,成为知识经济的"母机"。教育不仅可以传递包括科学技术在内的知识,而且也可以创造新的知识,由此,在科学技术转化为生产力的过程中,教育是最主要环节。经济基础的知识化,使教育的价值得到了史无前例的认识和张扬,成为经济发展的"母机"(周绍森,等,1999)[341],而有别于过去人们把教育理解为经济发展的手段(洪成文,2001)[263]。

(二) 知识经济理论对教育实践的影响

知识经济理论极大影响了世界各国的发展战略,至少体现在三个方面:

其一,教育的战略地位进一步提高,科教兴国成为各国全力发展知识经济的战略选择。知识经济概念提出前后的5年内,包括美国、欧盟、日本、韩国、新加坡、中国,以及其他拉美和非洲国家在内的众多国家,均纷纷出台了促进科技和教育发展、抢占知识经济制高点的战略(周绍森,等,1999)[90-108]。

其二,教育改革出现了知识经济导向的特点。从有关政策文献看,20世纪末以来,各国教育改革方案和实践中不约而同地指向创新能力、信息素养、合作技能、终身学习能力的培养。新加坡政府提出不仅把学校变成培养读书识字基本能力的场所,而且是培养创意思维和信息能力的机构;美国更将教育列入国家创新总体框架（赵中建，2007）。不难看出，这些素质正是知识经济要求的人才特质，改革为教育与经济的更紧密结合提供了纽带。

其三，大学成为高技术产业的"孵化器"，以大学为中心的科技园区快速发展。以麻省理工大学、斯坦福大学为代表的一批研究型大学因在催生高技术产业所发挥的独特功能，成为"孵化器"脱颖而出，受其影响，以大学为中心科技园区也成为一种新型发展模式被推广。

由此，知识经济理论从战略和实践两个层面，夯实了教育作为经济发展的基础和动力源的地位。

（三）知识经济理论对都市教育竞争力的意义

知识经济理论确立了知识作为最基本生产要素的地位。在知识经济时代，知识已不是经济增长的"外生变量"，而是经济增长的内在的核心因素（李祖超，等，1998）[70]。知识的经济价值在经济发展活跃、占国民经济主体地位的都市更为突出，并得到最充分的张扬，从而成为衡量都市能力的主要因素和都市经济可持续发展的基础。知识和信息好比是知识经济的电流，教育是产生电流的发动机（夏泉，1998）。我们认为，都市经济发展的这种特点，决定了教育对都市发展态势和潜能的巨大影响力，相对人力资本理论中将教育作为形成人力资本的外在手段而言，知识经济的提出论证了教育在都市发展中的基础性、全局性和先导性地位，为都市教育竞争能力的提出提供了理论支撑。

与此同时，在知识经济时代，知识和教育对于一个都市在经济一体化背景下竞争力总格局中的地位起关键作用，都市教育水平之间的比较甚至较量、赶超，成为都市竞争诸多形态中的一种，知识和教育要素给以经济为基本内容的都市竞争注入了新的因素，不再是都市竞争被动的响应因子，而成为一个积极主动的、影响甚大的博弈因子。显然，知识经济浪潮对都市教育发展之间的竞争性行为起了推波助澜的作用。

三、竞争力理论助推成形

竞争力理论是在企业管理研究基础上逐步发展起来的一个经济学领域。从20世纪80年代起，由于一些颇具影响的国际性或区域性官方或民间组织开展持续性、大规模的多种竞争力研究，得以进一步深化。

竞争力研究之所以在20世纪后20年获得"显学"的地位，是因为随着经济一体化发展,各国之间的经济联系日益紧密的同时,各国间的竞争与摩擦也如影随形,以经济为中心内容的综合国力的竞争更加剧烈。为了抢夺发展的制高点,知己知彼变得异常重要起来,竞争能力的研究作为各国政要、经济界领袖制定决策的重要参考(国家体改委经济体制改革研究院联合研究组,1997)[5],形成一种迫切的需要。

与此同时,由世界经济论坛(WEF)和瑞士国际管理发展研究院(IMD)连续多年发表的国际竞争力评价结果,引起广泛关注。许多国家和机构竞相开展研究。竞争力理论与实证研究由此被拓展到很多领域,也极大地发展了这一理论。

(一) 竞争力理论的主要观点

迄今为止,尽管竞争力研究已经持续进行了30年,且已形成了国际竞争力、企业竞争力、产业竞争力、城市竞争力等众多不同的研究方向或领域,并提出了诸如竞争优势论、资产转换论、城市价值论等竞争力理论①,但很难说已经形成了公认的、统一竞争力理论体系。我们试从这些研究中找出其中主要的共同观点。

1. 竞争力是由发展与实力对比的变化所决定的可持续发展能力,是多种能力的协调。竞争力是对资源、财力、实力增长等多种能力的超越。参与IMD竞争力研究的斯蒂芬·格瑞理在反思、总结多年研究的基础上,提出竞争力不只是生产率、有形资产、实力或财富(斯蒂芬·格瑞理,2008)[4-14]。事实上,WEF和IMD的国际竞争力模型中强调竞争力是竞争力资产与竞争力过程的统一;彼得的城市竞争力解释性分析框架中将竞争力定义为经济因素和战略因素的复合函数。这些极具影响的竞争力概念和模型均反映了这样一种理念,即竞争力包含着未来发展趋势的轮廓。所以一国可能是富有的,但却不具竞争力,而一些资源匮乏的穷国则可能通过高效的转换过程而极具竞争力(国家体改委经济体制改革研究院联合研究组,1997)[8]。

2. 竞争力是立足于比较格局的一种整体性思维。竞争力只有在竞争者共同组成的比较格局中才有价值,这构成竞争力理论的一个重要观点。"竞

---

① 国家和城市竞争力研究的代表人物美国哈佛大学教授波特认为,竞争力是获得竞争优势的能力,国家竞争力唯一的意义是国家的生产率,推及城市,是城市的生产率。WEF和IMD认为竞争力是竞争力资产与竞争力过程的统一,竞争力资产只有通过高效的转换过程才能产生出竞争力。戈登和切希尔(Gordon & Cheshire)认为区域竞争力是一种能够增进区域优势,提升地区价值的力量。

争力的强弱或大小,不仅取决于自身,还与对手的竞争态势以及与总体的态势相关"(连玉明,等,2008)[36]。因此,竞争力必然代表一种新的视角,即以整体性观点来进行分析和衡量,所谓整体性,既是对各竞争主体状况的全面了解和把握,也是对竞争力的因素变化、竞争机制和竞争过程的深刻理解。竞争力理论是一种分析手段,它对国家和企业(竞争主体)的全部能力进行协调统筹(斯蒂芬·格瑞理,2008)[3]。正基于此,一个有趣的现象是,各类竞争力研究尽管关注的领域或主体不同,却形成了一种趋同的研究范式。我们认为,这种趋同研究范式中所体现出的立足于比较格局的整体性思维方式,也是竞争力理论的一个重要方面。

3. 竞争力是可以测度的。除了对竞争力的概念进行界定、构建竞争力模型和指标体系外,现有的竞争力研究都普遍对竞争力进行了测度,并依据竞争力强弱大小尝试进行排序。这些对竞争力的测度,表明竞争力理论的一个共同原则,即竞争力是可以测度的。当然,竞争力的可测度性,是建立在现代社会统计和测量手段日渐成熟所提供的可比基础上的。

(二) 竞争力理论对都市教育竞争力的意义

竞争力理论是都市教育竞争力提出的最后一个决定因素,它从两个方面为都市教育竞争力的成形准备了条件。

其一,证实教育是竞争力的因素之一。WEF 和 IMD 的国际竞争力研究认为"与人相关的非经济的文化、教育因素开始在竞争力变化中发挥着日益重要的作用"(国家体改委经济体制改革研究院联合研究组,1997)[11],且这些软指标较硬指标的周期要长。一些城市竞争力和区域竞争力研究都一再地论证了这一结论。因此,"处理好科技教育与经济发展的关系,把整个国民经济的发展建立在不断提高科技水平和国民素质的轨道上来,是提高国际竞争力的关键。"(李铁映,1997)[II]竞争力理论明确地将教育在提升都市竞争力中的影响清晰地呈现了出来。

其二,在人力资本理论和知识经济理论构建教育与都市经济社会发展密切关系的基础上,竞争力理论为整合教育与都市发展之间的这种关系提供了一种分析框架,进而为都市教育竞争力的提出和测度提供了方法论,即我们可以在都市竞争的全局观下,以教育在提升都市竞争力水平中的作用为切入点,来衡量都市教育的发展状况,反思都市教育发展的优势、劣势,形成评估都市教育发展的一种全新视角。

从都市教育竞争力与三大理论的渊源关系看,它决非横空出世。半个多世纪以来,人力资本理论、知识经济理论和竞争力理论的研究已经为它的提出播下了种子。即便"都市教育竞争力"这一语汇并没有出现,但所有支撑都市教育竞争力"出场"的因素一一被揭示,条件也相继成熟(参见表1-3)。

表1-3 三大理论及其对都市教育竞争力的贡献

	人力资本理论	知识经济理论	竞争力理论
核心观点	教育投资收益包括个人收益和社会收益。	知识是最基本的生产力要素。	竞争力是由发展和实力对比的变化所决定的可持续发展能力。
对教育的理解	教育是形成人力资本的关键。	教育是知识经济的先决条件。	教育等软因素在竞争力变化中发挥着日益重要的作用。
对都市教育竞争力提出的意义	为都市教育竞争力的提出提供了生长点,为构建教育与都市发展之间的联系开辟了道路。	为都市教育竞争力提供了理论支撑;推动了都市教育之间的比较、较量或赶超。	为整合教育对城市经济社会发展的作用提供了一种框架;为都市教育竞争力研究提供了方法论。

第三节 都市教育竞争力现象的出现

坚实的理论根基构成都市教育竞争力提出的一个条件。与此同时,"二战"后一批依托大学的新型都市在世界各国迅速崛起,这些原来通常是大都市的郊区或卫星城的新型都市,凭借高科技产业获得了跨越式的发展,并很快成为高科技产业的中心,在全球一体化的经济活动中脱颖而出,它们表现出的强大竞争力令全球瞩目。大学在新型都市崛起中所发挥的关键作用,标志着教育提升都市竞争力已然成为一种事实,是都市教育竞争力最具说服力的现实佐证。

一、异军突起的新型都市

以世界上第一个科技园——美国斯坦福大学工业园区①建成为肇始,依托所在地的大学,英国的剑桥科学园区、法国的索菲娅·安蒂波利斯技术城、俄罗斯的西伯利亚科学城、日本筑波科学城、印度班加罗尔高科技园区和德国慕尼黑高科技园区等,一座座高科技城在世界各地崛起,成为所在都市圈的"引擎",强有力地拉动着都市圈的社会经济发展。一种新型的城市发展模式逐渐浮出水面。

(一) 硅谷都市群和美国新型城市发展道路

硅谷,位于美国加利福尼亚州北部,是一块从旧金山绵延到圣何塞(San Jose)、南北长约100公里、东西宽约30公里的、临太平洋的广阔平坦的谷地。事实上,地图上并没有硅谷这个城市,硅谷是由圣克拉拉郡13个建制市②组成的都市群。

硅谷因硅片生产制造商云集而得名,但现在硅谷已成为高科技产业区的代名词。尤其重要的是,在这一过程中,以斯坦福大学工业园为中心,高科技产业不断发展、辐射,硅谷的农村和地区不仅实现了快速城市化,而且建成了美国的明星都市圈。1998年,硅谷地区的GDP总值约为2400亿美元,占美国全国的3%左右,相当于中国GDP总值的25%左右。到了2000年,硅谷地区的GDP总值已超过5000亿美元,相当于当年中国GDP总值的50%(维基百科,2009)。2008年美国电子协会(America Electronic Association,AEA)的一项研究显示硅谷已成为美国的三大高新技术中心之一,与有着深厚历史积淀的纽约大都市区和华盛顿大都市区并驾齐驱(Wikipedia,2009)。硅谷还是美国第一大高科技制造中心(Benjamin Pimentel,2008)。如果把硅谷视为一个国家,其经济实力完全可以跻身世界强国之列。

---

① 该园区最初称为斯坦福工业园,后更名为斯坦福科技园。
② 据美国的有关规定,人口在2500人以上即可建市。有时人们也将周边的另8个建制市归入硅谷。

表1-4 硅谷新型都市群①

城 市	居民人口（2000年人口普查数据）	面积（平方公里）	成立/崛起时间
库帕蒂诺（Cupertina）	50546	28.3	1955年组建市。硅谷的心脏，是2000年美国唯一人口过5万，家庭中每位收入过10万美元的城市。
圣何塞（San Jose）	939889（2007年人口）	461.5	曾是加州建州时的州府，长期为农业小镇，20世纪50—60年代加速发展，现为加州第三大城市，有"硅谷首府"之称，是硅谷的引擎。
圣克拉拉城（Santa Clara City）	109000（2005年人口）	47.6	1862年获建市特许，20世纪50年代完成从农业到新兴半导体产业的转型。
帕洛阿尔托（Palo Alto）	61200（2007年人口）	66.4	斯坦福校园所在地，硅谷经济中心，著名公司云集。
洛斯阿尔托（Los Altos）	27693	16.4	原为农业镇，1950—1980年间快速发展，现已成为富裕的居住城。
萨拉托加（Saratoga）	30313	31.4	1956年组建市，原以农业为主，现发展成硅谷中上层人士的居住城。
桑尼维尔（Sunnyvale）	131760	58.6	1912年正式组建市，前空军基地，"二战"期间开始由水果加工业向高科技产业的转变。

---

① 据维基百科有关信息整理，http://en.wikipedia.org/wiki/Silicon_Valley[DB/OL]. 2009-07-14/2009-07-16.

续表

城　市	居民人口（2000年人口普查数据）	面积（平方公里）	成立/崛起时间
山景城（Mountain View）	70708	31.7	直到20世纪60年代初仍以农业为主，现是硅谷的主要城市之一，著名公司云集。
摩根山（Morgan Hills）	33556	30.2	1906年建镇，原居民主要是果农、农民和牧场主，现已发展成硅谷的居住城。
米尔皮塔斯（Milpitas）	62698	35.3	1954年组建市，现为计算机产业中心。
坎贝尔城（Campbell）	39200（2007年人口）	14.8	1952年组建市，为硅谷的居住城。
洛斯加托斯（Los Gatos）	34276（2006年人口）	28	20世纪前叶为农村，后为圣何塞郊区，80年代完成都市化。
洛斯阿尔托斯山（Los Altos Hills）	7902	22.3	严格地规划为居住城，没有工商业，为美国最富有的区域之一。

表1-5　大学、高科技产业和美国一些新型城市的发展（O'Mara，2004）[3]

地　区	与1950年中央商务区（CBD）的距离	2000年人口普查人口密度（高技术城镇/1950 CBD）	1999年家庭现金收入（高技术城镇/州平均水平）	区域内的顶尖研究型大学	1968年顶尖研究型大学的联邦研发收入（全国排名）
硅谷	32英里	1439.2人/平方英里（旧金山市及郡16526.2人/平方英里）	72577美元（加州平均现金收入为47493美元）	斯坦福大学	41.1百万美元（2）

续表

地 区	与1950年中央商务区(CBD)的距离	2000年人口普查人口密度(高技术城镇/1950 CBD)	1999年家庭现金收入(高技术城镇/州平均水平)	区域内的顶尖研究型大学	1968年顶尖研究型大学的联邦研发收入(全国排名)
128公路走廊	10英里	1703.6人/平方英里(波士顿市12172人/平方英里)	62127美元(马萨诸塞州平均现金收入50502美元)	麻省理工学院 哈佛大学	麻省理工学院7980万美元(1) 哈佛大学3920万美元(3)
西雅图东郊(Eastside Seattle)	16英里	817人/平方英里(西雅图市平均6714.8人/平方英里)	53157美元(华盛顿平均现金收入45776美元)	华盛顿大学	2790万美元(10)
硅山(Silicon Hills):得克萨斯州奥斯汀威廉森县	18英里	226人/平方英里(奥斯汀市2610.6人/平方英里)	60642美元(得克萨斯州平均现金收入为39927美元)	得克萨斯大学奥斯汀校区	1030万美元(40)

注:高技术聚集区与1950年CBD的距离是从中心城市到下列新兴城市的驾驶距离:旧金山到帕洛阿尔托(Palo Alto),波士顿到华尔萨姆(Waltham),西雅图到雷蒙德(Redmond),以及奥斯汀到劳德洛克(Roundrock)。

  硅谷都市群的崛起发生在20世纪50—80年代。此前,这里尚是美国一片以农业为主的土地,盛产水果,同所有西部正待开发的农业区并无二致。构成硅谷的13个建制市中,4个组建于50年代,其余9个也主要于这一时间完成高科技牵引下的工业化转型;6个城市是硅谷的研发制造中心,著名的高科技公司云集(表1-4中深灰色部分),1个城市为产业和生活城市(表1-4中浅灰色部分),另5个城市则主要发展居住生活功能,是硅谷的居住城(bedroom city)。13个城市中,有10个被2006年《华尔街杂志》列入美国最具创造性的20个城镇①(Albergotti, 2006)[1],还有美国最富裕的城

---

① 2006年《华尔街杂志》列入美国最具创造性的20个城镇有13个在加州,其中10个全部在硅谷。

镇。而这一发展的重要动力源来自斯坦福工业园。

硅谷是美国第一个以大学科技园为中心发展起来的都市群。它一经出现，就在美国得到迅速发展：以麻省理工学院和哈佛大学为中心，有128公路走廊的兴起；以华盛顿大学为中心，有西雅图东郊的兴起；在得克萨斯大学和奥斯汀校区有硅山的兴起（参见表1-5）。由此一种新的城市发展趋向已然在美国出现，即科技业高产度聚集为引擎，这类城市的兴起将经济活动的焦点从20世纪中期以来主导经济的中心城市转移，而将沉睡的农业区和人们生活的郊区变成影响世界的工业生产和商业资本的中心（O'Mara，2004）[4]。

（二）硅谷发展模式的世界"复制"

硅谷已经成为指代世界范围内进入全球高科技经济的地区性技术环境和聚集地的专门名词（Saperstein et al，2003）。以它为范例，很多国家开始尝试以当地的研究型大学为中心，建立科技或工业园区，带动原中心城市的重振，或推动新城市中心的形成，这股席卷全世界的大学科技园区建设热，有效地刺激了所在区域经济社会发展，成为都市经济圈新的动力源。

表1-6 世界九大高科技园区

高科技园区名称	形成年代	产生的影响	教育的作用
美国加州硅谷	20世纪50年代—70年代	巨大的研发孵化器，联系世界上其他高科技园区进行技术创新的网络中心。	斯坦福大学、加州大学伯克利分校。
爱尔兰高科技园区	20世纪90年代	美国投向欧洲高科技资金的1/4在爱尔兰，是全球经济的亮点之一。	大学体系定位在为创新经济培养知识型人才，技术素质放在首位。
瑞典斯德哥尔摩高科技园区	20世纪90年代	吸纳瑞典信息技术业45%的人员，在手机、个人电脑和互联网领域领先于欧盟和美国。	高技术人口比例达36%，瑞典政府要求每一个科技园中必须建设一所大学。
德国慕尼黑高科技园区	20世纪90年代	除硅谷外，慕尼黑是世界上集中大型技术公司最多的地区。	高等学府包括著名的慕尼黑工业大学、巴伐利亚虚拟大学，代表德国最大的人才库。

续表

高科技园区名称	形成年代	产生的影响	教育的作用
英国剑桥科学园区	20世纪70年代	英国发展最快的地区之一，被视作欧洲第一位的研究开发地，是欧洲最有可能与美国硅谷抗衡的高科技驱动创新地区之一。	剑桥大学在推动科技发展方面显示出越来越重要的作用，是这个地区智力资本的重要支撑。
法国索菲亚·安蒂波利斯技术城	20世纪70年代	欧洲最大的高科技园区。	园区内有5所大学和高等教育机构，新成立了通信系统工程学校和研究中心研究学院。
以色列高科技园区	20世纪90年代	高科技集中程度为世界第二，仅次于美国加州。	60%就业人口达到高中水平，以色列工程技术学院等大学在经济发展中扮演重要角色。
中国台湾新竹科学工业园区	20世纪80年代	中国台湾成立最早、最大的工业园区；园区劳动生产率是整个台湾制造业的2.7倍。	中国台湾清华大学和台湾交通大学，园区职工62%至少本科毕业。
印度班加罗尔高科技园区	20世纪90年代	有印度32%的软件生产基地。	班加罗尔周围有25所工程学院，为其发展提供了稳定而充足的人才，印度理工学院等著名学校培养了以知识工人为核心的劳动力。

有研究者将这种新型城市称为"知识之城"（Cities of Knowledge），并将其共同的特征概括为：科技产业的引擎，高技术产业密布，科技人员及家人生活其间，以研究型大学为其心脏……这些城市是伟大技术革新的发源地，充满着企业家精神，云集着社会财富。知识之城所在的都市区在经济上更成功（O'Mara，2004）[1]。

二、新型都市发展的路径：以硅谷为例

美国《洛杉矶时报》1998年3月8日发表了一篇题为《硅谷梦》的文章，认为："文艺复兴之后所发生的全部事件中，对世界影响最大的莫过于硅谷的技术。"这种说法虽然未免有些夸张，但硅谷崛起的发展路径确具典型意义。考察硅谷的形成过程和主要特征，可以帮助我们更好地理解大学在新型都市发展中的关键作用。

（一）硅谷技术勃兴的简要回顾

斯坦福大学的创办人斯坦福本人并没有接受过高等教育，实业家出身的他在办学伊始就确立了教育振兴实业的"实用教育"办学理念。1951年，斯坦福大学决定将学校土地向高技术公司出租，其目的有二：其一，缓解大学财政紧张的局面；其二，建立与大学有合作关系的高技术中心。土地租期为99年[①]，出租对象限于高技术公司，这两个决定至为重要，此举是日后硅谷得以形成的制度保障。作出这一决策的校长特曼（Fred Terman）将之称为"我们的秘密武器"（Tajnai，1995）。

1953年第一家公司进驻斯坦福工业园，这是一家由斯坦福校友创办于20世纪30年代的军用雷达配件公司；1954年，斯坦福大学设立"荣誉合作课程"，接受园区内的公司雇员在课余时间攻读研究生学位。很快柯达、通用电气、肖克利导体实验室、惠普等公司相继入驻工业园。在知名公司与大学合作机制下，硅谷以微电子和软件技术不断推陈出新一路领先，成为20世纪90年代中期美国乃至全球的技术中心。1972年开始风险资金的注入和产业化，更使硅谷的发展如虎添翼。

迄今为止，硅谷是数千公司的总部。前1000强公司中有22家总部设在硅谷，包括我们耳熟能详的苹果、英特尔、雅虎、谷歌等；另有59家知名公司将总部或核心部门设在硅谷（Wikipedia，2009）。硅谷已成为美国高科技产业的标杆。

---

① 1960年起将租期缩短为51年，1987年将原来的一次性支付租金总额改为租金年付制。

专栏

硅谷发展大事记

有关硅谷历史的研究,对硅谷发展里程中的重大事件作了专门记述。

1891年,斯坦福夫妇创立斯坦福大学。

1903年,丹麦科学家波尔森(Valdemar Poulsen)在帕洛阿尔托的实验室演示第一个声音发射的电弧无线发射器,此后发明了首批声音磁记录和复制装置。

1922年,李·德·福雷斯特(Lee De Froest)在帕洛阿尔托发明真空管放大器,是此后无线电、雷达、电视和计算机、电子时代的基础。斯坦福大学资助这一研究,开高等教育和硅谷合作之先河。

1930年代,特曼教授受聘斯坦福,将毕生精力投身于硅谷的建设,被称为"硅谷之父"。

1937年,受特曼鼓励,斯坦福两名毕业生创办惠普公司,生产音频振荡器,迪斯尼是其第一个用户。

1937年,斯坦福教授汉森(William Hansen)伙同其兄弟一起研发电子管,并导致雷达的发明,1948年成立Varian Associates公司,是入驻硅谷的第一家公司。

1946年,斯坦福研究所成立,支持非营利研究。

1951年,卡尔·杰拉西(Carl Djerassi)发明黄体酮,被特曼教授聘请并成立研究中心,后总部设在斯坦福工业园。

1951年,斯坦福工业园成立,以形成"密切联系合作性大学的高技术中心",与瓦里安联合公司(Varian Associates)、通用电气、柯达相继签署租地协议。

1952年,IBM在硅谷成立重要研究机构;

1956年,肖克利博士创办肖克利半导体公司,生产半导体晶体管,其主要早期研发人员后都成为影响高技术未来发展的名人。

1956年,洛克希德(Lockheed)公司在园区设立航空器分部。

1958年,罗伯特·诺伊斯(Robert Noycet)和戈登·摩尔(Gorden Moore)以及其他6位肖克利晶体管实验室的工程师成立仙童半导体公司,为第一家批量生产集成电路的公司。

1958年,美国太空总署将研究机构迁至硅谷。

1963年,新泰克斯公司(Syntex)和瓦里安联合公司成立合资公司新瓦联合公司(Synvar Associates),致力于高技术与医药学的合作。

1968年，斯坦福研究所（现为斯坦福国际研究所）的道格拉斯·恩杰巴特（Douglas Engelbart）及其团队首次向公众展示其计算机鼠标、视窗和网络。

1968年，阿莱加德罗·扎法罗尼（Alejandro Zaffaroni）离开新泰克斯公司成立ALZA公司，研发新的缓释型药物治疗。

1968年，罗伯特·诺伊斯和戈登·摩尔成立英特尔公司。

1970年，英特尔引入首个1K的DRAM芯片。

1971年，阿兰·舒加特（Alan Shugart）发明贮存数据的软盘。

1973年，英特尔引入8088CPU，开创了微处理器的新时代。

1973年，斯坦福大学的斯坦利·科恩（Stanley N. Cohen）和加州大学旧金山分校的赫伯特·博耶尔（Herbert W. Boyer）发明基因拼接技术；推动了生物技术产业的形成。

1974年，施乐公司帕洛阿尔托研究中心开发出图形用户界面（GUI），成为苹果公司麦金塔（Macintosh）计算机和微软视窗的设计灵感。

1975年，家用计算机俱乐部成立，进行家用计算机实验研究。俱乐部成员成立了近20个计算机公司。

1976年，家用计算机俱乐部创立者斯蒂夫·沃兹尼亚克（Steve Wozniak）和斯蒂夫·乔布斯（Steve Jobs）合伙创办了苹果公司，在乔布斯位于库帕蒂诺的车库制造了第一台微型计算机。

20世纪70年代，IBM公司的Almaden研究中心研发了关系数据库技术。

1982年，在斯坦福大学网络系统的催化作用下，太阳公司（Sun Microsystem）成立。SGI（Silicon Graphics）公司使用同样的网络芯片建造了其第一个图形工作站。

1984年，思科系统公司成立。

1993年，斯坦福教授吉姆·克拉克（Jim Clark）聘用网络浏览器先驱马克·安德森（Mark Andreesen）成立Mosaic通讯公司，此即著名的网景通讯公司的前身，该浏览器使因特网成为人们的日常工具。

1994年，杨致远和戴维·费罗（David Filo）研发网络地址目录，最终发展成为著名的雅虎。

2003年，谷歌公司购买派拉实验室（Pyra Labs）以开发博客，发展出当今影响深远的在线社区论坛。

资料来源：Silicon Valley History Milestones

http://www.siliconvalleyonline.org/history.html

（二）硅谷发展路径分析

考察硅谷的发展路径，我们不难发现，斯坦福大学在硅谷发展的三个关键节点上，发挥着至为重要的作用。

1. 高技术产业培育

近期的研究进一步表明，硅谷20世纪60—70年代奠定的微电子技术领先地位，与20世纪初叶旧金山湾地区一系列与无线电技术相关的研究是分不开的（Sturgeon，2000）。由于旧金山湾长期以来是美国海军科技基地，一战前的无线电产业在帕洛阿尔托已有了良好的发展基础。

有意思的是，这其中许多有着广泛影响的电子技术，均与斯坦福大学有着千丝万缕的联系。1909年，斯坦福毕业生艾维尔（Cyril Elwell）购买专利，成立联邦电信公司（FTC）；1912年，由斯坦福资助的真空管发明出来，成为此后电子产业的基础，也是斯坦福大学与硅谷的"第一次亲密接触"。到1937年，惠普公司也由斯坦福的两名毕业生建成；同年，斯坦福教授威廉·汉森（William Hansen）及其兄弟开始研发电子管，最终发明雷达。

总之，早期领先的科研成果和活跃的科研氛围，构成了硅谷微电子产业得以勃兴的历史基础。对此，特曼也有着清醒的认识，他曾说，对了解旧金山湾科技发展史的人而言，硅谷微电子技术的领先发展是顺理成章的事（Morgan，1967）。

2. 高技术产业聚集、裂变

硅谷成功的关键机制是高技术产业的不断汇集和新技术不断生发、裂变。正是斯坦福工业园的设立，为高技术产业的聚集和裂变提供了一个有效的平台。这也是斯坦福工业园被称作硅谷"孵化器"的原因。

作为斯坦福大学密切与高技术产业联系的一项制度设计，大学在工业园区的管理上，对投资者的申请特别谨慎，对工业的进入有十分严格的准入限定，这种门槛和筛选制度保证了工业园的高技术特性。与此同时，工业园也是大学科研快速实现产业化的途径，往往教师和校友刚完成的实验成果或革新计划，就能马上在公司中实现，从而形成了其独特的高技术产业"引力"机制，即在园区占有一席之地，意味着成功的几率会加大。因此，斯坦福工业园成立不到三年，就有一批高技术产业和知名公司的核心研发部门进驻。

工业园的特有氛围还直接催生了硅谷得以形成的"裂变"机制。最典型的当推引发硅谷得名的一系列技术革新。1956年肖克利博士的导体实验室迁入工业园，进行开创性的、以硅为原材料取代真空管的导体研究；1958年，实验室 8 名工程师成立著名的仙童半导体公司，率先进行集成电路批量生产，这一新的技术突破，令斯坦福工业园迅速成为新兴集成电路的生产中心，硅片生产制造商云集，到 20 世纪 60 年代晚期，以斯坦福工业园为中心的周边地区，开始声誉鹊起，成为美国最主要的电子产业和研发中心，"硅谷"之名不胫而走。1968 年，仙童公司的两名创始人又创办了日后举世闻名的英特尔公司。伴随着肖克利二极管到集成电路到英特尔芯片这一技术革新链的，是仙童公司和英特尔公司等公司的一路成长和硅谷的一路发展。

3. 新技术制高点生成

早在斯坦福工业园草创之初，特曼就积极为风险投资奔走。1972 年，在珀金斯（Kleiner Perkins）的带动下，沿桑德山路（Sand Hill Road）风险资本形成产业，由此，斯坦福研究园区对学术市场化的操作模式衍生了一种有利于新企业萌生的经济环境，令硅谷的发展如虎添翼。

继微电子技术声名大振后，1973 年斯坦福大学和加州大学旧金山分校合作研究发明了基因拼接技术，生物技术产业迅速在硅谷成为新兴的高科技产业和经济发展新的增长点。

与此同时，借助斯坦福科研园平台，硅谷在软件、互联网、航空等新技术领域相继取得突破，静电复印技术、苹果计算机、超文本、博客、搜索引擎等技术创新不断问世。

对硅谷的有关研究一再地得出这样的结论：大学及大学附属机构、校友在硅谷产业形态的形成过程中，发挥了核心作用（Markoff，2009）。在硅谷从无到有、不断发展壮大的历程中，斯坦福大学或与以产业合作的形式参与高技术培育，推动新技术的研发；或为技术研发和产业化创造条件，推动高技术产业的聚集、裂变，推动硅谷不断抢占新的技术制高点，一步步引领高技术产业在硅谷生根、成长。从图 1－1 中，我们可以清晰地看出斯坦福在硅谷发展路径关键节点上的引领和推动作用。

以硅谷为代表的新型城市，生动地演绎了一条"由学术到生产力"的全新城市发展路径。

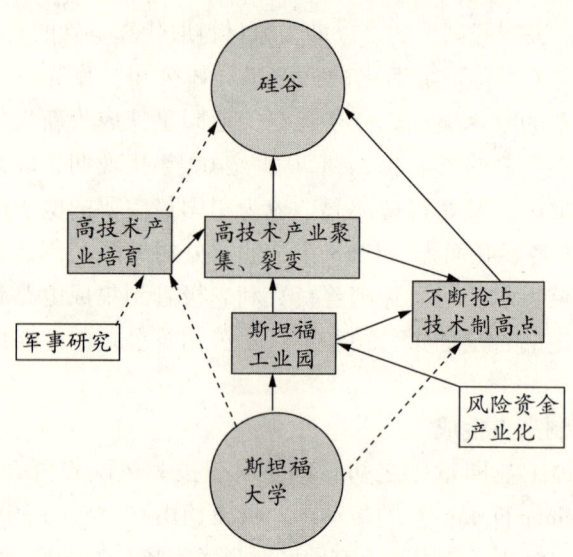

图 1-1　斯坦福大学在硅谷发展过程中的作用

三、新型都市发展中凸显的教育竞争力

对美国高技术与城市发展转型的研究显示，高技术的成长过程正是城市的建设过程（O'Mara 2004）[4]。在这些城市成长为全球经济新中心的历程中，教育在提升城市竞争力中的作用得到了空前的张扬和极致的彰显。它们正在证明，教育优势具有影响城市竞争力的属性。

首先，教育直接承担着新型城市发展动力源的角色。从斯坦福工业园到硅谷城市群，大学是城市转型和获得发展的直接推手。此后，世界各地兴起的科技园区建设，更是政府敦促大学与产业合作、引领都市经济社会发展的一项政策安排。依托区域高水平大学是所有这类城市发展的共同特征。正是基于此，研究者提出这些新兴城市尽管从中心城市的周边发展出来，但它们不再依附于中心城市，而是大学中心的宏观经济发展政策的产物（O'Mara，2004）[6]。

其次，教育为都市的新型发展路径提供了充足的人才支持。硅谷是高科技人才的聚集地，它的居民至少 88% 都是高等学府的毕业生，至少 42% 有学士学位（Saperstain et. al, 2003）[14]。这与硅谷十分全面的教育体系是分不开的，除斯坦福大学外，它还是著名的加州大学伯克利分校，旧金山、圣何塞以及海沃州立大学，圣克拉拉大学和加州大学圣克鲁斯分校，以及多所社区学院的所在地。班加罗尔素有印度的"科技之都"的美誉，这里聚集了印度许多知名的学府，如：全印度高校中排名第九位的班加罗尔大学（BU），印度管理学院的班加罗尔分院，印度大学全国法学院以及其他一些为适应信息产业发展而设的技术和工程学院。这些教育机构每年产出1.8万名电脑工程师，使班加罗尔的软件业发展有了技术和人才的依托和支撑。我国台湾省新竹聚集有清华大学、交通大学、工业技术研究院、中华工学院等众多高校。

一般认为，"向心性"城市空间结构是工业化时代城市的基本特征（顾朝林，2006）。值得关注的是，新兴的高技术城市与传统工业化城市不同，它的发展是"离心"式的，表现出分散、相邻和功能多样化的特征（O'Mara，2004）[4]。教育在城市多样化的功能中发挥着积极的作用，业已成为城市市民生活品质不可分割的组成部分。以硅谷为例，公立中小学教育整体水平均在加州前列，而其中居住城的中小学教育质量尤其出色。教育是这些地方能够脱颖而出，吸引硅谷科技人员入住，进而发展成硅谷都市群的一员，最终成为美国最富裕城市的重要原因之一。

第四节 都市教育竞争力的概念与内涵

都市教育竞争力的提出有其深刻的理论根基和社会背景。我们认为，它不是竞争力研究向教育领域的简单拓展或对接，更不是概念上的凭空杜撰；而是人类社会发展到现阶段，在教育与区域经济社会发展关系的参照下，教育对社会作用的一种总括性描述，代表了对教育属性的一种全新认识。

一、都市教育竞争力的概念分析

都市教育竞争力是都市间竞争的加剧和都市竞争力研究的兴起背景下衍生出的一个新课题。正如人们对竞争力的概念远未达成共识一样，对都市教育竞争力目前也未形成公认的定义。

我们将试从竞争、竞争力、都市竞争、都市竞争力与都市教育竞争力之间的一组关系出发，来分析和构建这一概念。

（一）竞争、竞争力和都市竞争力

竞争（Competition）是一个内涵丰富的概念，各个学科都从不同的角度

对其进行研究。试列举如下：

- 社会学认为竞争是社会互动形式之一。人与人之间为占有某些事物或取得某种有利地位而进行的互相争胜的斗争。主观原因在于人的生理需要和社会需要；客观原因在于社会的物质财富和精神财富的分布不均衡（袁世全，等，1990）[272]。
- 生物学则把竞争定义为两个有机体（动物或植物）在所需环境资源不足的情况下，为获得足够的养分、食物、空间及其他生存条件而发生的相互排斥关系（刘清泗，1994）[223]。
- 经济学则认为竞争指商品经济条件下商品生产者之间为取得生产和销售的有利地位，以谋取最大经济利益而进行的斗争（马国泉，等，1992）[329-330]。

尽管不同领域对竞争有不同的解释，但我们不难发现各种释义中具有以下的一些共同点。第一，必须有两个或两个以上的竞争行为主体；第二，竞争主体有共同的追求目标，且实现追求目标的机会又是有限的；第三，竞争的动因通常都是因为资源分布的不均衡或资源的稀缺性；第四，竞争的直接目的在于获得目标，而不是反对其他竞争者。可见，对竞争的界定中一般都包含了四个基本要素：竞争主体，竞争动因（缘由），竞争目标，竞争范围（领域或焦点），而且还隐含着时空前提（伍业峰，2005）[29-30]。

竞争力的说法虽已广为人知，但其含义仍没有确切的界定。甚至竞争力研究权威 IMD 教授斯蒂芬·格瑞理也不得不承认，"竞争力"是现代经济学使用最多、最滥的词汇之一（斯蒂芬·格瑞理，2008）。事实上，迄今为止，对竞争力的各种定义仍主要是从国家竞争力和企业竞争力研究出发作出的界定，因而打下了鲜明的经济学烙印。

- 波特教授认为竞争力在国家水平有意义的概念是国家的生产率，对城市而言，就是城市的生产率；
- IMD 和 WEF 认为竞争力是国家或公司在世界市场均衡地生产出比其竞争对手更多财富的能力；
- OECD 认为竞争力就是在自由和公平的市场条件下，一个国家生产产品、提供服务满足国际市场、提高其国民长远实际收入的能力。
- 英国政府白皮书将竞争力在企业层面上定义为：适时以合适价位，生产合适商品和提供优质服务的能力，是一个企业比其他企业更有效率、更有效益地满足其顾客需要的能力。

- 我国学者樊纲认为，竞争力指的是一国商品在国际市场上所处的地位。竞争力概念最终可以理解为"成本"概念：如何能以较低的成本提供同等质量的产品，或者，反过来，以同样的成本提供质量更高的产品。

都市竞争力研究晚于国家和企业竞争力研究，但目前也形成了不同的都市竞争力理论与成果。关于都市竞争力的内涵，主要有以下几种观点（连玉明等，2009）[30-32]。

不难看出，与国家竞争力相似，这些有关都市竞争力的界定或强调资源的占有、或强调城市价值的提升，一定程度上也带有经济学视角的局限。

显然，都市教育竞争力已超出了经济学领域，有必要构建一个普遍意义而非经济学意义上的竞争和竞争力概念。我们注意到，上述从经济学出发的研究在建构竞争力概念过程中，业已形成了许多超出经济学视野的观点，对构建普遍意义上的竞争力概念，颇具启发意义。

表1-7　国内外关于城市竞争力的研究①

研究者	观点
道格拉斯·韦伯斯特派员	城市竞争力是指一个城市能够生产和销售比其他城市更好的产品的能力，包括非交易性劳务
威廉·伊凡（Willian Ivan, 1999）	城市竞争力就是城市生产产品和提供服务能够满足区域、国家和国际市场，同时能够提高居民实际收入、改善居民生活水平和促进可持续发展的能力。
IMD	国际竞争力是一国或者一公司在世界上均衡生产出比其他竞争对手更多财富的能力，可用公式"竞争力资产×竞争过程"来表示。企业竞争力是国际竞争力的核心。城市竞争力是城市比竞争对手创造更多财富的能力。
林纳马（Rejia Linnamaa）	城市竞争力是由基础设施、企业、人力资源、生活环境的质量、制度和政策网络、网络中的成员六个要素决定的。在经济全球化和国内经济政治管理变化的推动下，网络管理越来越成为城市竞争力的一个重要因素。

① 此表根据连玉明等（2008）《中国城市综合竞争力研究报告》中有关城市竞争力研究综述部分整理。

续表

研究者	观 点
高登等（Gorden & Cheshire, 1998）	区域竞争力是一种能够增进区域优势、提升地区价值的力量。城市竞争力是一个城市在其边界之内能够比其他城市创造更多的收入和就业。即一个城市的竞争力是在城市之间在区位、所在企业的优势与劣势相互比较中体现出的能力。
中国城市竞争力研究会	城市竞争力是城市创造附加值的一种能力，也就是城市在经营原有财产基础上，通过支撑、吸引力及集聚的整合关系，从而形成自我的经济、社会模式，来增加财富。
上海社会科学院	城市综合竞争力是城市在一定区域范围内集聚资源、提供产品和服务的能力，是城市经济、社会、科技、环境等综合发展能力的集中体现。
倪鹏飞	城市竞争力是一个城市在竞争和发展过程中与其他城市相比所具有的吸引、争夺、拥有、控制和转化资源，争夺、占领和控制市场，以创造价值，为居民提供福利的能力。

● 波特教授的竞争优势理论指出，竞争力就是竞争优势的不断积累。
● IMD和WEF国际竞争力理论认为，从资产到产出之间的"转换过程"是竞争取胜的关键（国家体改委经济体制改革研究院联合研究组，1997）[11]。
● 格瑞理教授认为竞争力是对国家和企业的全部能力进行协调统筹，增强竞争力的最终目标是促进国家整体的繁荣水平（斯蒂芬·格瑞理，2008）[3]。

据此，我们认为：**竞争隐含着比较，它最基本的含义是努力争取优势；在不同的领域，竞争的形式具有多样性；竞争力指竞争过程中所表现出来的优势能力，它是一种综合的、可持续发展的能力；增强竞争力的最终目标是提高竞争主体的整体繁荣水平。**

（二）教育领域竞争的特殊性与教育竞争力

以教育为竞争领域的各种竞争力研究中已涉及各个层面，如区域教育竞争力研究、国际教育竞争力研究、城市教育竞争力研究、高等教育竞争力研究和学校竞争力研究，这些研究中有关教育竞争力的界定，大多都借鉴了经济学领域关于国家竞争力、产业竞争力、企业竞争力和都市竞争力等的研究。如朱向军参考倪鹏飞和郭彬等的都市竞争力定义，认为都市教育竞争力是在一定竞争环境中，一个都市在发展教育的过程中所具有的吸引、争夺、拥有、控制和转化教育资源，以提供优质教育产品和服务，提高都市居民的教育水平，促进都市教育的可持续发展的能力（朱向军，2006）。薛海平和胡咏梅按照波特的国际竞争力概念，把国际教育竞争力界定为在国际教育竞争中所拥有的竞争优势和比较优势（薛海平，等，2006）。

从都市教育竞争力这一概念表达式看，都市是竞争的主体，教育是竞争的领域。对都市教育竞争力进行界定之前，必须了解教育领域这一不同于其他竞争领域的特殊性。

一般认为，开放、自由的竞争性环境是竞争行为得以发生的前提。教育的竞争性环境具有完全不同于经济竞争的特点。由于教育关系国家主权、政治意识形态、社会道德和民族文化继承等重大问题，在国际贸易组织（WTO）的143个成员中，目前只有40个成员在开放教育市场协议上签字，且多数国家仅开放有限的教育市场，主要限于成人教育与技术培训领域，基础教育服务被视为禁区（吴德刚，2007）[195-196]。就这一意义而言，教育具有属地性，无论是学前教育、义务教育还是高中段教育，都主要为划定的区域提供服务，即与其他竞争领域不同的是，**教育并不是、至少并不完全是处在一个通常意义上的开放性竞争环境中**。因此，不能将经济学背景的市场竞争原理简单地套用于教育竞争领域。

此外，教育是准公共产品，特别是义务教育阶段，教育具有公益性，经济学视角下广泛隐含于各种竞争力研究的那一套市场法则和市场术语，如强调资源的吸引、争夺、拥有、控制，并不适用于教育。因此，**有必要从教育事业的特殊性出发，构建属于教育竞争力自己的话语体系**。

为此，我们试图消解经济竞争力研究视域下，过于强调资源争夺的竞争力概念；而重新构建与教育事业公益性、基础性、全局性、先导性相一致的都市教育竞争力概念。

（三）都市教育竞争力的界定及概念框架

结合前文对都市教育竞争力产生背景和理论渊源的考察，我们认为，**都市教育竞争力是在教育与都市发展关系日益密切、知识经济初现端倪、经济一体化趋势已成事实的时代背景下，在都市竞争渐趋激烈引起的竞争性环境中，教育所具有的影响都市竞争力的属性**。都市教育竞争力是都市教育优势的不断积累，并不断地转化为都市发展优势；增强教育竞争力的最终目的是促进都市的发展和繁荣。

从这一定义出发，我们认为：

● 都市教育竞争力是都市间比较分析框架下的概念。都市教育竞争是都市竞争的一个方面，由于教育事业的特殊性，它主要表现为都市间教育事业发展上的比较、追赶和争先恐后；过于强调教育资源占有、教育价值提升的观点，可能会误导都市教育政策，引起教育资源分配不当或者是资源摩擦。

● 都市教育竞争力是都市经济社会发展与教育相关照下的概念。因而，它是都市教育不断响应社会对教育的需求，提供优质的教育产品和服务，提高居民教育水平的能力，教育优势不断形成，最终促进都市的可持续发展和提升都市核心竞争力的贡献能力。

● 都市教育竞争力是对教育影响都市发展的全部能力的总括。它关注的不只是教育的投入、配置、产出的全过程，而且还关注教育的产出是否符合都市的经济社会发展需求，教育发展的价值取向是否与都市社会发展、教育发展的要求具有一致性。

从都市教育体系运作的要素和都市教育竞争力的定义与诠释出发，可将教育竞争力分解为三个相互作用的体系（参见图1-2）：（1）都市教育资源体系，指都市各级各类教育的总体投入、配置与规模水平；（2）都市教育功能体系，指都市教育在都市经济社会发展中所起的作用和贡献；（3）都市教育价值体系，指都市教育外在的和隐含的发展理念与价值取向。

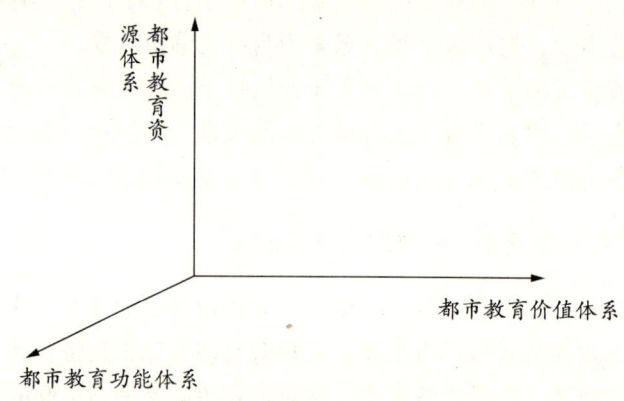

图1-2 都市教育竞争力三维模型

其中，都市教育资源只是决定都市教育竞争力的现实基础，都市教育竞争力是都市教育实力和可持续发展能力的结合，它还包括都市教育的功能体系，即都市教育在功能上与都市发展需求的适切性；都市教育的价值体系，即在教育发展的价值取向上是否与时俱进。

二、都市教育竞争力的主要内涵

当我们把教育竞争力理解为特定时代背景下教育的一种新属性，都市教育竞争力的丰富内涵也由此凸显出来。

(一) 都市教育竞争力是一种教育发展观

理论构建之外，都市教育竞争力概念的学术意义，还体现在它为都市教育发展提供了一种新的导向和思路。都市教育竞争力的实质是都市教育整体的实力和可持续发展的潜力，整体性、动态性、柔性化是都市教育竞争力的基本特征。综观我国都市教育的发展战略和实践，存在过以下几种主要的发展误区。

其一，单一发展、短期发展的偏向。由于国力薄弱，我国教育事业发展走的是一条"重点示范、以点带面"的道路。城市基础教育阶段的学校被分为重点学校和普通学校①，教育资源优先向重点学校倾斜。重点学校可以得到师资配备、待遇、招生政策等方面的各种特殊政策（杨东平，2006）[89]。作为特定阶段的发展政策，它在培养了少量优秀精英人才、优先发展了部分学校的同时，却牺牲了大多数人、大多数学校的发展，其代价是人为地造成了都市内部教育的两极分化和严重不均衡。

其二，封闭发展的偏向。具体表现为教育决策与发展的内部化，教育改革与发展目标的自足化。都市教育改革只是以政府为中介与社会进行联系，主要是从教育自身和教育系统内部出发的，表现出较强的教育本位思想，而甚少主动考虑如何适应都市社会发展。

其三，资源约束的偏向。由于都市政府是所在都市教育经费的主要来源，以及教育发展的内部化倾向，在很长一段时间里，我国都市教育事业的改革和发展是以资源条件为主要依据的，由此形成了都市教育投资决定教育

---

① 20世纪90年代中期，国家教委明确取消了义务教育阶段的重点学校制度，但示范性学校和非示范性学校的建设，使这一制度在实质上仍得以保存。

发展规模、质量与水平的发展模式,以致资源成为"教育发展依据序列(谢维和,2001)"中的先决性条件,重硬件设施、轻软件提升成为都市教育发展的长期顽疾,并深刻地影响了都市教育发展的路径。

都市教育竞争力强调都市教育发展的整体性。所谓整体,是都市教育结构上,包括学前教育、义务教育、高中段教育、成人教育、高等教育在内的各级各类教育,包括薄弱学校、郊区学校在内的所有学校都获得全面、协调和可持续的发展;都市教育对象上,包括外来务工人员子女和三残、贫困儿童在内的弱势群体都能均等地享有公平、优质、充足的教育机会;都市教育制度上,都市育人目标上,坚持素质教育理念,以人为本,关注学生的创新精神和个性发展,关注学生身心健康发展。这种整体性,最终表现为知识型城市和学习型城市的建设。

都市教育竞争力强调都市教育发展的动态性。都市教育竞争力不只是当下的教育实力,更是都市教育发展潜力和可持续发展能力。因此,都市教育发展既不能一蹴而就,也不能故步自封。这就要求都市教育发展必须树立长远意识和开放意识。长远意识,是前瞻性地从都市经济社会的需求出发,发挥教育的先导性作用,坚持教育内外部关系、教育资源与需求之间综合协调的辩证态度,而不满足于自足式的发展,不就教育发展教育,不把按教育自身规律办学变成教育的"独舞",从被动地响应都市发展,到主动地引导都市发展,形成都市发展优势。而开放意识,主要是要善于吸收国内外一切先进的教育改革与发展经验,吐故纳新,打破都市教育封闭式、超稳态、内循环的发展模式,不断形成都市教育新的生长点。

都市教育竞争力是都市教育硬实力和软实力的统整。一个拥有充足硬实力的都市,不一定具有教育竞争力,软实力决定都市教育发展的潜力。换言之,都市教育竞争力不是一种刚性力,**硬实力只能决定都市教育发展的起点有多高,软实力却决定着都市教育发展的优势能保持多久**。从这一意义出发,都市教育竞争力昭示了一种新的、"软硬兼施"的柔性化都市教育发展理念。这种柔性化,表现为一定的资源条件下,都市教育的发展越来越依赖内涵的提升,依赖制度和体制的不断创新,依赖于管理方式方法的不断改善,依赖于教育理念的与时俱进。这些软性因子所构筑的软实力制约着硬实力的作用和效率,是决定都市教育竞争力的关键。因此,都市要超越一味追求"教育 GDP",把数量、规模、硬件设施的扩大和增长等同于发展的教育发展观,将都市教育资源的数量增长整合到以教育观念革新、体制和机制创新、科研兴教、特色培育等为导向的总体性发展框架下,实现都市教育发展优势的不断积累、扩大。

都市教育竞争力对教育整体性、动态性和柔性化发展的重申，是都市教育发展观念的一次重要转型，有利于推动都市教育走出单一发展、资源约束发展、封闭发展的陷阱，形成发展的新理念和路径。

（二）都市教育竞争力代表新的区域教育评估视角

竞争力研究是从现实和未来发展相结合、本地区和相关地区相比较的角度来研究发展问题（谈松华，2004）。都市教育竞争力从方法论上提供了一种新的区域教育分析和评判视角，即比较、定位与全面协调。

首先，都市教育竞争力是以都市教育发展综合状况的比较为基础的。一直以来，我国区域教育评估存在着比较严重的碎片化倾向。区域教育规划或督导视角下的教育分析和评估，一方面是因为规划视角下都市本位的局限；另一方面，则是缺少可用的度量和比较方法，评估的依据往往是纵向的历史比较，或区域内的小范围比较，从而使得每个都市的教育都缺少一种整体参照。而研究视角下的教育评估，往往受研究者的个人偏好和研究主题所限，将作为一个整体的区域教育切分为一个个孤立的研究领域，都市很难从这些孤立的研究中获得对都市教育发展有启发意义的决策信息。都市教育竞争力建立了一种立足都市教育整体的视角，并使都市间教育发展的度量与比较成为可能。

其二，都市教育竞争力要求都市教育发展树立定位意识。都市教育竞争力为都市对自身及自身所处的都市群体教育发展状况进行全面了解提供了工具，都市政府能以一个总体性格局为参照系，更好地评判和了解自身的发展地位和前景，更好地了解自己的优势与劣势，对各都市更科学地制定都市教育发展战略和对策具有重要的参考价值。"竞争力就像一场赛跑。它不但关注你今天是否比昨天跑得快，还关注你今天是否比其他选手跑得都快（斯蒂芬·格瑞理，2008）[21]。"都市教育竞争力要求选择适当的比较标准和目标，这种定位意识可以帮助每个都市的教育系统进行自我诊断、找到发展短板，避免结构性失衡；同时，定位是战略的起点，作为一个竞争性的概念，它的本质是差异化（侯惠夫，2008），即在知己知彼的前提下，以选择性的政策设计来形成都市教育发展的制高点。就这一意义而言，它为都市教育发展提供了一种新的方法论。

其三，都市教育竞争力是教育发展诸因子及其相互作用的结果，作为一个动态概念，它要求都市全面、辩证地审视、协调和统筹教育发展的各种因素。从都市教育的优势中发现劣势,从劣势中寻找优势,把有竞争力的领域作为发展教育的动力和重点(谈松华,2004)。同时,要关注教育内部各要素之间相联系、相协调,也要关注教育功能与都市经济社会相协调,教育价值取向与都市发展价值相协调,以综合的、整体的方法把所有促进都市教育可持续发展和都市繁荣的因素联系起来。

都市教育竞争力的这一视角,可为当前都市教育发展提供一种有效的规划、评估与政策思路。

(三) 都市教育竞争力不是一个经济范畴

要指出的是,都市教育竞争力认为教育具有影响都市竞争力的属性,强调把教育优势转化为都市发展优势,强调教育为都市经济社会发展服务,而不是对教育经济功能的回归。

有研究者将教育在区域经济增长与社会发展中的功能归结为开发人力资本、科技进步、改善健康与营养、开发社会资本四个方面(见图1-3)(吴玉鸣,等,2004)[6-12],前两者与区域经济增长相联系,而后两者与区域的社会发展相联系。都市教育竞争力对经济增长发展理论的扬弃,是对教育影响都市社会发展的所有因素的整合,它尤其强调教育在都市经济增长、社会发展与人的发展三个方面功能的有机统整。

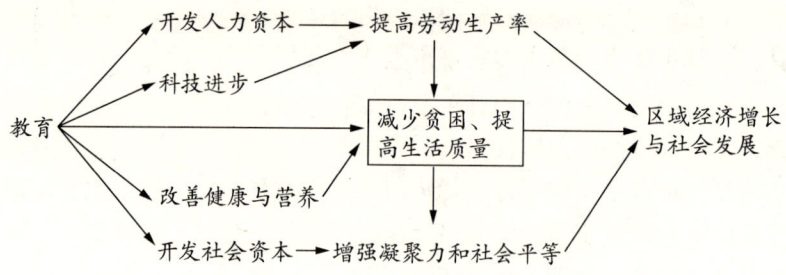

图1-3 教育对区域经济增长与社会发展的重要性

教育提升都市发展竞争力的属性,不仅直接表现在推动都市经济增长上,更重要的是,它与都市发展软环境的诸要素直接相关,会渗透到其他要素中发挥作用,以至成为都市发展的"心件"。新加坡在21世纪发展计划中特别将这种相对于"硬件"、"软件"而言的"心件"界定为社会和谐、政治稳定、市民的合作精神、价值观以及人生态度,它更接近于人的精神世界,与人的基本素质和社会的基本状态密切相关(李英国,2005)。显然,与都市文化品位直接有关的社会心理、文化价值观和市民参与等涉及社会经济发展的"心件",直接取决于都市的教育发展状况,亦是都市教育竞争力的重要指向。

与此同时,现代都市是集生产、市民生活和发展于一体的多功能综合体。教育业已成为都市民生十分重要的组成部分,发展人的独立性、独特性、创造性和完整性,关怀人的精神生活和精神生命,推进市民的个人幸福,也是都市教育竞争力的命题中应有之义。

由此,都市教育竞争力的作用域涵盖了都市发展环境、都市文化和精神以及城市市民的文明素养、生活质量等各个层面,并向外辐射,远远超出了经济范畴。正是基于此,教育开始进入包括香港在内的传统国际商业性都市的竞争力战略视野。

亚洲周刊:香港搜索最新的城市竞争力

香港《亚洲周刊》2009年第20期刊文说,香港不能只有崇拜金融的"中环价值",而要有整合不同领域创意的多元化价值;在香港日趋亮丽的文化天空中,搜索最新的城市竞争力。

城市要不断搜索自己的灵魂,发现自己的优点和缺点,才可以掌握历史的制高点,挥别平庸的宿命。香港在回归前后,就历经这样一种上下而求索的过程,要摆脱一个只会投机炒卖的城市格局。

这也使香港重新检视自己的体质和气质,到底香港人要活出一个什么样的世界?香港回归之后,立刻面对了一场凶猛的金融风暴,九七前的房地产投机成为了负资产,有些人跳楼自杀,有些人痛骂回归;某些所谓精英和名嘴,掩饰不了他们的殖民地乡愁。整个城市一度在一种高度的焦虑感中,要寻找新的城市定位。

也许只有唤醒港人的危机意识,才能使香港逐渐走出投机和暴发户心态的窠臼,不再迷信房地产,不再沉溺于股市,也当然不再迷信英国的殖民统治才能救香港。回归十二年,香港人开始更多的历史回眸,重新认识自己的过去和快速变化的中国大陆,也放眼全球化的世界。

不少港人发现:第一流的城市,从纽约到伦敦,从巴黎到东京,其实都有一个宽广的人文空间,凝聚更多的创意,发掘一些以前不会想到的、以前不敢做的,和以前不会触摸到的感觉。

这些感觉就感动这城市的末梢神经,了解提升城市的竞争力,就要提升个人的竞争力。香港不会永远都是一个"赚快钱"的城市，而是要发展更有深度、更有长期考虑和更有创意的文化动力。

尤其去年开始的金融海啸，暴露了以美国为首的资本主义社会的贪婪嘴脸。雷曼兄弟等财团，坑埋了多少港人的毕生积蓄，以次贷之名所包装的衍生工具，变成了骗钱的工具。越来越多的港人改变了过去艳羡美国财团的印象，不再认为华尔街就代表了香港心灵的"麦加"，不再理所当然认为今天的华尔街就是香港的未来。

这也推动香港人去思考如何超越对金融资本主义的崇拜，开拓其他领域的发展，而长期以来不在港人视线之内的科技，也成为香港上升的灵感。

但科学要在香港生根，就必须与基础教育配合。从今年秋天开始，香港的新高中课程（NSC）和中学的国际文凭课程（IB Program）同时推出，都重视通识教育，让科学和社会及人文知识挂钩，强调科技整合，避免传统填鸭式教育之弊，而大学教育也尽快改回四年制，不再受三年制一切都太匆匆的局限。

也就是说，香港拥有结合创意与科学的条件。它必须拒绝短线炒作，才不会重复数码港、中药港、服装港等计划流于空谈的痛苦，避免数码港沦为地产商捞钱工具的荒谬。

因而今天香港科学界提出发展"科技香港"，不仅要有宏大的愿景，也要有具体的实践，让科学的求真精神，告别那些功利的、反智的心态。香港不能只有崇拜金融的中环价值，而要有整合不同领域创意的多元化价值；在香港日趋亮丽的文化天空中，搜索最新的城市竞争力。

资料来源：邱立本. 香港搜索最新的城市竞争力 [J]. 亚洲周刊. 2009 (20).

第二章

教育竞争力的相关评价研究述评

　　都市教育竞争力评价是都市教育竞争力研究的重要组成部分，它与当前学术界进行的各种竞争力评价以及区域教育发展水平评估之间存在着千丝万缕的联系。系统地梳理这些评价或评估的指标体系和方法论，可为本研究构建一个具有科学性、操作性的都市教育竞争力评价体系提供借鉴。

第一节 国际竞争力研究框架下的评价模型与指标体系

国际竞争力是竞争力研究较早涉及的领域。国际竞争力概念诞生于20世纪70年代,基本理论和应用形成于80年代,全球化、信息化和高新技术的发展大大地推动了国际竞争力研究的发展。一般认为国际竞争力研究可分为三个阶段(赵彦云,等,2005)[1-16]。

第一阶段是20世纪80年代,国际竞争力主要是以经济竞争实力为主,包括能反映各国的工业经济活动、自然资源等指标作为基本内容。评价指标全部是硬指标,而且指标体系比较庞大、指标间关系松散。研究的对象也主要是工业化国家。1980年世界经济论坛(WEF)设计的国际竞争力指标体系包括302个指标,而且全部是硬指标。

第二阶段是20世纪90年代,国际竞争力理论和评价方法基本确立起来,并逐步发展完善。这主要体现在国际竞争力概念、评价原则、软指标的世界调查与8大要素评价指标体系的建立和成熟发展;同时国际竞争力评价从工业化国家范围逐步扩展到新兴工业化国家和地区,以及发展中国家、转型经济国家的世界总体范围,使国际竞争力评价体系真正成为世界各国和地区经济社会发展的公共竞争信息平台。

第三阶段是从进入新世纪的2001年开始,国际竞争力理论获得了新的发展。20世纪90年代的国际竞争力的应用得益于全球化、信息技术和高新产业的快速发展,从而大大促进了世界主要国家和地区创新体系的形成,以及社会结构优化调整,推动以人为本、终身学习、价值观与企业价值互动等新的竞争力结构的形成。

在世界范围内,推动国际竞争力应用发展研究的组织主要是世界经济论坛(WEF)和瑞士洛桑国际管理开发学院(IMD)。此处选取IMD国际竞争力评价体系、WEF国际竞争力评价体系进行评述。

一、IMD国际竞争力研究的评价模型与指标体系

1989—1995年间,IMD开始和WEF联手协作进行国际竞争力研究。后来,由于研究理念的不同,这两个最为著名的国际竞争力评价研究机构于

1996年又再度分开,各自进行较为独立的研究。

(一) IMD 的国际竞争力模型

IMD 的《世界竞争力年鉴》(WCY)是世界上对国家或地区竞争力的最有名和最综合的年度研究,从 1989 年开始出版,它对国家或地区提供支撑企业竞争力的环境方面的能力作了分析和排名。IMD 假定财富的创造根本上来自于企业层面,并把这个领域的研究称为"企业竞争力",而企业是在国家的环境中运作的,这种环境增强或者阻碍企业在国内或者国际上竞争的能力,称为"国家竞争力"。由此,IMD 确立了由经济表现、政府效率、企业效率和基础设施四要素构成的、比较完整的支撑企业竞争力的国家竞争力评价体系(赵俊海,2002)[1-3]。它关注的是企业竞争力和国家竞争力的相互关系。

IMD 使用不同类型的数据分别测度定量和定性的问题。其中定量的统计数据在 IMD 的竞争力指标中被称为硬数据;采用经理主管人员意见的调查问卷用于量化那些不易测度的问题,为软数据。IMD 建立了国家或地区竞争力数据库,并进行排名分析,同时还对国家或地区进行竞争力结构(雷达图)研究用来比较每个国家或地区的竞争力要素值与第一位的国家或地区的相应竞争力要素值,以识别这个国家或地区哪种环境最强势。在国家或地区轮廓部分中,每个国家或地区都有单独分析,并提供了统计表格和数据。

在具体的指标选择上,IMD 研究过程中亦经过了多次调整,其 2008 年指标体系包括 331 条软、硬数据指标(参见表 2-1)。

表 2-1 IMD 国家竞争力指标体系构成(2008)

一级指标	经济表现(80)	政府效率(73)	企业效率(70)	基础设施(108)
二级指标	国内经济(28)	公共财政(12)	生产力和效率(11)	基本的基础设施(24)
	国际贸易(21)	财政政策(14)	劳动力市场(22)	技术基础设施(21)
	国际投资(19)	制度框架(15)	金融(20)	科学基础设施(22)
	就业(8)	商务法律(21)	管理实践(10)	健康与环境(22)
	价格(4)	社会框架(11)	态度和价值观(7)	教育(19)

注:括号内数字为该指标包含子项数。

其中,硬指标在所有的评价指标中权重为 2/3,软指标的权重为 1/3。

此外，值得关注的是其中有部分指标只仅仅作为背景资料来作为参考，而不计入整体竞争力评价的计算数据。

（二）IMD 国际竞争力评价研究的特征

作为国际竞争力研究的先行者，IMD 的国际竞争力评价具有开创性，在三个方面为后续的竞争力评价研究提供了思路。

其一，高度重视软指标，IMD 认为软指标有助于更真实、准确地测度国家竞争力。因为硬数据仅能反映某一具体时段内竞争力是如何测度的，而软指标则反映了竞争力是如何被感知的，能描述不易测度的问题，可更全面地感知和预测竞争力的未来，且因为没有时滞，调查的回答往往比硬数据更接近于实际。

其二，IMD 国家竞争力评价沿着概念—四要素解释性框架—指标体系的路线，指标体系相对完整，自成一体；四大要素的分级指标能够比较完整地描述和评价各个方面的竞争力水平。同时全部指标均给出了确定的内涵和评价的标准，因而评价体系更为严谨。

其三，评价方法比较成熟，因此被大多数国家竞争力评价体系借鉴。IMD 的《世界竞争力年鉴》不断改进和完善其体系和方法的经验，对中国都市教育竞争力研究不无借鉴。

二、WEF 国际竞争力研究的评价模型与指标体系

1980 年，WEF 开始关注一国的全球竞争力问题。到 1986 年，WEF 对国际竞争力的研究进一步发展，国际竞争力评价体系的框架初步形成，并在当年发表了国际竞争力研究报告。从 1989 年起，WEF 开始与 IMD 合作出版《世界竞争力年鉴》。自 1996 年开始，WEF 独自出版了《全球竞争力报告》（GCR）。

（一）WEF 的全球竞争力研究模型

1985 年，WEF 率先提出了"国际竞争力"的概念，并将它界定为"一国企业能够提供比国内外竞争对手更优质量和更低成本的产品与服务的能力"。近 10 年来，随着国际竞争力的内涵变化，WEF 的国际竞争力评价体系以**新古典经济增长理论、技术内生化经济增长论、竞争优势理论等为基础**，亦不断地进行了充实和调整。

2004年起，WEF采用的萨拉·伊·马丁教授设计的**全球竞争力指数**（Global Competitiveness Index，GCI）来评价全球不同经济体的国际竞争力。GCI由12个竞争力支柱项目构成，为**识别处于不同发展阶段的世界各国竞争力状态**提供了全面图景。这些支柱是：制度、基础设施、宏观经济稳定性、健康与初等教育、高等教育与培训、商品市场效率、劳动市场效率、金融市场成熟性、技术设备、市场规模、商务成熟性和创新。到2008年，WEF的研究共涵盖了134个世界经济体，是迄今此类研究中最全面的一项。报告对该研究中的134个经济体均给出详细评述，包括其在排名中的总体定位，以及最突出的竞争优势与竞争劣势的全面总结。此外，报告还通过极为丰富的数据表，列出各国的全球排名。2008年的报告还对英国等特定国家作出了若干讨论，对影响其国家竞争力的各种问题进行了深度分析。

值得关注的是，美国哈佛大学的迈克尔·波特教授团队加入WEF全球竞争力研究，设计出了新的全球竞争力指数（以下简称"新GCI"），取代此前并用的GCI和商业竞争力指数（BCI）。新指数关注的焦点仍然是经济体提高生产率水平（进而实现繁荣）的决定因素问题，同样采用公开的统计数据资源和WEF的企业家调查系统（EOS）。与原GCI相比，新GCI的概念架构更为坚实，采用了更为严格的统计方法体系（陈伟，2008）。

（二）WEF和IMD国际竞争力评价研究的比较

作为国际竞争力研究领域的开拓者，WEF和IMD的开创性研究之间既有相似之处，亦存在着差异，试比较如下。

第一，IMD和WEF所进行的国际竞争力评价均以大量指标的系统描述为基础，展现了竞争力信息平台的潜在功能，为分析和研究国际竞争力背后的复杂关系和成长模式提供了比较充分的变量与结构空间。而且两者都很注重评价的完整性、系统性和能动性，即尽可能将影响竞争力现状和潜力的要素、经济、社会制度和机制因素等都包括在内。

第二，在指标的性质上，两大机构都设置了可测度的硬指标和软指标，对可测度的硬指标的计算，主要是依据各国和地区的统计资料或国际组织的统计资料。对软指标，主要是通过采用专家问卷调查获得，在系统设计关于国际竞争力软要素调查问卷后，主要向各参评国家或地区的企业主管和设在该国的跨国公司负责人进行调查，对调查的各个问题（项目）采用7级主观评价制，由被调查企业家或高级管理人员进行评价。软指标的时效性更强，且可以把那些不易或不能量化的现象数量化，它的本质功能是反映制度、机制、法制、社会文化和价值观的潜在竞争能力（赵彦云，等，2005）[15]。

尽管如此，两者在理论基础、概念内涵、指标构成、评价方法上，仍存在着根本性差异。WEF 的国际竞争力研究侧重于促进经济持续增长的能力；而 IMD 强调创造和积累国民财富的能力。在**评价方法上**，WEF 注重从国际竞争力的来源评价一国的竞争力，更多的是体现动态分析；IMD 则着重于从一国竞争力的结果来评价各国的竞争力，更多的是体现静态分析。**在指标构成上**，WEF 的国际竞争力评价体系中大量使用定性指标，软指标在全部指标中占绝对多数；而 IMD 使用了 2/3 的硬指标和 1/3 的软指标，且硬指标的权重大于软指标（参见表2-2）。

表2-2 IMD 与 WEF 的国际竞争力评价体系对比

	理论基础	指标体系、指标构成	国际竞争力定义、侧重	评价方法
IMD	企业竞争力与国家竞争力及其相互关系。	一个4层、331项指标的评价体系，四大国际竞争力要素的指标体系，使用了2/3的硬指标和1/3的软指标，且硬指标的权重大于软指标。	一国创造使企业有竞争力环境的能力，强调创造和积累国民财富的能力。	着重于从一国竞争力的结果来评价各国的竞争力，更多体现的是静态分析。
WEF	新古典经济增长理论、技术内生化经济增长论、竞争优势理论等。	两大评价指标体系，大量使用定性指标，软指标占全部指标的绝对多数。	一国保持人均国内生产总值持续高增长的能力，它侧重于促进经济持续增长、提高生产率水平（进而实现繁荣）的决定因素。	注重从国际竞争力的来源评价一个国家的竞争力，更多体现的是动态分析。

WEF 和 IMD 国际竞争力评价研究的最大意义并不在于具体指标体系是

什么，而在于建构这一指标体系且进行测度的指导思想、评价实施的路径及其方法论，如关注竞争力内涵与指标体系的内在联系，注重不易测度的软指标、在全球背景中分析国际竞争力等。它代表了国际竞争力研究的共同成果和经验，值得中国都市教育竞争力研究借鉴。

第二节 教育评价视角下的评价模型与指标体系

UNESCO 确定的世界教育指标体系（World Education Indicators，简称 WEI）、OECD 的教育发展指标体系代表了当前国际上主流的教育评价体系。借鉴这些比较成熟的教育指标体系的设置内容、方法、原则，不失为提升本研究构建都市教育竞争力评价指标体系的一条有效的途径。

一、UNESCO 的评价模型与指标体系

联合国教科文组织的教育指标由 UNESCO 的教育统计机构以国际教育标准分类法 ISCED97 修改版为基础而制定。

（一）UNESCO 教育评价模型

UNESCO 的世界教育评价在分析中并不作价值判断，不确定教育现代化指标，也不把各国划分为教育现代化国家或未实现教育现代化的国家，而主要按洲际分类或世界银行经济分类分为发达国家、转型国家和发展中国家（沈晓慧，等，2005）。在评价实施的基本思路上，它首先确定一个**理论框架**，据之演绎生成的特定指标集，然后通过对大量已有的统计数据和资源的适当分析、筛选、整理和再加工，汇集出与特定指标相关的信息。

UNESCO 世界教育评价认为，教育发展与政治、经济、社会、文化、人口的关系是确定世界教育指标的**总的理论前提**，而教育供给和需求是决定一个国家或地区教育发展水平的**直接因素**。教育供给是指一个国家或地区的教育资源状况，它受两方面制约：一是该国或地区经济发达程度，即教育资源的客观丰富程度；另一个是该国或地区发展教育的努力程度，即在一定的资源条件下为教育发展提供相对丰富的资源。

教育需求和供给的均衡程度是一个国家或地区发展水平和教育现代化程度的重要标志。一个国家或地区的教育发展过程，总的说来应该是教育越来

越普及，教育机会越来越均等，教育质量越来越提高的过程。所以，提高各级各类教育的入学率与参与率，提高教育的内部效率，尽可能地增加教育产出量，提高学生的学习成绩等应该成为一个国家或地区教育发展战略的重要组成部分，也是世界教育发展所要追求的目标。

(二) UNESCO 的世界教育指标体系

该组织把指标体系分为教育资源、教育需求、入学和参与、教育内部绩效、教育产出五个类别22项指标。具体见表2-3。

表2-3 UNESCO 确定的世界教育指标体系（UNESCO，2005）

类别	具体指标
教育资源	(一) 经费：公共教育开支占 GDP 的百分比、公共教育开支占政府公共总开支的百分比、各级教育公共日常开支分配的百分比、生均公共日常经费开支。 (二) 人力资源指标：生师比、女教师所占的百分比。
教育需求	成人文盲数、教育成就。
入学和参与	毛入学率、净入学率、升学率、预期受教育年限、中等教育毛入学率、净入学率、分年龄的入学率。
教育内部绩效	留级生所占的百分比、留级率、各年级的保留率、效率系数（每年教育经费培养的学生数）、每位毕业生的年均投入。
教育产出	识字率、教育成就。

注：识字率是15岁以上人口会读写的比率；教育成就指25岁以上人口受教育程度，它既是教育需求指标，又是教育产出指标。

从 UNESCO 指标体系的理论指导思想和具体指标设置中可以看出，该指标体系从社会大背景出发，考察教育对社会、政治、经济、文化、人口的影响和效果，这种对教育与区域经济社会发展的关注，亦是中国都市教育竞争力评价研究的基本指导思想，而它对教育影响经济社会发展灵敏指标的筛选，亦为都市教育竞争力指标的选取提供了借鉴。

二、OECD 的教育发展评价模型与指标体系

OECD 的教育指标开发活动最早开始于1973年，由于政治支持不够和

指标设计本身的不合理,早期的努力最终归于失败。时隔近15年之后,才开始了新一轮系统的教育发展评价研究,并发展成为深具世界影响的教育评价体系。

(一) OECD 教育发展评价的模型

作为以研究全球经济活动见长的组织,OECD惯于从效率和效益的角度对各种问题展开分析,同时OECD认为借助因果分析能更好地找到各种教育问题的成因所在以及预测各种变革的趋势,因为借助国际对比可使各教育体系了解其他各国教育政策如何运作,以更清楚地认识自己,从而有利于教育制度应对经济增长的挑战(OECD,2007)。

正是基于此,OECD的教育评价体系在人力资本理论指导下,将市场经济中的供需模型运用于教育中,OECD采用了独特的CIPP分析模式,以背景(context)、输入(input)、过程(process)与输出(product)为框架,建立起了一个包括教育背景、成本、资源与学校过程、教育结果的系统,并通过一系列指标动态地显示出来,进行从微观到宏观、从简单到复杂的投入产出式分析。

OECD教育发展指标体系十分完善。由于吸收了其他理论的精髓和众多国家的参与,OECD教育评价对教育发展问题的分析较为透彻,具有严密的内在逻辑统一性,能够全面地、完整地、系统地描述教育的整个发展变化过程。同时它采用国际教育标准分类法,具有较强的国际通用性,因而得到了世界上许多国家的广泛认可。

(二) OECD 教育发展评价的指标体系

OECD教育指标体系的一个显著特点就是变动性与发展性。这种变动和发展既与指标开发理论研究的深化有关,也与政策焦点的转移有关,还与统计技术和数据基础的改善有关(陈学军,2006)。事实上,自从OECD教育评价研究恢复以来,其概念框架和指标体系几经修订、不断完善。

2007年版共有27个指标(参见表2-4),特别对高等教育进行了审视,得出的结论是尽管高教事业迅速扩展,但并无教育资历价值下降的迹象。教育概览首次探讨了教育效益问题(指标B7)。尽管还只是一项探索性指标,但它指出了教育界需作出何等程度的改革努力,才能像其他行业那样在公共预算压力日增的今天产生更大的经济效益。

表2-4　2007年OECD的教育指标体系（OECD，2007）

类别	OECD 指标项目	主要指标成分	政策含义
A类指标	参与教育及影响	A1：成人的学习层次 A2：中等教育毕业率 A3：高等教育毕业率 A4：学生对教育的期望 A5：学生对数学的态度 A6：移民背景对学生表现的影响 A7：学生父母的社会经济地位对学生接受高等教育的影响 A8：接受高等教育如何影响就业 A9：教育的经济效益	反映教育的人口、经济及社会背景，通过受教育程度与劳动力市场的供求关系，反映教育与个人的发展关系，乃至体现教育对提高生产力水平的贡献。
B类指标	教育投入	B1：生均教育支出 B2：教育投入占GDP的比例 B3：公共与私人的教育投资 B4：公共教育经费支出总额 B5：学生的高等教育支出及接受的公共教育补助 B6：按资源和服务分类的教育经费 B7：公共教育投入的效率	支撑政府对教育合理、有效的投资目的对教育界需作哪些努力才能跟上其他行业的经济效益改革，作出了一些提示。
C类指标	教育的参与进展	C1：职业教育的普遍程度 C2：参与教育者 C3：出国学习者及学习国家 C4：学生从教育到工作过渡成功情况 C5：成人在职培训与教育情况	正规教育和终身教育是否实现教育的全民参与，以及是否体现教育的平等性和机会均等，关注高教的国际化程度。
D类指标	学校环境	D1：学生在课堂学习时间 D2：师生比和班级规模 D3：教师工资 D4：教师工作时间 D5：学校监督教师措施 D6：教师来源及组成	反映教育政策对教育实施过程及内部组织的影响力，体现教育的内部效益。

三、UNESCO 与 OECD 教育评价研究的比较

我们注意到，UNESCO 和 OECD 的教育评价在具体的理论基础和指标项目上两者存在着不同，前者更强调教育与人类经济社会发展之间广泛的联系，而后者更注重教育子系统投入—过程—产出环节的效率与效益（参见表 2-5），造成这种差异的深层原因，在于这两个组织的宗旨和关注教育的角度各不相同，因而评价的出发点和切入点也迥异。这种差异性也进一步说明了教育现象的复杂性，而通过不同视角对教育的认识有助于人们更全面地理解、审视、反思教育。某种意义上，可以说，正是不断出现的多元化评价推动了教育事业的发展。

表 2-5 UNESCO 与 OECD 指标体系的对比

	理论基础	指标体系/指标构成
UNESCO	教育发展与政治、经济、社会、文化、人口的关系。	从社会大背景出发，考察教育对社会、政治、经济、文化、人口的影响和效果，分为教育资源、教育需求、入学和参与、教育内部绩效、教育产出五个部分 22 项指标（均为硬指标）。
OECD	人力资本理论。	采用 CIPP 分析模式设置指标体系，分为参与教育及影响、教育投入、教育的参与进展、学校环境四个部分，27 项指标（均为硬指标）。

但与此同时，两大国际组织实施的教育评价之间，存在着一些共同的特质，有研究者将 UNESCO 和 OECD 教育评价的相似性归结为五个方面（中央教科所，2008）。

第一，教育指标体系有相关的理论支撑。国际教育指标体系的构建和修改都有一套比较成熟的指标理论作指导，它们关注的内容不仅仅局限在教育内部，而且关注教育与经济、社会以及个体发展等全方位关系，从而使教育决策在社会大背景下合理定位教育的发展规模、速度和职能。

第二，教育指标框架注重整体性和科学性。各国际教育指标体系都是在

一定的理论和价值观取向基础上形成的一个整体监测系统。这种监测不仅反映在每个独立的指标数据上，而且也反映在指标与指标的关系上，科学地体现教育与社会的交互影响。

第三，教育指标数据重视国际通用性和国际可比性。国际教育指标体系在指标的选取和统计资料收集上，既力求切合各国国情，更强调各国间的相互联系，非常注重国际通用性和国际可比性，同时还考虑到教育全球化等教育新问题。

第四，教育指标体系相对稳定又开放发展。教育的可持续稳定发展在教育指标体系构建上体现了对指标稳定性的要求。同时，教育系统也是一个和国家经济、社会发展密切相关的开放系统，指标的变化既能折射出一段时间内国际和国家社会的发展趋势，同时又使教育指标体系具有更强的应用价值。

第五，教育指标数据统计建立了一个较为完善的教育信息监测系统。各国际教育指标体系都是一个系统连续的监测过程，以求真正反映出教育发展的轨迹及其同社会发展的关系变化趋势。

我们认为，这种相似性代表了教育评价发展的成功经验、总体发展趋势和走向，尤其是对评价框架构建与理论构建内在联系的强调，表明教育评价已经发展到了一个新的、基于理论模型的新阶段，而对评价指标的体系性与完整性反映了评价技术的新进展，尤其值得关注、重视和借鉴。

第三节　中国城市竞争力相关研究述评

城市竞争力研究最早源自欧美，经济科技的全球化、地方化，经济活动的集聚和分散是其基本背景。目前，国际上对城市竞争力的研究开始流行（倪鹏飞，2005）。

目前，城市竞争力研究已形成了城市竞争机制、城市竞争力影响因素以及城市竞争力评价、城市竞争力提升战略四个研究主题。美国的城市竞争力及其相关研究已比较深入，欧盟有关机构也已经完成城市竞争力指标体系的研究，正着手欧洲城市竞争力的评价工作。亚太地区城市竞争力研究范围仍主要局限于城市竞争力评价，对其竞争机制等方面的探讨不如前两个地区深入。

近十年来，我国一些研究机构、政府部门和学者亦纷纷启动了城市竞争力研究项目，并建立了多种城市竞争力概念框架和评价体系，一些研究还对我国城市竞争力进行了测度。从理论研究和实证研究相结合的视角看，在国内比较成熟、且知名度最大的当属中国社会科学院财贸研究所研究员倪鹏飞及其中国城市竞争力课题组的研究。

一、倪鹏飞课题组的中国城市竞争力研究

中国社会科学院财贸研究所倪鹏飞博士在1998年就开始研究城市竞争力问题，并于2001年出版专著《中国城市竞争力理论研究与实证分析》。迄今为止，课题组的年度《中国城市竞争力报告》已经围绕主题出版了七本，而其城市竞争力的理论前提、概念框架和组成指标也随之不断补充、调整和完善。

（一）倪鹏飞课题组的城市竞争力评价模型

倪鹏飞课题组将城市竞争力定义为一个城市在竞争和发展过程中与其他城市相比所具有的吸引、争夺、拥有、控制和转化资源，争夺、占领和控制市场，以创造价值、为居民提供福利的能力。从这一概念出发，课题组先后提出了城市竞争力的弓弦箭模型和飞轮模型。

弓弦箭模型认为城市竞争力非线性的系统各要素之间，系统要素与整个系统之间不仅相互作用，而且存在正向反馈的倍增效应，或负向反馈的饱和效应。硬要素可比作弓，软要素可比作弦，城市产业可比作箭，它们相互作用，形成城市竞争力，任何一个要素一旦出现问题，形成薄弱环节，都可能会对综合竞争能力的形成带来影响。弓弦交互作用力所形成的城市竞争力大小可以通过城市产业价值收益来表现。由此，课题组提出中国城市竞争力表达式（倪鹏飞，2001）：

城市竞争力（箭）＝F（硬竞争力、软竞争力），

硬竞争力（弓）＝人才竞争力＋资本竞争力＋科技竞争力＋结构竞争力＋区位竞争力＋设施竞争力＋聚集力＋环境竞争力；

软竞争力（弦）＝秩序竞争力＋制度竞争力＋文化竞争力＋管理竞争力＋开放竞争力

弓弦箭模型经过一系列的发展，与2001年相比，其硬竞争力和软竞争

力要素的界定和内涵都更为准确、严密。在2008年年度中国城市竞争力报告中,软竞争力要素中秩序竞争力和管理竞争力被政府管理竞争力和企业管理竞争力所取代,聚集力也被资本竞争力所取代(参见图2-1)(倪鹏飞,2009)[88]。

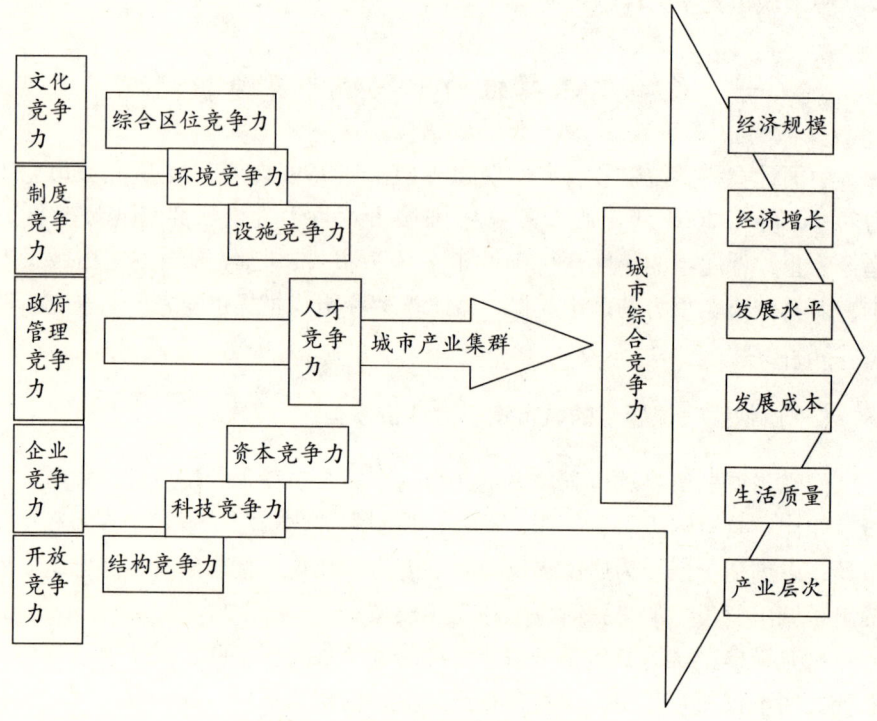

图2-1 城市竞争力弓弦箭模型

飞轮模型中,城市竞争力系统从里到外分成本体竞争力、城市内部环境竞争力、城市外部环境竞争力三大层次,城市竞争力表达为:

城市竞争力(UC)= F(外部竞争力,内部竞争力,核心竞争力)
　　　　　　　　= F(人力资本竞争力,企业管理竞争力,产业发展竞争力,公共部门竞争力,生活环境竞争力,商务环境竞争力,创新环境竞争力,社会环境竞争力,区域国际竞争力)

各层次要素的内涵和界定也在逐年研究中不断完善,其2008年年度竞争力报告中层次要素如图2-2(倪鹏飞,等,2008)[60]:

（1）本体竞争力，包括人才本体竞争力、企业本体竞争力、产业本体竞争力、公共部门竞争力。

（2）城市内部环境竞争力，包括生活环境竞争力、商务环境竞争力、创新环境竞争力和社会环境竞争力。

（3）城市外部环境竞争力，包括城市所在区域、国家的竞争力和国际环境。

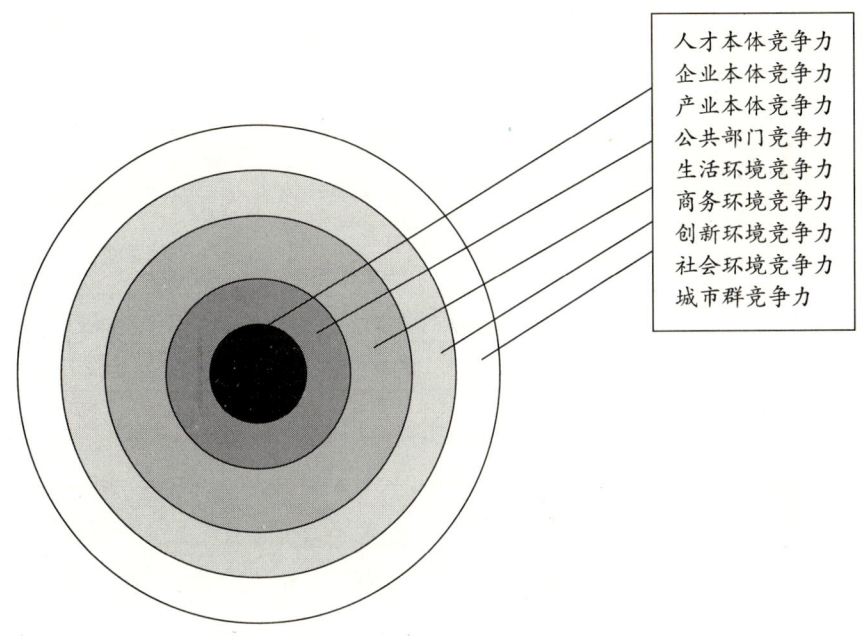

图2-2 城市竞争力飞轮模型

可以看出，这两个模型审视城市教育竞争力的视角各不相同，前者强调都市教育竞争力是一个软指标和硬指标共同作用的复合体；而后者则强调城市教育竞争力是由竞争力本体和竞争力环境相互作用的结果。这两个模型从不同的侧面揭示了城市竞争的机制和影响因素，表2-6反映了城市竞争力第一框架和第二框架各要素之间的基本关系。

以弓弦箭模型为基础和以飞轮模型为基础形成的指标体系，被称作解释性指标，旨在从不同的角度反映和评估城市竞争力的表现和影响因素。

表2-6 城市竞争力第一框架和第二框架的基本关系

城市综合竞争力		天时:城外环境竞争力	地利:城市环境竞争力		人和:经济本体竞争力	
		区域国际竞争力	商务环境	生活环境	企业本体	人才本体
硬竞争力	人才资本	X	X		X	X
	金融资本	X	X			
	科学技术	X	X	X	X	
	基础设施	X	X	X		
	经济结构	X	X		X	
	自然环境		X	X		
	综合区位	X	X	X		
软竞争力	商业文化	X	X	X	X	X
	经济制度	X	X	X	X	X
	政府管理		X	X		
	企业管理				X	
	对外开放	X	X	X	X	X

注:X:指两框架相互重合的部分。纵向为第一解释框架内容,横向为第二解释框架内容。

除解释性指标外,从2003年开始,《中国城市竞争力报告》还构建了城市竞争力的显示性指标体系。课题组提出城市竞争力表现一个城市与其他城市相比较多快好省可持续的创造财富的综合绩效。即

城市综合竞争力 = F(增长、规模、效率、效益、结构、质量)

在此基础上设计的一套指标体系也在研究中不断成熟。2008年城市竞争力报告的显示性指标包括经济增长、经济规模、经济效率、生活质量、发展成本和产业层次六个方面(参见表2-7)。

表2-7 2008年城市竞争力显示性指标体系(倪鹏飞,等,2009)

指标内涵	指标名称	具体含义
经济规模	城市GDP总量	产品和服务的市场占有规模或比率
经济增长	GDP增长率	经济发展的速度
经济效率	地均GDP,人均GDP	经济发展的效率
生活质量	人均财政收入,人均可支配收入	人均私人和公共收入

续表

指标内涵	指标名称	具体含义
发展成本	单位 GDP 耗电量，三废污染程度	资源消耗和成本节约
产业层次	人均三产，现代服务业比例	高端产业比例

至此，倪鹏飞课题组业已形成了一套比较系统和成熟的城市竞争力评价模型和指标体系。

(二) 倪鹏飞课题组城市竞争力研究的主要成果

中国城市竞争力研究由基础理论、计量研究、案例研究和主题研究四个核心部分构成。其中，理论研究是计量研究的基础，计量研究是研究的核心，也是公众最为关注的部分；案例研究是报告的重要内容和特色，报告根据城市发展态势的变化每年选择不同的主题从不同的角度对城市竞争力进行更加深入的研究（参见表 2-8）。这些不同的主题，有利于我们更全面、深入地了解城市竞争力的发展态势，从总体上把握影响城市竞争力格局变动的因素。

表 2-8 中国城市竞争力之主题

报告主题	主题研究内容
NO.1 推销：让中国城市沸腾	城市营销的主体、内容与目标市场；基本步骤与操作方法；依据 200 个城市的对比数据进行了 47 个最具竞争力的城市的综合竞争力和营销竞争力点评。从具体方法的角度看，城市营销理论是对经济学、管理学、地理学、社会学等学科的成熟的方法的交叉使用。从方法论上看，则意味着发展理论的根本转变。传统观点强调的是对经济增长结果的改进，如集聚、污染、区域公平等，而城市营销则强调对未来经济增长得以发生的各种条件因素的关注，是将已有或未有的方法组合起来力求标本兼治的新的理论体系。
NO.2 定位：让中国城市共赢	城市定位的理论源泉与概念框架、分析、操作方法、基本战略；中国城市十大功能中心定位。并在这 10 个方面用数百个指标进行定量与定性分析相结合，对 2003 年中国 200 个城市的综合竞争力进行了科学排序，并对列入前 50 位的城市建设和发展过程中的经验和成就，从理论和实践两个方面进行了科学的分析。

续表

报告主题	主题研究内容
NO.3 集群：中国经济的龙脉	对产业集群概念框架、解释框架、演化框架进行了解释，并制定了从原因和表现两方面观察和识别产业集群发展的一套指标和标准体系。继报告之后在大规模的调查基础上发现：集群是中国经济的龙脉。指出十大导致中国产业集群失败的陷阱。提出24条促进中国城市产业集群战略经验。十大促进产业集群的政策建议。形成市场为导向的城市产业集群管理模式。
NO.4 楼市：城市中国晴雨表	分析了城市竞争力与城市房地产关系的理论框架，对中国城市竞争力与房地产关系作了静态分析，对中国城市经济周期与房地产周期作了动态分析，对中国城市与房地产健康程度作了现状评估，分析了中国城市与房地产投资潜力，对中国城市房地产市场化程度作了比较。
NO.5 品牌：城市最美的风景	提出解释本报告的城市品牌的研究框架。报告通过表示对品牌的理性感知和情感体验的70多项指标的调查数据，对内地50个城市品牌进行定量研究发现总体品牌前十名的城市。还对城市品牌塑造的做法进行了案例研究。
NO.6 城市：群起群飞襄中华	对城市群进行了更深入研究，在中国城市群的演化机制和识别标准等方面，取得重要研究成果。回顾了世界城市群发展的历史和现状，并对其竞争力作了深入分析，并把中国分为33个城市群、九大经济带。中国30个城市群综合竞争力、先天竞争力、现实竞争力和成长竞争力的指数及排名。提出了中国城市群未来发展的战略建议。
NO.7 城市：中国跨向全球中	本年的主题报告将中国城市置于全球坐标系上，分别从价值体系、功能体系和要素环境体系，探讨其地位及其成因，分析动态变化。提出中国城市的全球竞争战略。

从七年来城市竞争力分析框架及构成要素的调整路线看，人力本体竞争力构成了中国城市竞争力的核心，2009年发布的最新研究成果更进一步揭示出城市科技竞争力中高校效应突出（双华斌，2009）。这些成果从一个侧面证实了教育在都市经济社会发展中的重要作用。

这一过程中，倪鹏飞课题组的中国城市竞争力研究对象由单一的城市扩展到城市、城市群、大城市、区域；评价的角度由综合竞争力、分项竞争力到区域竞争力，再到城市在全球坐标中的位置，即城市全球竞争力。这些成果为更好地理解我国城市竞争力水平提供了依据，也是本书进行都市教育竞争力研究，对城市竞争力和城市教育竞争力关系进行分析的基本依据。

就方法分析而言，倪鹏飞课题组的历年中国城市竞争力报告，采用目前主流的城市竞争力评价分析方法，包括区域经济的分析方法、基准的分析方法和SWOT和组合矩阵分析方法。其中，城市竞争力的区域分析方法建立在"资源和环境"基础上，对于城市竞争力的内部资源分析和区域定位等的分析较为适用，"基准"分析方法更加注重城市的定位和外部参考城市；而SWOT分析方法和组合矩阵分析方法对城市竞争力的内部竞争优势/劣势（包括能力和资源）、城市的外部环境所提供的威胁/机会的分析则相对明了可靠。这些方法的综合运用，保证了中国城市竞争力研究的科学性，对中国都市教育竞争力研究而言，也极有价值。

二、朱向军的城市教育竞争力评价研究

浙江省杭州市政府政策研究室的朱向军博士较早对城市教育竞争力进行了系统研究，尤其难能可贵的是，他在概念构建的基础上，建立了指标体系，并对长三角一带的城市进行了实证研究，最后提出了提升城市教育竞争力的战略。

（一）城市教育竞争力评价模型与指标体系

朱向军借鉴倪鹏飞的城市竞争力概念，将城市教育竞争力定义为：一个竞争环境中，一个城市在发展教育过程中所具有的吸引、争夺、拥有、控制和转化教育资源，以提供优质教育产品和服务，提高城市居民的教育水平，促进城市可持续发展的能力。

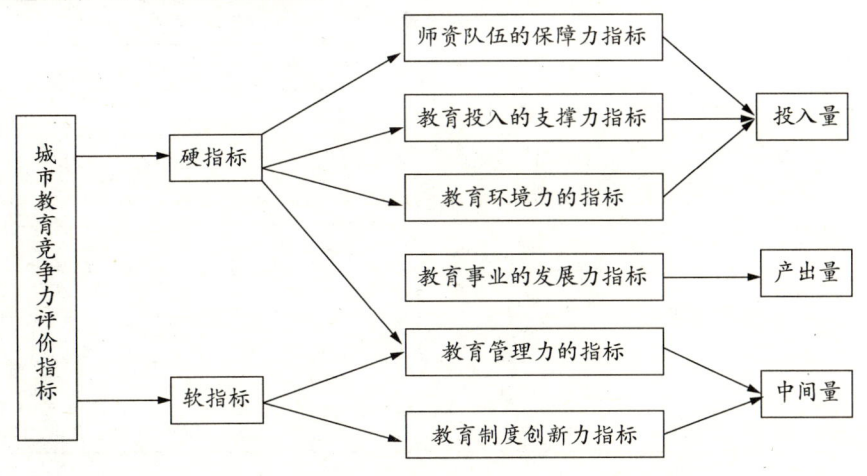

图2-3　城市教育竞争力的指标体系构建（朱向军，2006）[128]

在此基础上，他根据教育经济学原理和教育投入与产出理论，创建了投入量、产出量和中间量的 IPM 型城市教育竞争力的模型。评价体系同样将城市教育竞争力分为硬竞争力和软竞争力，构建相应的硬性指标体系和软性指标体系。其中，硬竞争力（对应硬指标）由师资队伍的保障力、教育投入的支撑力、教育事业的发展力、教育环境力耦合而成；软竞争力（对应软指标）由教育管理力、教育制度的创新力评价耦合而成。

"城市教育竞争力评价指标体系"总计一级指标6个，二级指标29个，其中硬性指标的二级指标18个，软性指标二级指标11个（参见表2-9）。硬性指标又进一步分解为39个三级指标。硬指标的数据采集主要通过教育、统计和财政等有关部门的权威统计公报获取。软指标的数据主要通过德尔菲法确定。

表2-9 城市教育竞争力评价指标体系简表

	一级指标	二级指标	
硬性指标	投入量	师资队伍保障力	A1 各级教育教师数量水平
			A2 初、中等教育专任教师学历状况
			A3 初、中等教育教师培训经费投入
			A4 各级教育名师建设
		教育投入支撑力	B1 预算内教育拨款增长与财政经常性收入增长比较
			B2 各级教育生均预算内教育事业费增长情况
			B3 各级教育生均预算内公用经费增长情况
			B4 预算内教育经费与财政支出的比较
			B5 国家财政性教育投入支撑力与国内生产总值比较
		教育环境力	C1 办学规模
			C2 占地面积
			C3 信息化程度
	产出量	教育事业发展力	D1 全民受教育水平
			D2 学前教育
			D3 义务教育
			D4 高中教育
			D5 高等教育
			D6 成人教育

续表

软性指标	中间量	一级指标	二级指标	
		教育管理力	E1	领导重视程度
			E2	市民重视程度
			E3	教育与经济社会发展规划
			E4	教育事业发展力规划情况
			E5	学校基础建设制度化
			E6	教育资源配置制度化
		教育制度创新力	F1	办学体制改革
			F2	办学模式创新
			F3	流动人口子女接受教育状况
			F4	新课程改革状况
			F5	优质教育资源

(二) 城市教育竞争力研究的成果与不足

朱向军博士的城市教育竞争力研究，意在构建一个能反映城市之间教育竞争力的教育评价指标体系，并且使城市与城市之间的教育竞争力的比较成为可能，从而对各个城市之间的教育竞争力进行评价和比较；同时通过实证和案例分析，进一步佐证城市教育竞争力评价指标体系的科学性、可行性和预测性，为区域社会、经济、教育的发展提供可资借鉴的经验和建议。

应该说，城市教育竞争力研究构建了较为完整的体系，在理论上对城市竞争力的概念、国内外教育竞争力相关评价体系的研究成果和文献进行了系统的梳理和分析；同时，基于理论探讨，研究从竞争力视角提出中国城市教育竞争力的模型和评价体系，并以长三角城市为样本进行实证研究，对于我国较发达地区的教育发展、评价和决策不失为一种新的视角。

然而，就其研究专著的内容而言，城市教育竞争力概念直接脱胎于城市竞争力，带有浓厚的经济学痕迹；同时，从概念到指标体系构建之间，逻辑线索并不十分明晰。另外，专著将重点放在提升城市教育竞争力的战略上，但这些战略一方面与前面的理论之间没有形成直接的呼应关系，另一方面也未能紧密地和所研究城市的发展背景联系起来，减弱了作为政策参考的说服力和针对性。

第三章

中国都市教育竞争力评价指标体系的构建

　　都市是人类文明的结晶、社会进步的摇篮，是经济、社会、政治、文化、教育、科技发展的主要载体。都市发展的主要标志和集中体现的是都市教育的发展。都市教育竞争力的评价是研究都市教育发展规律，探索都市教育发展方向，是制定都市教育发展战略与规划，引导都市教育健康、持续、协调、科学和谐发展的具有重要现实意义的工作。本章将根据教育价值体系的新取向，结合都市教育的性质和特点，设计出一套具有科学性、创新性、可比性、实用性和系统优化的中国都市教育竞争力评价指标体系。

第一节 都市教育竞争力指标体系的设计

一、设计都市教育竞争力指标体系的理论依据

不论设计和制定什么样的教育指标体系，都应有其一定的理论依据。在现阶段，为了人的全面发展，以实现教育公平为纲，大力推进教育事业的科学和谐发展的教育价值体系新取向，应该成为设计和制定中国都市教育竞争力指标体系的基本出发点和理论基础。

党的"十七大"在新的时代条件下，全面审视教育与社会发展的关系，将教育公平放在社会公平的基础上，凸显了教育公平的基调，在此基调下力求全面推进各级各类教育的全面发展，已成为目前我国教育价值体系的新取向。

教育公平是最大的社会公平，是社会公平价值在教育领域的延伸和根本体现。就其外延来看，它包含着以下几方面的内容：教育机会的均等，即人人都能够享有受教育的机会，人人都享有接受高质量教育的机会；教育过程的平等，即在受教育过程中，受教育者不应该受到区别对待；教育结果的平等，即完成同等教育的受教育者在深造、就业等方面的平等。改革开放以来，我国的教育事业取得了巨大成就，义务教育全面普及，高中阶段教育基本普及，高等教育进入大众化阶段，国家的助学体系已基本形成，更多的贫困学生得到资助并完成学业。总的来看，近年来我国教育公平的成就是显著的。但是，我国毕竟还是处于社会主义初级阶段的发展中国家，人口众多，优质教育资源相对于人民群众对教育日益增长的需求较为短缺的矛盾将长期存在。从现实情况看，教育发展不均衡、教育结构不尽合理的教育不公的现象仍然较为突出。尤其是都市与乡村之间的教育差距日益显现，进城务工人员子女接受义务教育的问题日益凸显，使得教育公平问题越来越受到社会的广泛关注。可以说，大力促进教育公平，从而推进社会公平的进程是一个重大的历史命题。

进城务工人员子女平等接受义务教育是"以人为本"的教育和公平教育的重要体现。目前，我国广大农村大量的剩余劳动力涌入东部沿海地区和城市，使得进城务工人员的子女教育问题逐渐显现出来。由于种种原因，这一问题目前还没有得到妥善解决。"流动儿童"被称为"流动的花朵"，"留

守儿童"被称为"留守的花朵",二者常常互相转化,共同构成了"两童问题",而这一问题的核心就是教育问题。造成这一问题的原因是多方面的,其中城乡户籍制度带来的阻隔,城乡教育教学的差别是重要的影响因素,而根本的原因则在于城乡经济发展的不平衡。两童的教育问题主要集中在教育公平问题上,主要表现为教育机会不均等,教育费用分担不合理、资源占有差异较大等方面。尽管各级政府多方采取措施,但是仍然无法有效解决这一问题。因此,如何妥善有效地解决进城务工人员子女平等接受义务教育的问题,是目前我国"以人为本"教育科学发展观的充分体现,以及教育公平的理念在都市教育实践中的具体体现。

教育公平是一个复杂的工程,它具有长期性、阶段性、复杂性等特点。实现教育公平绝不能只停留在口号和标语上,停留在理论的探讨上。从现阶段都市教育竞争力评价上看,要从以下几个方面着手:①通过财政杠杆和教育政策杠杆,调节教育资源的流向,努力使优质教育资源达到相对均衡;②通过都市与各地区之间的协调,以及相关宏观政策的支持,积极探索"两童"教育问题的途径,从而有效解决当前亟待解决的进城务工人员子女教育问题;③在高中教育阶段,主要解决好都市中等职业教育和普通高中教育二者协调发展的问题。只有大力发展各级各类教育,促进都市教育均衡协调发展,才能够充分体现都市教育的公平性。

追求教育公平是当前中国教育政策的重要目标。以体现教育公平为特征的教育发展的价值新取向,为我们设计和制定都市教育竞争力评价指标体系提供了一个全新的视角和较科学的理论分析框架。

二、都市教育竞争力指标设计的基本原则

为了实现都市教育竞争力评价的目的,必须遵循一定的原则,并建立起科学合理的评价指标体系,进行相应的实证分析。本课题中,我们在设计评价指标和构建指标体系时,根据第一章提出的都市教育竞争力三维模型框架,将以体现教育公平特征为主的教育价值体系的新取向引入都市教育竞争力评价体系中,并遵循了如下基本原则。

(一) 科学性原则

科学性原则主要体现在两个方面。

首先,要求评价指标体系是在教育相关理论与当前实际状况紧密结合的

基础上形成的。只有以科学的理论作指导,才能使评价指标体系在基本概念和逻辑结构上严谨、合理,从而抓住评价对象的实质,并具有针对性。同时,指标体系必须能反映出都市教育竞争力这一评价对象的客观情况。

其次,评价所采用的研究方法应抓住最重要的、最本质的和最有代表性的东西。对客观实际抽象描述得越清楚、越简练、越符合实际,科学性就越强。本课题在准确把握都市教育竞争力这一综合指标的内涵和外延的基础上,力求每项分力指标和单项指标都能客观反映评价对象某方面的客观属性。

(二) 系统优化原则

系统优化原则不但要求都市教育竞争力评价指标体系能够全面地、毫无遗漏地反映评价对象,避免顾此失彼,而且评价指标体系内的各项分力指标和单项指标又必须是相互独立的。也就是说,不同侧面、不同层次的所有指标不能存在任何包含与被包含的关系,相互之间不重叠,且没有因果关系。根据这一原则,都市教育竞争力评价指标体系应该是一个最优化的有机系统。具体来说,指标数量的多少及其体系的结构形式以系统优化为原则,即以较少的指标(数量较少、层次较少),比较全面、系统地反映评价对象的内容,既要避免指标体系过于庞杂,又要避免单因素选择,追求评价指标体系的总体最优;评价指标体系要统筹兼顾各方面的关系,由于层次指标之间存在制约关系,因此在设计指标体系时,应该兼顾到各方面的指标;设计评价指标体系的方法应采用系统的方法,并组成树状结构的指标体系,使体系的各个要素及其结构都能满足系统优化的要求。也就是说,要通过各项指标之间的有机联系,体现出对上述各种关系的统筹兼顾,达到评价指标体系的整体功能最优化,从而能够客观、全面地评价系统的输出结果。

本课题遵循系统优化原则,经过考察筛选、重点分析,将都市教育竞争力分解为7项二级分力指标和17个三级单项指标,归纳为三个层次,避免了指标之间相互重叠和过于庞杂的现象。

(三) 可比性原则

可比性原则体现在纵向比较和横向比较两个方面。都市教育竞争力评价侧重于横向比较,即各个都市之间教育综合实力和教育发展优势的比较。通过研究评价目标的特点和内涵,找出共同点,按照共同点设计评价指标体系。这些共同点反映的是被评价对象的共同属性,是可比的前提,也是可比的基础。

(四) 实用性原则

实用性原则指都市教育竞争力评价具有实用性、可行性和可操作性。

第一，指标要简化，方法要简便。评价指标体系要繁简适中，计算评价方法简便易行，即评价指标体系不可设计得太烦琐，在基本保证评价结果的客观性、全面性的条件下，指标体系尽可能简化，减少或去掉一些对评价结果影响甚微的指标。并且，各个单项指标能够用操作化的语言加以定义，它所规定的内容可以直接测量，从而获得明确的结论。

第二，数据要易于获取。评价指标所需的数据易于采集，无论是定性评价指标还是定量评价指标，其信息来源渠道必须可靠，并且容易取得。否则，评价工作难以进行或代价太大。

第三，整体操作要规范。各项评价指标及其相应的计算方法和各项数据都要标准化、规范化。

第四，控制数据的准确性。严格执行评价过程中的质量控制，即对数据的准确性和可靠性加以控制。

(五) 创新性原则

当前，在经济全球化的浪潮中，经济社会呈现出新的发展势头，知识生产比重不断增大，创新正在成为经济社会发展的巨大动力，而社会生产力的发展与人力资源开发水平密切相关，许多国家特别是发达国家都把加强教育发展作为开发人力资源、占据国家竞争有利位置的基本策略。经济社会发展最突出的特点是发展依托于资源类型的重大变化，从倚重自然资源转向更加倚重人力资源，从"硬实力"竞争转向兼顾"软实力"的竞争。与此相关，教育发展如何适应经济社会发展需要并提升自身的竞争力是一个重要课题。都市教育竞争力是一个全新问题。在本课题中，除使用了一些通用的指标外，我们根据需要还大胆创造了一些能够反映都市教育竞争力"软实力"的新指标，如"制度创新"、"科研影响力"、"教育公平力"等。

(六) 公平性原则

公平是一种质的特性 (gualitative property)，是一种价值观念，是对社会运行状态和人际关系（包括分配关系）进行判断的价值标准。公平的本质是合理性。教育公平是对教育资源配置合理性的价值判断，包括在法律规定下是否人人有平等的受教育权;对于不同天赋和智力水平的人,是否因材施教;对于弱势学生,是否给予补偿教育等。

在新的历史时期,我国已对教育作出了具有重大战略意义的全局性和前瞻性的部署。其中教育公平是基调,人民满意是教育评价的标准,和谐教育是教育发展的基本框架,建设全民学习、终身教育的学习型社会是教育的社会目标,而特殊教育尤其是残疾儿童义务教育和外来务工人员子女义务教育则是和谐教育建设的一个极为重要的环节,同时又是教育公平的一个重大命题,也是当前正在努力攻关并有望妥善有效解决的一个重大的教育问题和社会问题。都市具有丰富的教育资源和智力资源,理应承担起这一重大责任,并为之提供优质的教育服务。因此,本课题中,我们设计都市教育竞争力评价指标时充分体现了教育公平性的思想。

三、中国都市教育竞争力评价指标体系的总体框架设计

根据第一章提出的都市教育竞争力三维模型框架,我们可以看出,都市教育竞争力是一个由都市教育资源体系、都市教育功能体系、都市教育价值体系三大体系相互影响和相互作用所构成的系统,其要素和环境系统以不同的方式存在,处在不同的维度和层次上,它们共同集成,构成了都市教育竞争力,如图3-1所示。

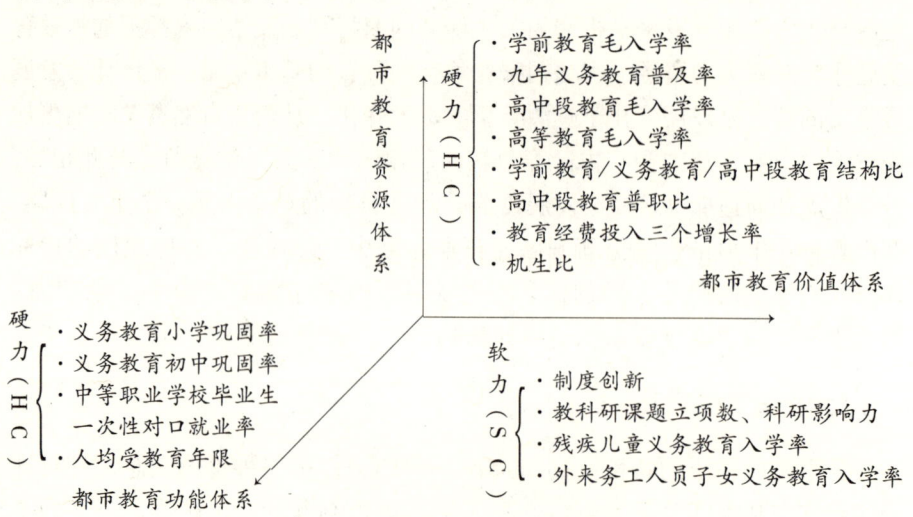

图3-1 都市教育竞争力三维模型框架

都市教育竞争力系统以其表现方式的不同可概括成两类,即硬力系统和软力系统,而其中硬力和软力又由一些具体的分力构成。

都市教育竞争力 = F [硬力('Hard' competitiveness),软力('Soft' competitiveness)]。

其中:

硬力(HC) = 教育规模力 + 教育结构力 + 教育质量力 + 教育投入力

软力(SC) = 教育创新力 + 教育科研力 + 教育公平力

教育规模力由五个单项指标构成:

X_1——学前教育毛入园率(%);

X_2——九年义务教育普及率(%);

X_3——高中段教育毛入学率(%);

X_4——高等教育毛入学率(%);

X_5——人均受教育年限(年)。

教育结构力由两个单项指标构成:

X_6——学前教育/九年义务教育/高中段教育的结构比例;

X_7——高中段教育普职比例。

教育质量力由三个单项指标构成:

X_8——义务教育小学巩固率(%);

X_9——义务教育初中巩固率(%);

X_{10}——中等职业学校毕业生一次性对口就业率(%)。

教育投入力由两个单项指标构成:

X_{11}——教育经费投入三个增长率(%);

X_{12}——机生比。

教育创新力由 X_{13} 制度创新单项指标构成。

教育科研力由两个单项指标构成:

X_{14}——教科研课题立项数;

X_{15}——科研影响力。

教育公平力由两个单项指标构成:

X_{16}——残疾儿童义务教育入学率(%);

X_{17}——外来务工人员子女义务教育入学率(%)。

中国都市教育竞争力评价指标体系总体构架,参见图 3-2 所示。

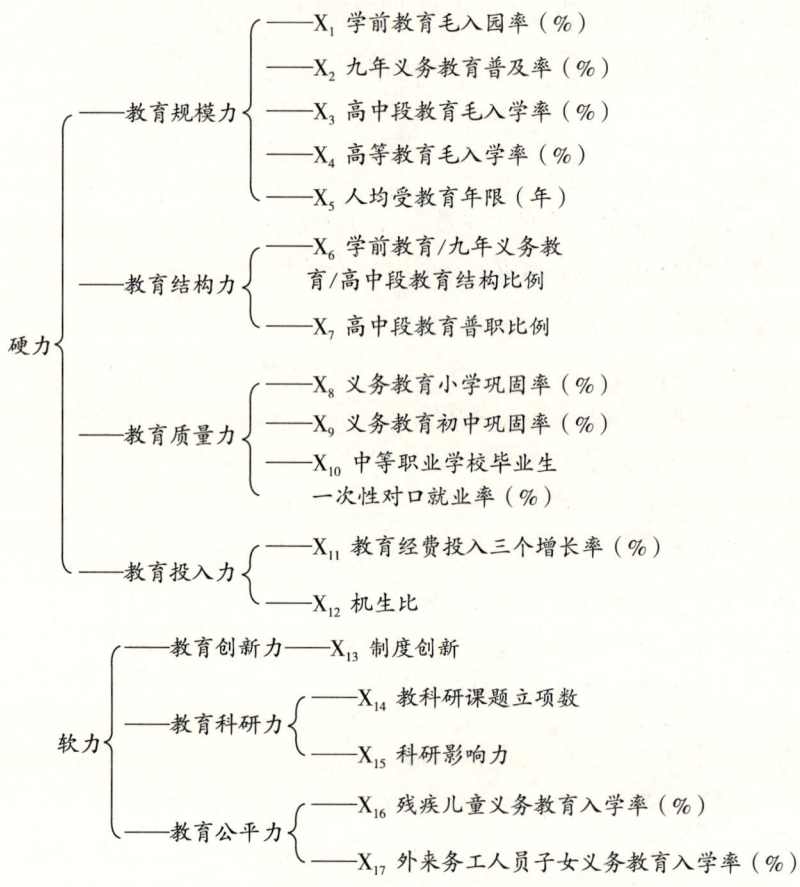

图 3-2 中国都市教育竞争力评价指标体系框架

第二节 中国都市教育竞争力评价指标的选择

指标是评价目标在某个方面的规定,是具体的、可测的、行为化和操作化了的目标。根据特定的原则,采用某种结构和层次,形成的具有一定功能和作用的指标系统就是指标体系。构建都市教育竞争力的评价指标体系不是一套面面俱到的教育综合评价指标体系,而是一套能有效反映都市教育竞争力特性的教育评价指标体系,并且能使都市与都市之间教育竞争力的优势比较成为可能。所以,在选择指标时,我们根据都市教育竞争力三维模型框架,从硬力指标和软力指标两个方面来选择确定最能反映都市教育竞争力的指标。

一、都市教育竞争力的硬力指标选择

(一) 教育规模与教育竞争力

何谓教育规模？教育规模指的是反映教育发展的各种数量方面变化的指标，包括各级各类教育的入学率、百分比、增长率等。教育发展的数量和规模与教育的普及和提高程度是联系在一起的。也就是说，教育的普及和提高程度，主要是通过数量和规模这一指标进行衡量的。在现代社会中，教育的普及和提高是教育发展的一项十分重要的任务。

谢维和教授认为，教育事业发展通常具有两个基本维度。其一是教育活动的数量与规模发展的维度，其二是教育活动的质量和效益发展的维度。前者反映了教育活动发展的普及方面，后者反映了教育活动发展的提高方面（谢维和，2001）。从本质上看，教育的普及和提高的发展性意义在于：其一，普及不仅是扩大国民教育覆盖面，同时也是不断提高普及受教育年限的过程，普及小学教育、初中教育、高中教育，乃至高等教育大众化、普及化。其二，提高的本质就是发展，它有两层含义，一是增加和延长普及国民基础教育的年限；二是提高普及教育的质量和效率，是普及教育在高标准、高质量的基础上发展。这将是新时期中国都市教育发展的第二个"重中之重"。目前，世界上一些发达国家把都市教育发展的重点放在扩大教育机会方面。例如，在欧洲国家许多都市中，是否为人们提供更多的受教育机会，作为都市教育竞争力的一个重要的衡量指标。如赫尔辛基、阿姆斯特丹和慕尼黑的高等教育入学率分别为28%、24%和22%，这些都市知识储备充足，长期扮演着智力中心的角色，甚至被称为欧洲知识竞争力"星级城市"（倪鹏飞，等，2006）。再如，我国北京市的教育发展指数位居全国首位，从其基础教育指标来看，其影响主要来自较高的识字率和人均受教育年限（10.1年）。这说明北京市的教育普及程度较高。一般来说，一个都市的教育普及程度越高，其教育竞争力也越强。教育规模是教育竞争力的基础。本课题中，主要采用学前教育毛入学率、九年义务教育普及率、高中段教育毛入学率、高等教育毛入学率、人均受教育年限等的教育规模力，反映一个都市的教育竞争力状况。

(二) 教育结构与教育竞争力

何谓教育结构？教育结构包括教育类型、义务教育的延伸状况、从初等教育到高等教育发展状况、教育结构的合理化程度等。教育结构是一个有着既定目标的多层次、多因素的多维立体结构体系，是教育系统内部相互联系、相互作用的各部分或各要素的组合与具体构成形式。在教育发展过程中，必然解决好教育结构的优化组合问题，使各部分形成相互衔接、具有内在联系的统一体系，以适应对不同层次人才的需求。目前中国都市在教育结构调整上主要是应解决好普通教育与职业教育协调发展的问题，这是提升都市教育竞争力的一个重要方面。

人们常说，教育是面向未来、"制造"未来的事业。其实，这句话只说对了一部分。面向现在，指向业已接受"教育"的成人和为就业作准备的"准成人"，同样也是教育的题中之义。职业教育是现代教育的重要组成部分，是工业化和生产社会化、现代化的重要支柱。英国是产业革命最早的国家，学徒制工厂学校以及后来成立的惠灵顿技术学院推动了英国现代化，启动了教育发展的车轮。法国拿破仑上台后，创办了各种理工专科学校，正是这些学校使法国工业化迅速兴起，并称雄世界，成为世界科技活动中心。德国的工业化也是从创办实科中学才开始的，尤其是1806年耶拿战争，法国大败普鲁士之后，德国人卧薪尝胆，复兴图强，大胆革除陈旧腐朽的旧制度，把科技引入大学讲坛，并且建立起系统的工业学校制度。美国工业化也是从西点军校（1817年）设立工程科目和伦塞勒理工学院（1824年）成立起开始的。美国之所以能赶超欧洲，最主要的举措是推行了赠地学院法，首创工、农学院，大力发展职业教育，从而在南北战争后的30年间，工业产值连增4位，成为世界首富，为美国在世界称霸创造了条件。日本之所以后来居上，也是大力发展职业教育的缘故。现在日本国民接受职业教育人数的比例是世界上最高的（冯增俊，1996）。

由上可见，大力发展职业教育，成了世界各国和地区经济起飞的重要条件。我国于2004年9月由教育部、国家发改委、财政部、人事部、劳动保障部、农业部和国务院扶贫办联合发布《关于进一步加强职业教育工作的若干意见》（简称《意见》），提出了加强职业教育发展的目标和思路，说明我国政府部门已认识到职业教育的重要性。《意见》要求中等职业教育应与普通高中保持大体相当的比例，高等教育中高等职业教育招生规模应占一半以上。

通过调整教育结构，尤其是做到高中段教育的普职比例合理，优化资源配置，建立起一个结构合理、规模适度、效益显著、质量优良的都市教育体系，这是促进教育协调发展、提升都市教育竞争力的重要方面。本课题中，主要采用学前教育、九年义务教育、高中段教育的结构比例与高中段教育普职比例的教育结构力,反映一个都市的教育竞争力状况。

(三) 教育质量与教育竞争力

何为教育质量?在企业、服务行业,人们把质量理解为"符合性",即产品符合规定或设计的要求。20世纪70年代美国著名质量管理专家朱兰,更多地站在用户的立场上思考问题,提出"质量就是适用性"。即以消费者为中心满足消费者的需求,促进质量的持续提高,着眼于质量的改进。《质量管理和质量标准的选择和使用指南》中则将质量界定为"反映实体满足明确的和隐含需要的能力的特征总和。根据"关注发展的主体及其价值选择"和"质量就是适用性"的观念,我们认为,所谓教育质量,是指一定社会环境中的教育系统,其构成要素、相互关系及活动过程与结果,相对于特定社会和个人的明确或隐含需要的一种关系。教育质量与效益是衡量教育体系运行是否有效、人才培养是否符合市场需要的关键性指标。

联合国教科文组织在20世纪末发表的《教育的变革与发展的政策性文件》中强调指出:"纵观全球性主要趋势,可以看到一系列并存的,有时是矛盾的过程:民主化、全球化、地区化、多样化、边缘化和分裂。"所有这些都对教育发展有一定的影响,并要求教育作出相应的反应,"教育对不断变革的世界的呼应应当以针对性、质量和国际化为指导",而这三个口号将决定着教育在地方上、在本国和在国际上的地位与作用。由此表明:质量是21世纪教育的三大全球性课题之一。

目前,教育质量偏低是我国基础教育的突出问题,具体表现为:(1)学生素质发展水平偏低:综合素质水平不高,身心障碍较多;(2)学业失败现象严重:学习困难学生、因学业失败而辍学的学生比例较大;(3)学生学业负担过重、学习能力偏低;(4)初中毕业生社会适应力、自我发展能力、就业能力较低,部分升学的学生存在高分低能现象;(5)中等职业学校学生整体素质,特别是文化素质偏低;(6)学生厌学、苦学现象严重;(7)薄弱学校比例偏高。

基础教育阶段的教育质量和效益偏低现象在教育发展、社会经济发展和教育实践过程中已造成了较大的危害和潜在危害。具体表现为:(1)基础教育、含义务教育阶段和都市高中阶段(下同)的毕业生整体素质水平与社会经济发展要求未能很好地适应,影响了公民素质和民族素质水平的提高,直接或间接地阻碍了社会、经济发展。(2)基础教育阶段辍学率、"差生"率比例偏重，学业负担过重、厌学、学习困难与学习失败现象较为严重和普遍存在，造成了有限教育资源的严重流失和浪费。（3）由教育质量和效益偏低现象造成的学校差距增大现象及由此导致的升学竞争白热化、低龄化、"择校"现象、薄弱学校现象、高分低能现象、学业重负和厌学现象、教育浪费现象已形成了现实的和潜在的教育病理和教育危机，阻碍了教育的发展和教育目标，特别是阻碍了培养社会主义合格公民，提高公民素质的目标的实现。（4）教育质量偏低给受教育者发展造成的严重阻碍。素质教育的性质、目标和任务主要是提高人的基础素质，为人的全面发展打下良好的基础。教育质量高，能使这一基础更为扎实；教育质量低，造成学生素质发展的基础薄弱，无异于剥夺或损害了学生全面发展、持续发展和自我发展的权利和机会。未来社会是一个终身教育、终身学习的社会。学校教育阶段只是终身教育、终身学习的一部分而不是"终结教育"。若把学生的发展看成构建未来人生大厦的过程，那么，教育质量的高低就意味着我们的教育给学生提供的是让他们在坚实的基础上、还是在松软的沙滩上构建未来的人生大厦。这就是这一阶段教育质量高低的意义。由此可见，质量是教育发展的核心和生命线。同时，教育质量也是提升都市教育竞争力的核心。在本课题中，主要以义务教育小学巩固率、义务教育初中巩固率及中等职业学校毕业生一次性对口就业率等的教育质量力，反映一个都市的教育竞争力状况。

（四）教育投入力与教育竞争力

何谓教育投入力？教育投入主要是指教育资金的投入力度。一个都市教育投入水平，不仅显示了该都市的经济实力和教育发展潜力，而且也反映了政府、社会、个人对教育的重视程度。

衡量教育投入水平，通常用公共教育经费占国内生产总值（GDP）的比例来考察。它是国际公认的考核各国教育投入的主要指标，是由国家的能力及国家考虑对教育支出的优先程度来决定的。据有关资料显示，教育经费占 GDP 的比重，世界平均水平为 4.9%，发达国家为 5.1%，欠发达国家为 4.1%。研究表明当人均 GDP 达到 800—1000 美元时，公共教育经费占 GDP 的比重下限为 4.07%—4.25%。根据对 40 个国家 20 世纪 90 年代初期的情况分析，当财政收入占 GDP 的比重在 15% 以下时，财政教育支出占 GDP 比重为 2% 左右；当财政收入占 GDP 比重为 20% 左右时，财政教育支出占 GDP 比重大体为 3%；当财政收入占 GDP 比重为 30%—40% 时，财政教育支出占 GDP 比重为 4%—5%；当财政收入占 GDP 比重提高到 40%—50%

时，财政教育支出占 GDP 比重也相应增长到5%—6%（靳希斌，2001）。

有研究指出，就教育资金来源的角度分析，大体可分为两种类型：第一种类型是由国家和地方政府负担全部或主要的教育资金。如中国、朝鲜、俄罗斯等；第二种类型是以国家和地方政府为主，其他来源为辅。如美国、日本、英国、意大利、印度、巴西等国。前一类国家近年也在通过多渠道筹措教育资金，以弥补其不足；后一类国家经费来源尽管多样，但在教育经费总额中，来自各级政府的部分仍占主要地位，美日等国在3/4以上。

美国教育经费的来源是多渠道的，但在公共教育经费中，政府提供的份额最大，一般高达70%以上，用于公立学校的超过80%。政府拨款中，州政府和地方政府又占了主要份额，约占70%以上。在初、中等教育的经费中，州政府和地方政府拨款占80%以上，在高等教育拨款中则占32%。可见政府的教育经费是向初、中等教育倾斜的。

日本的教育经费大部分由各级政府提供。主要是用于义务教育。高等教育大部分是私立的，政府给予少量的补贴。

英国和德国政府所负担的教育经费中，州和地方政府负担绝大部分，均在90%左右。在大学的经费中，英国中央政府占75%以上；而德国主要是州政府负担，占90%以上，但高等学校可以从联邦部门和企业获得科研经费的资助。从各国教育资金的分配来看，初等和中等教育所占份额总是大于高等教育。德国法律规定，教育投入中，联邦政府应占10%左右，州政府应占65%以上，州以下政府占20%左右；美国实行教育分权制，教育投入中州政府占40%以上，州以下政府占50%以上（胡弼成，等，2006）。教育投入是教育发展的重要保障之一，对都市教育竞争力的影响重大。本课题中，主要采用教育经费投入三个增长率和机生比等的教育投入力，反映一个都市的教育竞争力状况。

二、教育都市竞争力的软力指标选择

（一）教育创新与教育竞争力

何谓教育创新？教育创新是指教育第一次提出或推行的一种新观念、体制或方法形式，并促使教育产生进步性结果的过程。教育创新体现为以下几个方面：(1) 推行一种新制度、新体系或新模式；(2) 应用一种新观念或新理论；(3) 开发新的形式和领域；(4) 发现并应用新的组织方式和管理方法；(5) 发现或推行新的教育、教育方法或技术手段；(6) 建立一种新的教育投入体系（冯增俊，2000）。教育创新将教育与社会发展的需求紧密结合起来，成为当代社会进步或生产发展的重要推动力。

教育创新对一个国家或都市教育事业的兴衰至关重要。

教育创新为教育事业的发展提供动力。创新是发展的动力、竞争的根本，没有创新就没有发展，就不可能赢得竞争的胜利。任何领域、部门都必须不断进行改革、创新，否则就会陷入停滞、衰竭。同样教育也是如此，只有不断创新，才能永葆教育发展的生机、活力。

目前，我国的都市教育创新方面，至少要做到三个方面的坚持。

（1）坚持教育思想创新，确立现代化的都市教育思想体系。建立"现代化教育思想体系"，至少要体现两大突破。一是要体现"时空观"的突破，由一次教育向终身教育发展；由学校教育向"教育社会化、社会教育化"拓展。二是要体现"质量观"的突破，由"知识继承型、应用型"的人才观、质量观，向"知识创新型"、"综合素质型"的人才观、质量观转变。为此，必须把终身教育、全民教育、社会教育、综合素质教育融为一体，形成都市教育的现代教育思想体系。

（2）坚持教育体制创新，确立多样化的都市办学体系和育人模式。教育体制，通常是指办学体制、管理体制、投资体制、招生就业制度和学校内部管理体制五大体制的"集合"。所谓"现代化教育体制"，即指既符合社会主义市场经济体制，又体现教育规律的一种教育体制。20世纪后20年，围绕教育五大体制改革，我们已经取得很大的进步。新时期，进一步强调都市教育体制创新的重点在于突出"多样化"。一是坚持教育体制创新，必须进一步大力推进都市教育办学体制多样化的改革，有利于薄弱学校的改善和整个都市教育的均衡发展。二是坚持教育体制创新，必须进一步大力推进育人模式的多样化改革。要进一步"淡化高考指挥棒作用"。要将高度"统一化"的育人目标，改革成既包括"统一性"又包括"多样化"的新目标。所谓"统一性"，是指基本的必须达到的目标要求。所谓"多样化"，是指体现"因材施教"和发挥个性特长的要求。三是坚持教育体制创新，必须进一步推进新课程改革。使教学内容服务于育人模式多样化，与科学技术飞速发展和现代教育思想相适应。

（3）坚持教育管理创新，确立法治化的都市教育管理体系。管理创新主要表现在两个方面，一是由"立足于'管'"向"着眼于'创'"转变，把管理的职能转到鼓励"创新"，促进"变革"上来。二是真正由"人治"转向"法治"，转到"依法治教"、"依法治校"上来，切实保障都市教育的发展。

教育创新是都市教育发展的灵魂，是提升都市教育竞争力的根本性方面。本课题中，主要采用制度创新指标的教育创新力，反映一个都市的教育竞争力状况。

（二）教育科研与教育竞争力

何谓教育科研？科研是科学研究的简称。科学研究是创新和应用知识的探索过程，也是通过一定的手段，对某一现象进行有目的、有计划的探索活动，以求得到对该对象的认识和解释或结论的过程。教育科研是教育事业的重要组成部分。改革开放以来的实践证明，教育事业要取得发展，就要发挥教育科研在教育事业中的基础性、先导性作用。这突出表现在如下几个方面。

第一，教育科研是思想解放和教育观念更新的先导，特别是为全面科学地认识教育的本质与功能提供了理论指导，有力地促进了教育优先发展战略地位的落实和全社会关心支持教育的良好氛围的形成。

第二，教育科研为教育质量效益观提供了科学依据。在教育改革中，坚持进行教育科研，不断探索因地制宜、分区规划、分类指导的成功经验，坚持规模、结构、质量、效益相统一，促进了充满生机活力的教育新体系的初步形成。

第三，教育科研为提高教师队伍素质和教育教学质量开辟了广阔的道路。广大教育工作者努力掌握教育科学知识，积极开展教改实验，教育科研成果在实际工作中加以试验和推广的同时，又成为广大教育工作者特别是一线教师的教学指导，有效地提高了师资队伍的整体素质。近年来，凡是素质教育推进得比较好、有特色的教育实践，一定有一些研究课题支撑着教育教学改革，同时还有一批教育工作者参与到课题研究中。

第四，教育科研扩大了教育对外开放的渠道。一方面，通过评价世界各国教育理论成果以及发展、管理教育的经验，开阔了整个教育界的眼界；另一方面，也对外宣传了我国教育改革发展的成功经验。

如果说，真有可以"撬动地球"的"杠杆"，在科技日益发达的现代社会中，那只能是凝聚人类理性文明的科技。借着"杠杆"的支点——机制，都市教育及学校的飞跃发展指日可待。

从教育改革与发展的支持系统角度看，反映都市教育科研水平的主要指标包括：具有都市特色的教育理论体系形成情况、教育理论研究对教育决策科学化的促进作用以及教育科研在普及教育科学知识、提高队伍素质方面的作用，其具体如下。

- 具有都市特色的教育理论体系形成情况，即是否形成有中国特色社会主义的、推动都市教育健康发展的、具有都市特色的、较为完善的教育理论体系。
- 教育科研在促进教育思想、教育观念转变方面的作用，即教育科学研究在形成适应新时期国际、国内经济、社会发展趋势、与社会主义市场经济体制相适应的教育思想、教育观念方面的推动作用。
- 教育科研对教育决策科学化的支持力度，即教育科学研究成果转化为教育改革与发展政策的比例，以及教育决策对教育科学研究的依赖程度。
- 教育科研在普及教育科学知识、提高队伍素质方面的作用，即教育科学研究在提高教育教学人员的素质、提高运用教育规律实施教育管理和教学活动的自觉性等方面的作用。

教育科研是都市教育发展的先导，是提升都市教育竞争力的引擎。本课题中，主要采用教科研课题立项数和科研影响力的教育科研力，反映一个都市的教育竞争力状况。

（三）教育公平与教育竞争力

何谓教育公平？长期以来，国内外一直在讨论教育公平问题，主要包括学龄人口或学习者接受教育机会的公平、过程的公平、结果的公平。近年来，更多讨论的是选择机会公平。政府发展教育体现出一个共同特点，就是向促进教育公平倾斜。这是因为：

首先，教育公平是影响一个国家政治文明程度的重要因素。政治文明，是人类政治活动和政治文化进步的成果，反映人类社会政治与政治关系的进步状态和发展程度。而要提高一个国家的政治文明程度，必须依靠教育，依靠所有人享有公平的受教育权利和机会，依靠全体公民科学文化和思想道德素质的提高。一个拥有较高文盲、较低文化水平的国家是不可能真正实现政治文明的，更不能在全世界的竞争中立于不败之地。教育的公平与否事关全局，事关民族兴衰。

其次，教育公平能够给政府创造巨额的财政收入，给社会带来巨大的经济效益。美国智囊机构兰德公司1999年教育研究报告《缩小教育差距：收益与成本》（Closing the Education Gap: Benefits and Costs）的主要结论是：

教育公平，能够给政府创造巨额的财政收入，给社会带来巨大的经济效益（赛明明，2004）。对全体地球村民来说，接受公正的教育，不仅是一种个人的追求，而且是政府减少失业救济、贫困补助等财政性支出所采取的战略措施。今天的辍学者，可能就是明天的贫困户。义务教育不能实现，会导致新一代文盲的产生，为了解决脱盲问题，政府又对扫盲投入经费，对贫困户进行救济。贫困户每年都在减少，福利支出却每年都在增加。因而要从第一步保障教育的投入，使人们普遍接受到良好的教育，从而使能力结构失业者减少，贫困户减少，进而减少政府的福利支出。并且从长远发展来看，使每个人都有受教育的机会，使每个人都能成为人才资源，将来也必定为国家的经济发展带来巨大的动力。

最后，教育公平是维护社会公平的重要前提和手段。教育公平是社会公平之本，是社会公平价值在教育领域的延伸和体现。当教育作为促进经济与社会发展的公平手段时，它可以提高人们的文明素养和生活质量，和谐人际关系，稳定社会秩序，优化社会环境。在经济、社会地位等方面存在不平等的状况下，教育给人提供公平竞争、向上流动的机会，帮助弱势者摆脱其出身群体的局限，能够显著地改善人的生存状态，减少社会性的不公平。现代社会的教育，一方面在社会流动、社会分化中具有"筛选器"的作用；同时，又具有稳定器、平衡器的功能，被视为实现社会平等"最伟大的工具"。作为教育现代化的基本价值，教育公平已经成为各国教育制度和教育政策的基本出发点之一，也成为提升一个都市教育竞争力的基本方面。本课题中，主要采用残疾儿童义务教育入学率和外来务工人员子女义务教育入学率的教育公平力，反映一个都市的教育竞争力状况。

第三节 中国都市教育竞争力评价指标体系的指标解释

一、硬力指标的解释

（一）教育规模力

1. 学前教育入园率（%）

该指标主要是为了反映教育发展的低龄化趋势，所以需要统计学前三年的幼儿教育的参与率。

计算公式：

$$学前教育毛入园率 = \frac{接受幼儿教育的学前三年儿童总数}{学前三年儿童总数} \times 100\%$$

2. 九年义务教育普及率（%）

义务教育作为造就人才和提高国民素质的奠基工程，在世界各国面向 21 世纪的教育改革中占有重要地位。我国义务教育包括小学和初中两个阶段。这一指标同时也反映了教育的公平化趋势。教育要公平，首先要保证每一位适龄儿童都能够有机会接受九年制义务教育。九年义务教育普及率反映适龄在校学生数占义务教育适龄人口数的比例。

计算公式：

$$九年义务教育普及率 = \frac{6—14 周岁在校学生数}{6—14 周岁人口总数} \times 100\%$$

3. 高中段教育毛入学率（%）

该指标旨在考察高中教育是否普及化。义务教育年限逐渐延长已经成为世界基础教育发展的趋势。第二次世界大战后，欧美等工业国以及亚洲的日本都先后延长了义务教育年限，20 世纪 70 年代以来西方的一些工业发达国家又开始普及高中教育，普及率已达到 70% 以上。1998 年出版的 OECD《教育概览》一书指出，在绝大多数 OECD 组织国家中，那些 16 岁完成义务教育的国家越来越倾向于将学生继续留在学校，直到他们完成高中教育。高中阶段教育毛入学率反映适龄在校学生数占高中段教育适龄人口数的比重。

计算公式：

$$高中阶段教育毛入学率 = \frac{高中段在校学生数}{15—17 周岁人口总数} \times 100\%$$

4. 高等教育毛入学率（%）

高等教育毛入学率是指高校在校生总数与高等教育适龄人口（18—22 岁）的比例，表明了一个国家提供高等教育机会的综合水平。这是反映高等教育参与情况和高等教育大众化的一个指标，也是国际城市竞争力中判断教育竞争力最常采用的指标。如《全球城市竞争力报告》中就将高等教育受教育情况作为衡量教育竞争力的指标。

计算公式：

$$高等教育毛入学率 = \frac{高等教育在校学生数}{18—22周岁人口总数} \times 100\%$$

5. 人均受教育年限

本指标是由接受各级教育人数、各级教育相应学制及总人口三项指标拟合而成的一项综合性指标。所有市民的平均受教育程度，反映了都市人力资源存量的水平。人口的平均受教育程度直接决定着一个都市的社会政治、经济、文明的发展水平。

目前关于计算人口受教育年限的方法很多，因此口径也难以统一，如我国历年来都是按照"目标人口组受教育年限总和÷目标人口组总数"这一思路计算人口平均受教育年限。而联合国教科文组织和OECD曾经将受教育程度定义为，25岁及以上完成（或正在学习）初等教育、中等教育和高等教育的人数分别占同一年龄组人口数的百分比。这里人均受教育年限计算采用以下公式：

$$人均受教育年限 = \frac{总人口接受普通教育的年限总和}{总人口数}$$

注：普通教育包括普通小学、初中、高中（普通高中、职业高中、中专、技工学校）、大学和研究生阶段的教育。接受普通教育的年限总和等于各级毕业生人数乘以其相应年制后的总和。

（二）教育结构力

1. 学前教育/义务教育/高中段教育结构比例

本指标反映了一个地区或都市各个教育阶段的发展情况，是都市各级各类教育培养人才协调发展的重要指标。

根据教育重心与教育结构配比的关系来分析世界各国教育发展所走过的道路，可发现主要有以下几种情况：第一种情况是，选择和确定教育的低重心发展战略，在教育结构配比中优先发展初等教育、普及义务教育，世界上许多发达国家都走过了这条道路；第二种情况是，选择和确定教育的高重心发展战略，在教育结构配比中优先发展高等教育，例如，印度、巴基斯坦等国家；第三种情况是，选择和确定教育的重心发展战略，优先发展中等教育，这在世界上并不多，也不突出。

计算公式：

学前教育、义务教育、高中段教育结构比例

$$= \frac{学前教育在园学生人数}{三段教育在校学生总数} \Big/ \frac{义务教育在校生人数}{三段教育在校学生总数} \Big/ \frac{高中教育的学生人数}{三段教育在校学生总数}$$

2. 高中段教育普职比例

职业教育是教育事业发展组中的重要组成部分，高中教育要实现普及化必须实现普通高中与职业高中两者协调发展，两者应保持在一个比较平衡的状态。这一点可以通过普职比来体现。

从世界教育发展的基本经验中我们也可看到：每一个教育改革成功的国家，都是以积极发展职业教育为重要条件，且都建立了合理的职业教育体系。我国《关于进一步加强职业教育工作的若干意见》（2002年），要求中等职业教育应与普通高中保持大体相当的比例。

计算公式：

$$高中段教育普职比例 = \frac{普通高中在校生数}{高中段学生总数} \Big/ \frac{职业教育在校生数}{高中段学生总数}$$

（三）教育质量力

1. 义务教育小学巩固率（%）

计算公式：

$$九年义务教育小学巩固率 = \frac{本学年小学毕业生数}{本届毕业生当年的入学学生数} \times 100\%$$

2. 义务教育初中巩固率（%）

计算公式：

$$九年义务教育初中巩固率 = \frac{本学年初中毕业生数}{本届毕业生当年的入学学生数} \times 100\%$$

3. 中等职业学校毕业生一次性对口就业率（%）

本指标反映了职业学校在劳动力市场中的参与率，这是教育对经济生产力的直接作用，反映了教育投资与产出之间的关系。从总体情况来看，我国的中等职业学校毕业生的就业率在不断提高，尤其是第三产业毕业生的需求很大，但是目前中等职业学校毕业生就业对口率还是较低的。

计算公式：

$$\text{中等职业学校毕业生一次性对口就业率} = \frac{\text{本学年中等职业学校毕业生一次性对口就业总人数}}{\text{本学年中等职业学校毕业生总人数}} \times 100\%$$

(四) 教育投入力

1. 教育经费投入的三个增长率（%）

"三个增长"，即：各级人民政府教育财政拨款的增长应当高于财政经常性收入的增长，并使在校生数的平均教育费用逐步增长，保证教师工资和学生人均公用经费逐步增长。

（1）政府财政预算内教育拨款增长率（%）。本指标是为了反映"三个增长"的执行情况。具体是对政府财政预算内教育拨款的增长与同级财政经常性收入的增长两者之间的关系进行比较，考察前者是否高于后者的增长速度。

$$\text{政府财政预算内教育拨款增长率} = \frac{\text{本年比上年政府财政预算内教育拨款的增长值}}{\text{上一年政府财政预算内教育拨款总额}} \times 100\%$$

（2）各级教育生均预算内教育经费增长率（%）。本指标是通过计算各级教育本年度以及上一年度生均预算内教育经费来考察生均教育经费是否逐年增长。

计算公式：

$$\text{各级教育生均预算内教育经费增长} = \frac{\text{本年度各级教育生均预算内教育经费}}{\text{上一年度各级教育生均预算内教育经费}} \times 100\%$$

（3）各级教育生均预算内公用经费增长数（%）。本指标是通过计算各级教育本年度以及上一年度生均预算内公用经费来考察各级教育生均预算内公用经费是否逐年增长。

计算公式：

各级教育生均预算内公用经费增长数
＝本年度各级教育生均预算内公用经费数－上一年度各级教育生均预算内公用经费数。

其中：各级教育生均预算内公用经费数 = $\dfrac{各级教育预算内公用经费总额}{各级教育在校生数}$

2. 机生比

本指标是反映学校为学生提供的信息技术学习条件，即计算多少学生拥有一台计算机。据国际教育成就评价研究协会（IEA）1998—1999年组织的第二届国际ICT教育应用研究项目，对26个国家和地区学校的计算机应用情况作了调查，结果显示，加拿大、新西兰、新加坡、挪威等国家电脑普及率较高，学生与计算机比在小学为18∶1或以下，中学为15∶1或以下；俄罗斯及大部分东欧国家、中国台北、香港和日本的计算机普及率较低，学生/计算机比在小学为50∶1或以上，中学为30∶1或以上。

计算公式：

机生比 = $\dfrac{中小学计算机总量}{中小学生总数}$

二、软力指标的解释

（一）教育创新力

教育创新力旨在反映一个都市教育发展的生命力。改革与创新的力度越大，说明对教育的探索与实践越活跃，教育发展越呈现出蓬勃、健康发展的趋势。创新已成为我国经济社会改革的主旋律。反映在教育领域当中，体现为对教育制度创新的要求。如各级各类教育办学体制的多元化程度、各级各类教育办学体制的改革力度、民办教育的状况等。目前，我们的教育制度创新措施有：实行九年义务教育免费制度，加快办学形式多样化，建立和完善以能力为本的就业培训制度，弹性学习制度，开放灵活的入学制度，公共设施"零障碍"开放制度等。高等教育和中等职业学校要创造条件实行弹性学习制度，放宽招生和入学的年龄限制，允许分阶段完成学业，大力发展现代远程教育、职业资格证书教育和其他继续教育。完善自学考试制度，形成社会化、开放式的教育网络，为适应多层次、多形式的教育需求开辟更为广阔的途径，逐渐完善终身学习体系。

这里，教育创新力主要采用都市在区域层面有重要影响的制度创新项目数量来测定。

（二）教育科研力

教育科研力主要体现了一个城市的教育文化再生产能力。教育是一种文化存在，教育发展过程不仅是一个结构重组和制度健全的过程，也是一个文化再生产的过程。

国务院颁发的《中国教育改革和发展纲要》指出"各级政府和教育部门要把教育科学研究和教育管理信息工作摆到十分重要的地位"，同时指出"要积极开展教育决策咨询研究，密切教育科研同教育决策、教育实践的联系，发挥教育科研对教育改革和发展的促进作用。鼓励和支持学校、教师和教育研究工作者积极进行教育改革试验。"文件明确了教育科研的地位和作用。《中华人民共和国教育法》规定"国家支持、鼓励和组织教育科学研究，推广教育科研成果，促进教育质量提高"，教育科研被纳入法制化轨道。

这里，我们主要采用教科研课题立项数和科研影响力两个指标来考察一个都市的教育科研能力。

1. 教科研课题立项数

以全国权威教育及科研管理部门批准立项的课题数来评定。具体而言，指全国教育科学规划办立项课题、全国哲学社会科学立项课题及国家教育部立项课题。

2. 科研影响力

以特定时间在中央媒体上被介绍或宣传的教科研、教改成果及其实际成效与影响来评定。具体而言，中央媒体限定为《人民日报》、《人民教育》、《中国教育报》三家媒体。

（三）教育公平力

教育公平力旨在体现教育的公平化发展趋势。教育公平化，就是必须做到让每一位适龄儿童都能够有机会接受教育。人们提出或思考教育公平，目的就在于"为了一切人的发展和人的全面发展"，这既是社会发展的最终目标，也是教育公平所隐含的本质之一，从这个意义上说，教育公平应更多地关注弱势群体的教育以改善弱势群体的教育状况。而根据管理学中的"木桶理论"和系统论中的系统功能理论，一个社会中人口的整体素质和竞争能力必然受到社会弱势群体素质的巨大制约，特别是当教育弱势人群数量较大的时候，教育弱势群体的问题不解决，人口整体素质和竞争能力的提高就难以真正实现,社会经济持续有效的发展也必然受到影响。这里,我们主要采用残疾儿童义务教育入学率和外来务工人员子女义务教育入学率来考察一个都市的教育公平力。

1. 残疾儿童义务教育入学率(%)

该指标主要反映了残疾儿童接受义务教育的状况。2006年,我国进行了全国残疾人群调查,残疾人群占全国总人口的比例为6.34%,也就是说存在着大量的残疾人群教育需求。

计算公式:

$$残疾儿童义务教育入学率 = \frac{残疾儿童接受义务教育的人数}{适龄残疾儿童总数} \times 100\%$$

2. 外来务工人员子女义务教育入学率(%)

该指标旨在反映外来务工人员子女接受义务教育的状况。这是我国城市化进程中教育所面临的重大挑战。由于居住地不稳定、人户的分离、社会地位的不确定性等,许多外来务工人员子女的教育得不到保障,这是客观存在的问题。研究表明,目前我国流动人口正呈现出三大特征:一是数量上持续增加,二是"家庭化"趋势明显,三是不少人正在变为"移民"。1982年我国流动人口总数为3000万,1995年为8000万,而2000年的数据显示已超过1亿。但是他们的子女受教育状况则令人担忧,如果得不到适宜的教育,他们的子女将变成大规模的文盲人口。

计算公式:

$$\frac{外来务工人员子女}{义务教育入学率} = \frac{外来务工人员子女受教育的人数}{适龄的外来务工人员子女总数} \times 100\%$$

第四章

中国都市教育竞争力实证研究

　　在前面都市教育竞争力的理论分析和探讨基础上，本章我们将对中国都市教育竞争力进行实证研究。基本思路是：选取样本都市，根据上一章的指标体系，运用有关方法采集和处理样本指标数据，然后，运用现代数学的多元统计分析方法中的因子分析模型，计算出20个都市教育竞争力综合指数、分力指数及单项指标指数，并作出简要的分析和解释。

第一节 样本都市教育竞争的评价指标数据的采集和处理

一、样本都市的确立

都市教育竞争力研究选取的都市,从地区分布上看,要求有东部、西部、中部等不同的区域。东、中、西部地区划分如下:东部指北京、天津、河北、辽宁、上海、江苏、浙江、福建、山东、广东、海南;中部指山西、吉林、黑龙江、安徽、江西、河南、湖北、湖南;西部指内蒙古、广西、重庆、四川、贵州、云南、西藏、陕西、甘肃、青海、宁夏、新疆。从规模上看,要求是人口达到300万以上的都市。据此,课题组拟选取114个都市进行数据采集。

样本数据采集工作量大、质量要求高,任务重、时间紧,因此要完成任务颇有些难度。课题组采用两种办法采集数据,一是向都市教育局或教科院发放回收数据采集手册,二是派出专人直接从城市统计年鉴上采集数据。当通过两种途经采集的数据不一致的情况下,以都市直接填报的数据或材料为准。

由于全国范围内的都市间教育协作网络尚未建立,加上许多指标的统计口径不一致,申报渠道也不一致,给数据采集带来很大的困难。经过半年的努力,课题组采集到的数据仍然很不完整。向114个都市发放的数据调查手册,但回收仅20个都市,并且20个都市的数据也不齐全,某些指标数据仍然缺失。所以,最后我们仅选取20个都市作为都市教育竞争力的研究对象,这20个都市分别是北京市、上海市、天津市、南京市、苏州市、烟台市、青岛市、淄博市、杭州市、宁波市、绍兴市、嘉兴市、金华市、哈尔滨市、兰州市、徐州市、佛山市、汉中市。从城市类型和分布看,其中包括直辖市、东南部沿海城市、长三角都市群城市、环渤海湾都市群城市、珠三角都市群城市、西部城市。为方便起见,这些都市名均用英文字母代替。

二、指标数据的采集

根据指标数据形成过程的不同,我们可把都市教育竞争力指标分成两类，即客观性指标和主客观性指标。

（一）客观性指标样本数据采集

客观性指标是指用来反映所研究的教育现象中客观存在的事物及其状况的指标，依据研究对象的自然属性和教育属性，说明客观现象是什么。客观性指标是对教育现象的客观反映，一般通过教育统计指标表现出来。都市教育竞争力的客观性指标，包括学前教育毛入园率（%）、九年义务教育普及率（%）、高中段教育毛入学率（%）、高等教育毛入学率（%）、人均受教育年限（年）、学前教育/九年义务教育/高中段教育结构比例、高中段教育普职比例、义务教育小学巩固率（%）、义务教育初中巩固率（%）、中等职业学校毕业生一次性对口就业率（%）、教育经费投入三个增长率（%）、机生比、残疾儿童义务教育入学率（%）、外来务工人员子女义务教育入学率（%）14个指标。20个都市教育竞争力评价的客观性指标的原始数据的采集，全部来自填报的数据手册。

（二）主客观性指标样本数据采集

主客观性指标是指通过数量表现人们对客观事物的感受、愿望、评价和态度等方面的教育指标。都市教育竞争力的主客观性指标，包括制度创新、教科研课题立项数、科研影响力3个指标。这三个指标的原始数据采集需要依据各地填报的材料，并通过专家评估打分得到。

1. 制度创新指标数据

制度创新指标原始分满分设为10分，其中数量与质量各占5分。

例如，B市申报制度创新项目共计五项，即教育科研"个人课题"制度、"校务委员会"制度、B市"基础教育专家"评选制度、中考名校"指标"倾斜非择校生制度、B市高中贫困生助学券制度。制度创新指标打分，首先选定有代表性的4位专家组成专家组，对这五项制度的创新意义、价值定位进行个人评估和集体探讨。专家组认为B市制度创新数量较多，达到了5项，可以打满分即5分，但大多数制度本身的影响力和创新力不够。如教育科研"个人课题"制度，是课题研究立项制度改革，通过"个人课题"类的设立引领教师个人从教学一线出发，在工作中发现问题、研究问题，倡导研究型工作方式，但还没有构成对教育现实的重大变革性影响；又如"校务委员会"制度，是校长负责制下推进学校民主管理和科学决策的一项民主化管理改革，以保障学生合法权益、维护家长切身利益，但对整个教育发展还未达到直接的现实影响效果。因而，专家组认为 B 市制度创新的质量分以打 2 分为宜，因而该指标的总得分为 7 分。

2. 教科研课题立项数指标数据

教科研课题立项数指标的原始分，是指各地在教育部或国家级立项的课题总数，不设最高分。

3. 科研影响力指标数据

科研影响力指标原始分满分设为 10 分，其中数量分、质量分各占 5 分。

三、指标缺失数据的补全

由于选取的 20 个都市仍然有许多数据空缺，给统计带来许多困难，针对上述缺失数据我们采取了以下原则补全。

第一，根据倪鹏飞主编的《中国城市竞争力报告》（2008 版）的 200 个都市综合竞争力排序，我们将已有的数据库中的都市分为了三个档次：一类是经济发达都市（60 个）、二类是经济较发达都市（70 个）、三类是经济欠发达都市（70 个）。所选取的 20 个都市在分档次后的归类具体如下：

一类都市：A 市、B 市、C 市、D 市、E 市、F 市、G 市、N 市、O 市、H 市、Q 市、I 市、J 市、K 市、L 市、M 市；

二类都市：S 市、R 市、P 市；

三类都市：T 市。

第二，利用已获得的数据分都市档次取平均值，然后根据都市的档次将平均值补缺至缺失空格（在进行单指标计算时，按照实际数据计算排名，不再使用补全数据）。

第三，K 市、D 市、G 市三个都市，因为 2007 年部分数据缺失，但有 2006 年的部分数据，我们考虑到同一都市相邻两年的数据比取平均值更具有计算价值，因此我们采用了 2006 年的数据。

第四，缺失值补全后与补全前，进行了单一样本 T 检验。

我们对缺失值补全前后进行了单一样本 T 检验，检验结果表明：显著性系数 sig. 均小于 0.01，因此，我们认为对缺失值的补全是非常合理的。

第二节 中国都市教育竞争力计量结果及简析

一、20个样本都市教育综合竞争力指数计量结果及简析

(一) 20个样本都市教育综合竞争力指数计量结果

在判断了适合作因子分析之后，我们就采用了因子分析法对20个样本都市的教育综合竞争力指数进行计算。

1. 求R的特征值以及贡献率

首先，将20个样本都市的原始数据标准化后，建立相关系数矩阵R并得到其特征向量。R的特征值及贡献率，如表4－1所示。

本计算采用主因子法提取公因子，根据公因子在变量总方差中所占的累计百分数比例，一般为大于80%。变量相关系数矩阵有六大特征值：5.636，2.245，1.916，1.697，1.168，1.014。它们一起解释了教育综合竞争力的标准化方差的80.442%。因此，前六个主因子（成分）提供了原始数据所能表达出的足够的信息。由于前六项的累计方差贡献率为80.442%，所以确定公因子数为6。

表4－1 R的特征值和贡献率

因子	特征值	初始因子 $F_1 - F_{17}$		旋转后的主因子 $F_1 - F_6$	
		贡献率（%）	累计贡献率（%）	贡献率（%）	累计贡献率（%）
1	5.636	33.154	33.154	27.150	27.150
2	2.245	13.204	46.358	13.075	40.225
3	1.916	11.269	57.627	13.030	53.255
4	1.697	9.982	67.609	12.781	66.036
5	1.168	6.868	74.477	7.300	73.336
6	1.014	5.966	80.442	7.107	80.442
7	0.940	5.532	85.974		
8	0.745	4.384	90.358		
9	0.572	3.362	93.721		

续表

因子	特征值	初始因子 $F_1 - F_{17}$		旋转后的主因子 $F_1 - F_6$	
		贡献率（％）	累计贡献率（％）	贡献率（％）	累计贡献率（％）
10	0.374	2.197	95.918		
11	0.265	1.558	97.476		
12	0.184	1.084	98.560		
13	0.099	0.583	99.143		
14	0.093	0.550	99.693		
15	0.028	0.165	99.858		
16	0.021	0.124	99.982		
17	0.003	0.018	100.00		

2. 建立因子载荷矩阵

对提取的六个主分量 F_1、F_2、F_3、F_4、F_5、F_6 建立因子载荷矩阵如表 4-2 所示。

表 4-2　因子载荷矩阵

变量	因子载荷					
	F_1	F_2	F_3	F_4	F_5	F_6
学前教育毛入园率（％）	0.730751	0.155704	-0.42489	0.006161	0.192811	-0.00783
九年义务教育普及率（％）	0.208332	-0.53704	-0.39927	0.547706	0.060574	0.283532
高中段教育毛入学率（％）	0.798339	0.269186	-0.02739	-0.149	-0.10006	-0.4349
高等教育毛入学率（％）	0.632201	-0.56973	-0.23119	0.145734	-0.16391	-0.25329
人均受教育年限（年）	0.449558	-0.56973	0.056754	-0.58693	-0.14812	0.232014
学前教育/九年义务教育/高中段教育结构比例	0.833796	0.245241	-0.00367	-0.1199	0.057792	0.018107

续表

变量	因子载荷					
	F_1	F_2	F_3	F_4	F_5	F_6
高中段教育普职比例	1.045405	-0.28801	0.587656	0.38812	0.115939	-0.11084
义务教育小学巩固率(%)	0.644754	-0.10538	-0.39254	0.408577	-0.01556	-0.05859
义务教育初中巩固率(%)	0.734644	0.501925	-0.12761	-0.11421	0.155118	0.056097
中等职业学校毕业生一次性对口就业率(%)	-0.1111	0.029962	0.07943	-0.14677	0.7993	0.006402
教育经费投入三个增长率(%)	-0.15582	0.630797	-0.0287	-0.13797	-0.48958	0.1189
机生比	0.622544	0.13627	0.443162	0.300265	-0.29485	-0.24234
制度创新	0.432436	0.194402	0.255989	0.255688	-0.13588	0.698866
教科研课题立项数	0.354633	-0.0237	0.763204	-0.04594	0.096522	-0.06297
科研影响力	0.806754	-0.11402	0.370511	-0.07386	0.084183	0.178603
残疾儿童义务教育入学率(%)	0.818724	0.3025	-0.03472	0.070669	0.146991	0.061783
外来务工人员子女义务教育入学率(%)	-0.33311	0.545502	0.112	0.674769	0.069626	-0.08012

由因子载荷矩阵得到因子模型为：

$Z_1 = 0.730751f_1 + 0.155704f_2 + \cdots\cdots - 0.00783f_6$

……

$Z_{17} = -0.33311f_1 + 0.545502f_2 + \cdots\cdots - 0.08012f_6$

为便于对各因子载荷作合理的解释，对其进行旋转，使每个因子载荷的平方按列向 0 或 1 两极分化，得到方差最大旋转矩阵，结果见表 4-3。

表 4-3 VARIMAX 旋转后重新排序的因子载荷矩阵

变量	因子载荷					
	F_1	F_2	F_3	F_4	F_5	F_6
学前教育毛入园率（%）	0.793584	0.316393	0.094277	-0.18034	-0.06592	0.020213
九年义务教育普及率（%）	-0.0629	0.9053	0.029084	-0.06976	0.000617	0.212626
高中段教育毛入学率（%）	0.862157	-0.05528	0.120823	0.205504	0.233553	-0.27232
高等教育毛入学率（%）	0.343684	0.642472	0.365214	0.210316	0.259647	-0.24592
人均受教育年限（年）	0.105509	0.08537	0.953669	0.099157	0.047168	0.101025
学前教育/九年义务教育/高中段结构比例	0.832486	0.01799	0.189311	0.141859	0.035726	0.151058
高中段教育普职比	-0.2324	0.151643	-0.13688	0.704871	-0.10309	0.037931
义务教育小学巩固率（%）	0.542777	0.652492	-0.04776	0.001025	0.169661	0.009819
义务教育初中巩固率（%）	0.894394	-0.09277	-0.00266	-0.06033	-0.04886	0.183262
中等职业学校毕业生一次性对口就业率（%）	0.031938	-0.09108	-0.04687	0.00899	-0.81493	-0.06562
教育经费投入三个增长率（%）	0.079691	-0.53215	-0.23559	-0.3036	0.469892	0.194576
机生比	0.355209	0.193383	0.051432	0.721915	0.388432	0.00922
制度创新	0.267359	0.07002	-0.01598	0.18657	0.137412	0.855714

续表

变量	因子载荷					
	F_1	F_2	F_3	F_4	F_5	F_6
教科研课题立项数	0.180057	-0.24631	0.137973	0.76299	-0.1037	0.13844
科研影响力	0.558087	0.100419	0.390364	0.513838	-0.05143	0.32399
残疾儿童义务教育入学率（%）	0.842673	0.119107	0.011287	0.139659	-0.023525	0.2211
外来务工人员子女义务教育入学率（%）	-0.08817	-0.05956	-0.92677	0.067693	0.025832	0.110433

由表4-3可以看出：

第一个主因子F_1，贡献度为27.150%，主成分包括教育质量力中的义务教育初中巩固率；规模力中高中段教育毛入学率，结构力中的学前教育/九年义务教育/高中段教育结构比例。我们把F_1定义为质量力、规模力、结构力的综合描述因子。

第二个主因子F_2，贡献度为13.075%，主成分包括教育规模力中的九年义务教育普及率、高等教育毛入学率。我们把F_2定义为教育规模力因子。

第三个主因子F_3，贡献度为13.030%，主成分包括教育质量力中的义务教育小学巩固率、义务教育初中巩固率、中等职业学校毕业生一次性对口就业率。我们把F_3定义为教育质量力因子。

第四个主因子F_4，贡献度为12.781%，主成分包括教育科研力中的教科研课题立项数、科研影响力等。我们把F_4定义为科研力因子。

第五个主因子F_5，贡献度为7.300%，主成分包括教育投入力中的教育经费投入三个增长率、机生比。我们把F_5定义为投入力因子。

第六个主因子F_6，贡献度为7.107%，主成分包括教育创新力中的制度创新。我们把F_6定义为创新力因子。

3. 因子评分

根据旋转后的因子载荷矩阵计算出因子值的回归估计值，见表4-4。

表4-4 因子值系数矩阵

变量	因子值系数矩阵					
	F_1	F_2	F_3	F_4	F_5	F_6
学前教育毛入园率（%）	0.205479	0.109858	-0.02918	-0.16098	-0.12602	-0.03491
九年义务教育普及率（%）	-0.09736	0.460174	-0.03514	-0.08928	-0.03397	0.23553
高中段教育毛入学率（%）	0.232809	-0.11297	-0.03417	0.079389	0.142503	-0.37262
高等教育毛入学率（%）	0.021029	0.245477	0.079402	0.067464	0.180967	-0.25707
人均受教育年限（年）	-0.07612	-0.04628	0.47991	-0.04206	0.040975	0.134261
学前教育/九年义务教育/高中段教育结构比例	0.185002	-0.06044	0.027813	-0.0078	-0.03596	0.039755
高中段教育普职比比例	-0.10041	0.082526	-0.11764	0.383293	-0.0809	-0.02222
义务教育小学巩固率（%）	0.099783	0.289374	-0.12093	-0.0515	0.075791	-0.04534
义务教育初中巩固率（%）	0.239575	-0.09264	-0.05166	-0.10207	-0.11108	0.072562
中等职业学校毕业生一次性对口就业率（%）	0.087248	-0.01472	-0.0382	0.020138	-0.68316	-0.04537
教育经费投入三个增长率（%）	0.034349	-0.25295	-0.0404	-0.15173	0.40031	0.161431
机生比	0.008716	0.031704	-0.06693	0.343039	0.29017	-0.1189
制度创新	-0.04806	0.029374	0.009319	-0.01865	0.065343	0.731068

续表

变量	因子值系数矩阵					
	F_1	F_2	F_3	F_4	F_5	F_6
教科研课题立项数	0.00045	-0.16344	0.026614	0.369919	-0.09654	0.025239
科研影响力	0.052326	-0.02421	0.129926	0.164975	-0.09484	0.205345
残疾儿童义务教育入学率（%）	0.193147	0.008252	-0.07017	-0.00715	-0.09694	0.095603
外来务工人员子女义务教育入学率（%）	0.037577	0.052695	-0.46682	0.100602	0.011446	0.039118

由因子值系数矩阵乘以对应变量的标准化值就可得到因子值。

4. 由各因子的方差贡献率作为权数计算各样本都市的教育竞争力综合指数

计算结果及排序，如表4-5及图4-1所示。

表4-5　20个样本都市教育竞争力综合指数计算结果

都市	因子得分						因子总得分	教育竞争力综合指数	排序
	F_1	F_2	F_3	F_4	F_5	F_6			
A	0.88389	2.69866	-0.30456	-0.15228	-0.32115	-0.54456	0.7157599	0.715	1
B	0.70641	-0.4585	1.04989	0.59152	1.16916	-1.04063	0.6161646	0.625	2
C	0.24524	-0.53655	-0.4818	3.98223	-0.45753	-0.00511	0.5193552	0.518	3
D	-0.04188	0.34992	2.84765	-0.25078	0.35633	0.11985	0.4877346	0.486	4
E	1.0221	0.10273	0.02058	0.15867	0.04546	0.72679	0.3543069	0.356	5
F	0.00363	-0.59727	1.87852	-0.16453	0.2031	-0.71266	0.2442399	0.242	6
G	-0.89346	2.77002	-0.49312	0.31316	0.95178	0.45133	0.1586766	0.156	7
H	0.45869	-0.80526	-0.41079	-0.07597	1.98682	0.4394	0.1206229	0.117	8
I	1.01322	-0.19774	-0.36023	-0.57085	-0.82014	0.72786	0.0357651	0.039	9
J	0.19957	-0.36325	-0.54604	-0.6469	-0.43756	-3.11732	0.0045903	-0.004	10
K	0.33369	0.14385	0.17424	-0.29621	-0.63123	10.4278	-0.022804	-0.019	11

续表

都市	因子得分						因子总得分	教育竞争力综合指数	排序
	F_1	F_2	F_3	F_4	F_5	F_6			
L	-0.0706	-0.15272	0.177	0.1411	-1.24451	-0.41615	-0.085293	-0.084	12
M	0.12927	-0.02339	-0.62187	-0.39951	0.43185	-0.26234	-0.130899	-0.133	13
N	-0.15036	0.41583	-0.090501	-0.07679	-1.21978	-0.24983	-0.142069	-0.141	14
O	-0.53042	-0.45441	-0.15046	-0.14494	1.81413	1.27046	-0.210233	-0.213	15
P	0.43596	-0.58984	0.61583	-0.71328	-1.10239	1.10082	-0.23918	-0.234	16
Q	-0.2346	-0.6068	-1.53501	-0.6787	1.35719	-0.82255	-0.248681	-0.256	17
R	0.50314	-0.8533	-1.18192	-0.5358	-0.72986	0.4621	-0.340574	-0.338	18
S	-0.34289	-0.50526	-0.68769	-0.5042	-0.76742	0.90759	-0.523665	-0.520	19
T	-3.67239	-0.33673	0.10027	0.02408	-0.58423	-0.07184	-1.314118	-1.312	20

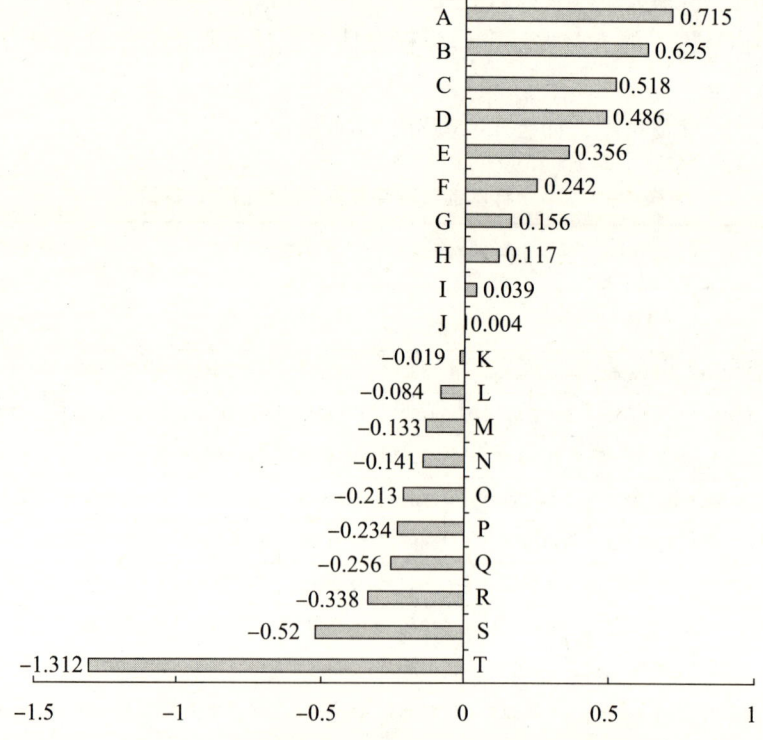

图4-1 中国20个都市教育竞争力综合指数排序

(二) 简要分析

从表 4-5 及图 4-1，总体比较分析 20 个都市的教育综合竞争力，我们看到具有以下特点。

- 经济相对发达的东部地区的省市都市教育竞争力较强。例如，教育竞争力综合指数排序比较靠前的 8 个都市：A 市、B 市、C 市、D 市、E 市、F 市、G 市、H 市均属于东部地区城市，它们的教育竞争力综合指数得分较高，说明这些都市教育综合实力较强、教育发展水平较高，具有较强的竞争力。其中 A 市、B 市、C 市、D 市 4 个都市教育竞争力综合指数得分最高，说明这 4 个都市教育最具竞争力。
- 经济相对欠发达地区的都市教育竞争力也相对较弱。都市教育竞争力排序靠后的三个都市分别是 R 市、S 市、T 市，全部处于欠发达的西部地区，它们的教育竞争力综合指数得分较低，说明目前这几个都市的教育综合实力较差、教育发展水平较低，教育竞争力较弱。
- 同属于一省份、地区临近都市，其教育竞争力相当。比如，排在第二、第三位的 B 市和 C 市，同属于江苏省内；排在第九、第十、第十一位的 I 市、J 市、K 市，同属于浙江省内；排在第十三、第十四位的 M 市、N 市，同属于山东省内。再如，排在第二至第五位的 B 市、C 市、D 市、E 市同属于长三角都市群；排在第六、第七的 F 市和 G 市同属于京、津、唐都市群。它们的教育综合实力均差别不大、教育发展水平也相差无几，其教育竞争力相当。

根据都市教育竞争力统计指标数据资料，使用聚类分析法，进一步对这 20 个都市进行分类。分类结果见表 4-6。

表 4-6　20 个都市教育综合竞争力的类归属

都　市	分　类	都　市	分　类
F	1	K	2
L	2	H	1
A	2	D	1
S	2	I	2
T	2	C	1
E	1	G	2

续表

都　市	分　类	都　市	分　类
O	1	Q	2
J	2	M	2
R	2	N	2
B	1	P	2

从表 4-6 看出，若按都市教育竞争力的高低 20 个都市可以分成两类，则：F 市、E 市、O 市、B 市、H 市、D 市、C 市属于同一类；L 市、A 市、S 市、T 市、J 市、R 市、K 市、I 市、G 市、Q 市、M 市、N 市、P 市属于同一类。

归属于同一类的都市，它们的教育综合实力、发展模式特征具有一定的相似之处。每一类中教育竞争力排序靠后的都市，可以借鉴同一类都市中排序靠前的发展模式，对照各项指标以及各分力的差距，找出自己的薄弱环节，有针对性地、有效地加以改善，从而提高都市自身的教育竞争力。

近年来，我国教育战线以科学发展观为指导，全面贯彻落实党中央、国务院的部署，认真完成办好人民满意教育的各项任务，各级各类教育发展取得了重大进展，为人力资源强国与和谐社会建设作出了贡献。同样，我国都市各级各类教育持续协调发展，各教育入学机会进一步扩大，教育资源配置更加优化、合理，教育质量显著提高，为提高都市综合实力、竞争力作出了突出贡献。但由于我国东、中、西部地区经济发展的不平衡，造成东、中、西部之间都市教育发展存在一定的差距，使得中、西部都市教育竞争力明显弱于东部都市的教育竞争力。如何进一步消除东、西部地区都市教育差距，有效地提高中、西部地区的都市教育竞争力，这仍然是我国制定教育发展政策应着力考虑的重点问题之一。

二、20 个样本都市教育竞争力分力指数计量结果及简析

（一）教育规模力指数

教育规模力由：X_1——学前教育毛入园率（%）、X_2——九年义务教育

普及率（%）、X_3——高中段教育毛入学率（%）、X_4——高等教育毛入学率（%）、X_5——人均受教育年限（年）五个单项指标构成。

1. 是否适合做因子分析检验

采用 KMO 检验以及 Bartlett 检验。检验结果见表 4-7。

表 4-7　KMO 检验和 Bartlett 检验

Kaiser-Meyer-Olkin Measure of Sampling Adequacy		10.312
Bartlett's Test of Sphericity	Approx. Chi-Square	40.380
	df	10
	Sig.	10.000

由表 4-7 可以看出，该数据适合作因子分析。

2. 教育规模力指数计算结果及排序（如表 4-8 及图 4-2）

表 4-8　20 个样本都市教育规模力指数计算结果

都市	教育规模力指数	排序	都市	教育规模力指数	排序
A	1.400	1	K	-0.002	10
B	0.862	3	L	0.238	8
C	1.043	2	M	-0.090	11
D	0.240	7	N	0.179	9
E	0.553	5	O	-0.997	19
F	-0.376	16	P	-0.297	15
G	0.640	4	Q	-0.554	17
H	-0.221	12	R	-0.251	14
I	0.256	6	S	-0.798	18
J	-0.249	13	T	-1.575	20

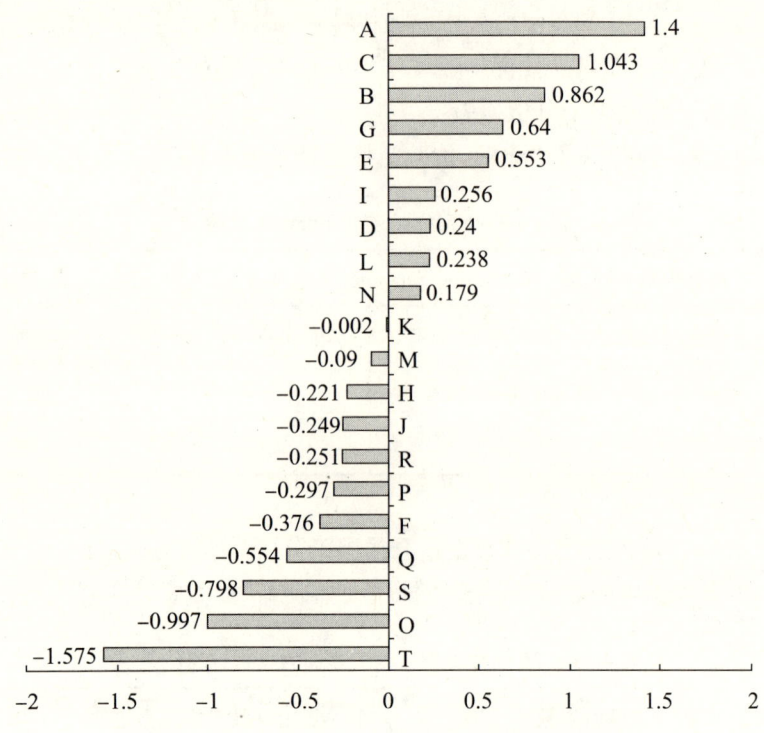

图4-2 中国20个都市教育规模力指数排序

教育规模力是反映教育发展的各种数量方面变化的指标。从表4-8及图4-2，我们可以看出：

- 一般来说，都市教育竞争力综合指数排序靠前的都市，在规模力指数排序方面也靠前。如A市、B市、C市三个都市教育规模力排序分别为第一、第三、第二名，其教育竞争力综合指数分别排第一、第二、第三位。
- 教育规模力与经济社会发展存在紧密联系，经济相对落后地区规模力排序也相对落后。如R市、S市、T市均是后十位。

近年来，我国各级各类教育规模继续扩张。例如，2008年，全国学前教育规模持续增长，在园幼儿人数达2475.0万人，与2002年相比，在园幼儿人数增加439.0万人，累计增长21.6%；高中阶段教育规模进一步扩大，高中段教育在校生达4545.7万人，与2002年相比，高中段教育在校生累计增加1638万人，增幅达56.3%；中等职业教育规模持续增长，中等职业教育在校生达2056.7万人，与2003年相比，中等职业教育规模累计增加800万人，增幅高达63.6%；高等教育规模稳步增长，全国各种形式高等教育在学人数总规模达 2907 万人，比 2002 年增加近 1307 万人，累计增幅达 81.7%。但由于义务教育阶段学龄人口逐年减少，义务教育规模呈现出近年来普通小学、初中阶段在校生持续减少的态势。从 20 个都市教育规模发展来看，我国都市教育规模发展与全国各级各类教育规模发展具有同步性特点。

（二）教育结构力指数

教育结构力由：X_6——学前教育/九年义务教育/高中段教育结构比例；X_7——高中段教育普职比例二单项指标构成。

1. 是否适合做因子分析检验

采用 KMO 检验以及 Bartlett 检验结果如表 4-9 所示。

表 4-9 KMO 检验和 Bartlett 检验

Kaiser-Meyer-Olkin Measure of Sampling Adequacy		0.500
Bartlett's Test of Sphericity	Approx. Chi-Square	0.017
	df	1
	Sig.	0.097

由表 4-9 可以看出，比较适合作因子分析。

2. 教育结构力指数计算结果及排序（如表 4-10 及图 4-3）

表 4-10 20 个都市教育结构力指数计算结果

都 市	教育结构力指数	排 序	都 市	教育结构力指数	排 序
A	0.784	6	K	-0.055	12
B	0.978	4	L	-0.241	15
C	1.091	3	M	0.270	8
D	-2.057	19	N	-1.123	18
E	0.853	5	O	-0.648	17
F	-0.111	14	P	-0.105	13
G	-0.033	11	Q	-0.328	16
H	1.198	2	R	1.251	1

续表

都　市	教育结构力指数	排　序	都　市	教育结构力指数	排　序
I	0.643	7	S	0.096	9
J	−0.033	10	T	−2.431	20

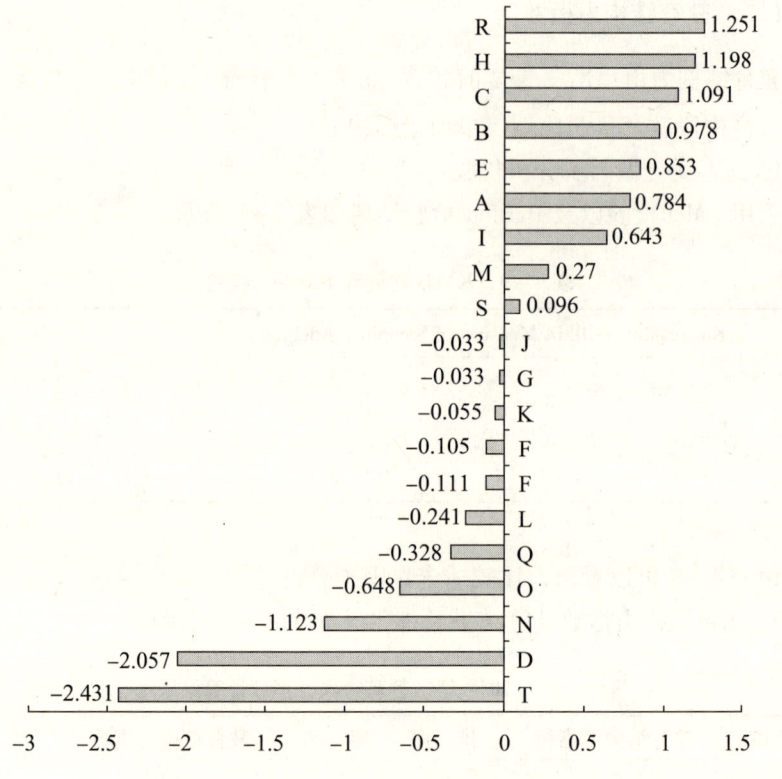

图 4-3　中国 20 个都市教育结构力指数排序

教育结构是教育体系的内部框架。它的构建既要反映经济和社会结构变化的要求，又要符合教育自身发展的均衡性要求。在我国社会主义初级阶段，由于社会生产力呈现出较多的发展层次和类型，这就必然要求教育培养多种层次、多种类型、多种专业和多种规格的人才。因此，教育在层次结构的调整上，应以九年义务教育为"奠基工程"，把发展重点放在基础教育和中等职业教育方面，注重提高国民素质和培养大量急需的中、初级技能型人才，同时积极发展普通高中和高等教育。从表 4-10 及图 4-3，我们可以看出：

- 教育结构力指数排序前八位是：R 市、H 市、C 市、B 市、E 市、A 市、I 市、M 市，它们的教育结构力指数得分较高，说明这 8 个都市的教育结构较合理。其中 R 市排序第一，究其原因，主要差异在高中段教育普职结构比上，由于近年来 R 市着力推进科技城建设，重视对各类技术人才的培养，从而促进了职业教育的快速发展，使其职业教育与普通教育协调发展。

- 结构力指数排序的区域差异较为明显。一般来说，东部地区普遍重视各级各类教育发展及教育普及水平的提高，大力推进高中段教育普职协调发展，所以都市教育结构力指数排序靠前。

近年来，随着义务教育阶段在学规模的缩小与非义务教育阶段规模的扩大，我国都市教育与全国一样，各级教育规模结构呈现出新的变化格局。随着各级教育规模的发展变化以及普及水平的逐步提高，各级教育规模的金字塔结构更趋合理，金字塔顶端与低基两端的差距明显缩小。

（三）教育质量力指数

教育质量力主要由 X_8——义务教育小学巩固率（%）；X_9——义务教育初中巩固率（%）；X_{10}——中等职业学校毕业生一次性对口就业率（%）三个单项指标构成。

1. 是否适合做因子分析检验

采用 KMO 检验以及 Bartlett 检验结果见表 4-11 所示。

表 4-11 KMO 检验和 Bartlett 检验

Kaiser-Meyer-Olkin Measure of Sampling Adequacy		0.511
Bartlett's Test of Sphericity	Approx. Chi-Square	3.188
	df	3
	Sig.	0.064

由表 4-11 可以看出，比较适合作因子分析

2. 教育质量力指数计算结果及排序（见表 4-12 及图 4-4）

表4-12　20个都市教育质量力指数计算结果

都　市	教育质量力指数	排　序	都　市	教育质量力指数	排　序
A	2.092	1	K	-0.014	16
B	0.148	8	L	-0.611	19
C	0.207	7	M	0.232	6
D	0.243	5	N	0.079	12
E	0.045	11	O	-0.081	17
F	0.243	4	P	0.019	14
G	0.105	9	Q	0.313	3
H	0.025	13	R	0.017	15
I	0.030	12	S	-0.298	18
J	0.827	2	T	-0.621	20

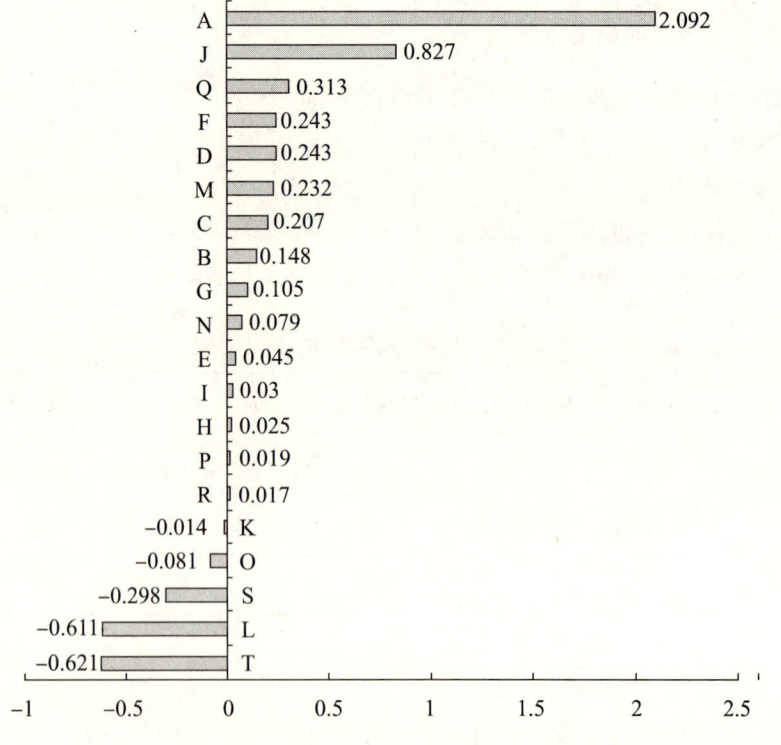

图4-4　中国20个都市教育质量力指数排序

教育质量，是指一定社会环境中的教育系统的活动结果，是相对于特定社会和个人的明确或隐含需要的一种关系。教育质量效益是衡量教育体系运行是否有效、人才培养是否符合市场需要的关键性指标。从表4-12及图4-4，我们可以看到：

- 教育质量与教育综合竞争力基本成正比。教育质量指数居前十位的都市在教育竞争力综合指数排序中有7个位居前十位。
- 教育质量指数排名与社会经济发展水平有紧密联系。经济发达的东部沿海地区都市教育质量指数排序相对较高，西部地区则相对靠后。

近年来，我国都市教育已普遍进入以内涵发展、均衡发展为主的新阶段，办学水平和教育质量普遍提高。其突出标志，就是在坚持教育优先发展的前提下，更加注重教育公平，更加注重教育质量，更加注重素质教育。

（四）教育投入力指数

教育投入力主要由：X_{11}——教育经费投入三个增长率（%），即教育财政拨款增长率（%），各级教育预算内生均教育事业费增长率（%），预算内生均公用经费增长率（%）；X_{12}——机生比，即平均每个学生拥用计算机台数，二个单项指标构成。

1. 是否适合做因子分析检验

采用 KMO 检验以及 Bartlett 检验。检验结果如表4-13所示。

表4-13 **KMO 检验和 Bartlett 检验**

Kaiser-Meyer-Olkin Measure of Sampling Adequacy		0.500
Bartlett's Test of Sphericity	Approx. Chi-Square	0.075
	df	1
	Sig.	0.084

由表4-13可以看出，比较适合作因子分析。

2. 教育投入力指数计算结果及排序（见表4-14及图4-5）

表4-14 20个都市教育投入力指数计算结果

都 市	教育投入力指数	排 序	都 市	教育投入力指数	排 序
A	-0.488	15	K	-0.809	18
B	-0.061	9	L	-0.291	13
C	-0.174	11	M	-0.072	10
D	-0.924	20	N	-0.568	17
E	-0.226	12	O	0.049	8
F	-0.542	16	P	-0.327	14
G	-0.837	19	Q	1.903	1
H	0.886	3	R	1.126	2
I	0.268	7	S	0.380	5
J	0.269	6	T	0.437	4

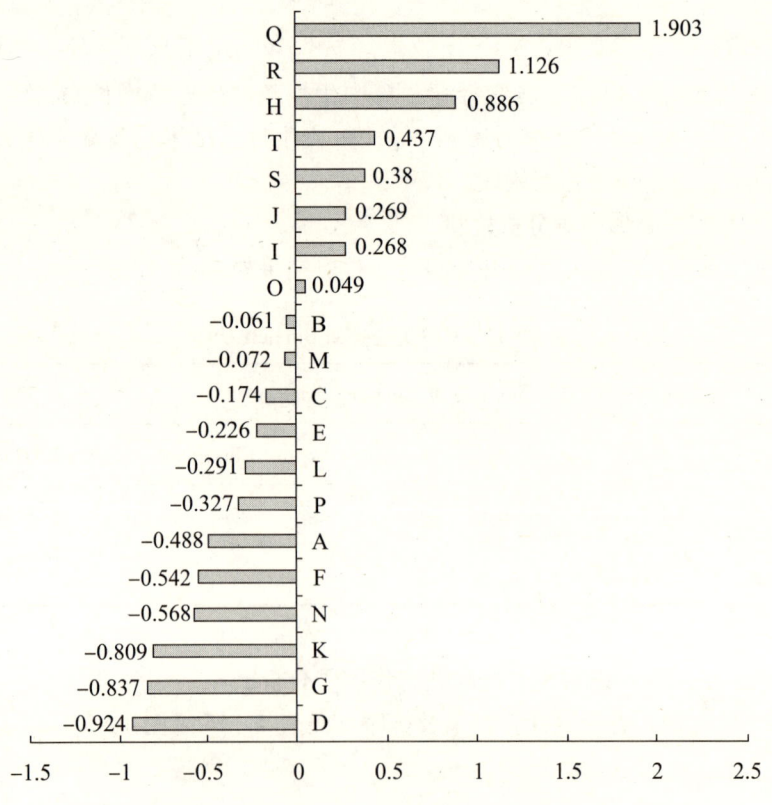

图4-5 中国20个都市教育投入力指数排序

教育投入力是教育可持续发展的重要基础，没有一定的经费保障，教育事业就难以得到持续发展。一个都市教育经费的投入水平，不仅显示了该都市的经济实力和教育发展潜力，而且也反映了政府、社会、个人对教育的重视程度。

从表4-14及图4-5，我们可以发现：教育投入力指数排序显示出"小基数、高增长"的特征。都市教育综合竞争力排序靠后的都市，教育投入力排序却比较靠前。例如，在表4-6中，综合指数排序位于20个都市最后四位的Q市、R市、S市、T市，其教育投入力排序分别为第一位、第二位、第五位和第四位。这说明后发起的都市在教育发展上的决心和对教育的充分重视。

目前，我国各地区信息化发展及其配置水平很不平衡。据统计，2008年，全国小学每百名学生拥有计算机台数大于6台的省有9个，其中8个集中在东部地区；而小于3台的省有8个，除海南省外全部集中在中、西部地区；全国初中每百名学生拥有计算机台数大于8台的省有7个，除吉林省外均为东部省市；而小于5台的省有8个，其中7个为中、西部省份。从20个都市教育投入力中的机生比分析来看，目前我国都市教育信息化发展及其配置水平和全国状况基本一致。

（五）教育创新力指数

教育创新力主要由X_{13}——制度创新指标构成。因为只有一指标，因此创新力仅由制度创新一个单项指标决定。

创新力指数计算结果及排序，见表4-15及图4-6所示。

表4-15　20个都市教育创新力指数计算结果

都市	教育创新力指数	排序	都市	教育创新力指数	排序
A	0.303	5	K	0.303	10
B	1.867	1	L	-0.772	15
C	-0.772	13	M	0.987	4
D	0.303	6	N	-0.772	16
E	0.303	7	O	1.427	3
F	0.303	8	P	-1.212	17
G	0.30	9	Q	0.303	11

续表

都 市	教育创新力指数	排 序	都 市	教育创新力指数	排 序
H	1.867	2	R	-1.212	18
I	-0.772	14	S	-1.212	19
J	-0.332	12	T	-1.212	20

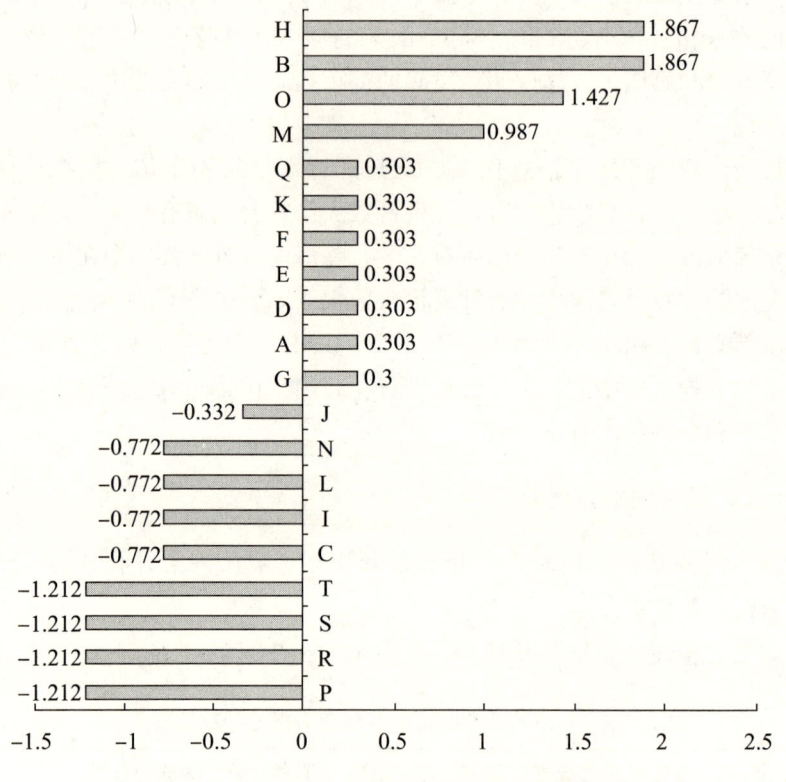

图4-6 中国20个都市教育创新力指数排序

教育创新为教育事业的发展提供动力。教育创新对一个国家或地区教育事业的兴衰至关重要。创新力指标体现了一个都市教育发展的生命力。改革与创新的力度越大,说明对教育的探索与实践越活跃,都市教育发展越会呈现出蓬勃、健康发展的趋势。

从表4-15及图4-6,我们可以看到:

● 教育创新力指标排序与一个都市的开放程度以及社会经济发展活跃程度呈正相关。排序靠前的都市其开放程度以及社会经济发展活跃程度往往较高。

- 教育创新力指数排序与教育竞争力综合指数排序也基本呈正相关。教育创新力指数排序居前的都市，其教育竞争力综合指数也居前列。

(六) 教育科研力指数

教育科研力主要由：X_{14}——教科研课题立项数，即近几年来在教育部、中央教科所或全国教育科学规划办等中央级部门的教科研课题立项数；X_{15}——科研影响力，即由近几年在中央媒体上被介绍或宣传的教科研、教改成果数两个单项指标构成。

1. 是否适合做因子分析检验

采用 KMO 检验以及 Bartlett 检验。检验结果见表 4-16 所示。

表 4-16　KMO 检验和 Bartlett 检验

Kaiser-Meyer-Olkin Measure of Sampling Adequacy.		0.500
Bartlett's Test of Sphericity	Approx. Chi-Square	4.323
	Df	1
	Sig.	0.038

由表 4-16 可以看出，比较适合作因子分析。

2. 教育科研力指数计算结果及排序（如表 4-17 及图 4-7）

表 4-17　20 个都市教育科研力指数计算结果

都市	教育科研力指数	排序	都市	教育科研力指数	排序
A	-0.261	10	K	-0.279	11
B	1.947	1	L	-0.502	13
C	0.801	5	M	-0.689	14
D	1.751	2	N	-0.856	17
E	0.707	6	O	0.168	8
F	1.639	3	P	0.802	4
G	-0.410	12	Q	-1.135	19
H	0.410	7	R	-0.781	16

续表

都　市	教育科研力指数	排序	都　市	教育科研力指数	排　序
I	-0.186	9	S	-0.884	18
J	-0.744	15	T	-1.526	20

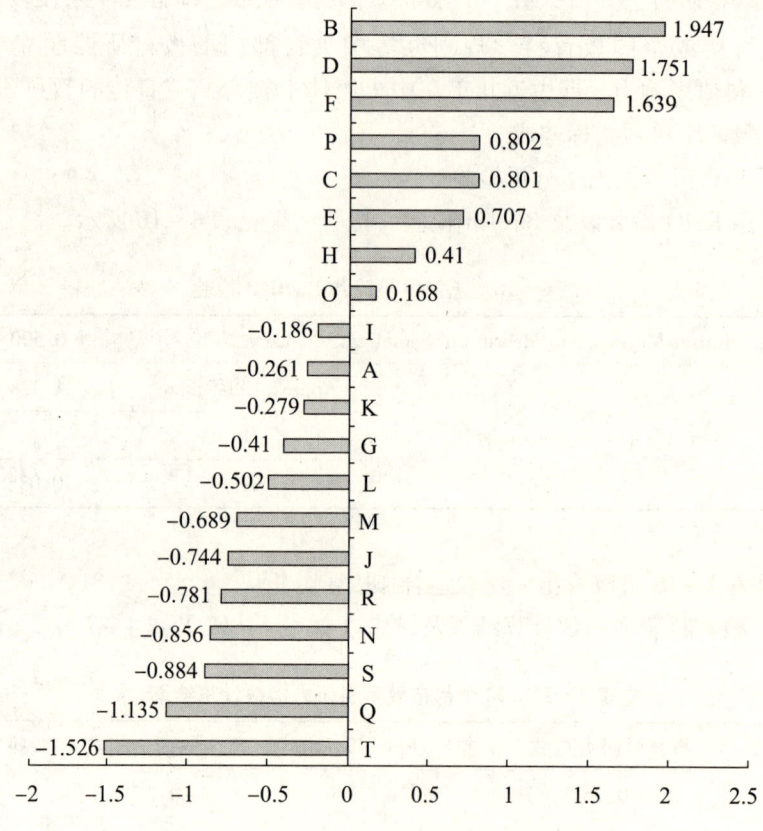

图4-7　中国20个都市教育科研力指数排序

教育科研是创新和应用知识的探索过程，教育科研在教育事业发展中起着基础性、先导性作用，教育科研也是教育决策科学化、民主化的重要基础。教育科研力体现了一个都市的教育文化再生产能力。从表4-17及图4-7，我们可以看到：教育科研力指数排序与教育竞争力综合指数排序有着紧密关系。教育科研力指数排序前6位都市中，除P市外，其余都市教育竞争力综合指数排序均位居前6位。教育科研力指数排序后六位都市中，有4个都市教育竞争力综合指数排序位居后6位。

(七) 教育公平力指数

教育公平力主要由 X_{16}——残疾儿童义务教育入学率（%）；X_{17}——外来务工人员子女义务教育入学率（%）两个单项指标构成。

1. 是否适合做因子分析检验

采用 KMO 检验以及 Bartlett 检验。检验结果如表 4-18 所示。

表 4-18　KMO 检验和 Bartlett 检验

Kaiser-Meyer-Olkin Measure of Sampling Adequacy		0.500
Bartlett's Test of Sphericity	Approx. Chi-Square	0.129
	Df	1
	Sig.	0.027

由表 4-18 可以看出，比较适合作因子分析。

2. 教育公平力指数计算结果及排序（见表 4-19 及图 4-8）

表 4-19　20 个都市教育公平力指数计算结果

都　市	教育公平力指数	排　序	都　市	教育公平力指数	排　序
A	0.274	7	K	0.338	2
B	0.080	12	L	-0.261	16
C	2.848	1	M	-0.345	17
D	0.274	6	N	0.274	3
E	0.274	5	O	0.039	13
F	0.209	11	P	0.209	9
G	0.274	4	Q	-0.240	15
H	-0.080	14	R	-0.959	19
I	0.209	10	S	-0.715	18
J	0.218	8	T	-2.921	20

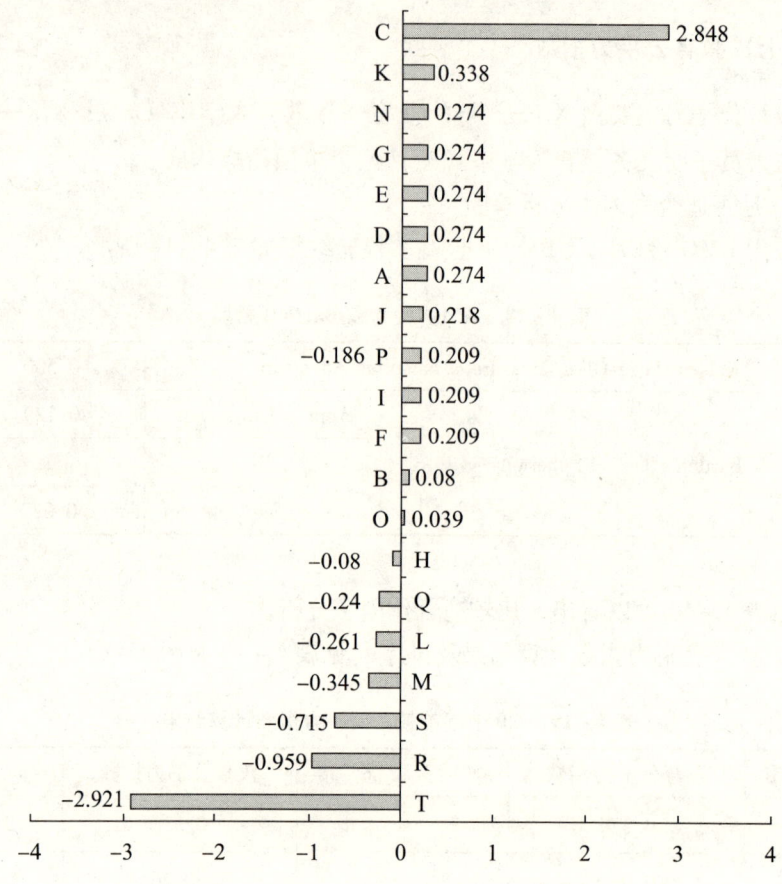

图 4-8　中国 20 个都市教育公平力指数排序

教育公平是教育现代化和教育文明程度的集中体现。教育公平是影响一国政治文明程度的重要因素。人们提出或思考教育公平，目的就在于"为了一切人的发展和人的全面发展"，这既是社会发展的最终目标，也是教育公平所隐含的本质之一。教育公平指标体现了教育的公平化趋势。从表 4-19 及图 4-8，我们可以看到：社会经济发展水平较高的都市，其教育公平力指数排序往往靠前。而社会经济发展水平较低的都市，其教育公平力指数排序往往靠后。

教育公平力指数排序与教育竞争力综合指数排序基本呈正相关关系。教育公平力指数排序前五位的都市中，其中 4 个都市教育竞争力综合指数位居前五位。这说明教育综合实力较强的都市往往比较注重教育的公平性，且把追求教育公平作为其教育政策的重要目标。

三、样本都市教育竞争力单项指标指数排序及简析

为了比较直观地体现样本都市的教育竞争力各单项指标指数的含义，也为了各单项指标之间具有一定的可比性，我们将所有原始数据（单指标缺失的都市不参加排序），以及经过初步计算的特殊数据全部采取标准化后进行排序。

（一）17个都市学前教育毛入园率指数排序

参见图4-9所示。

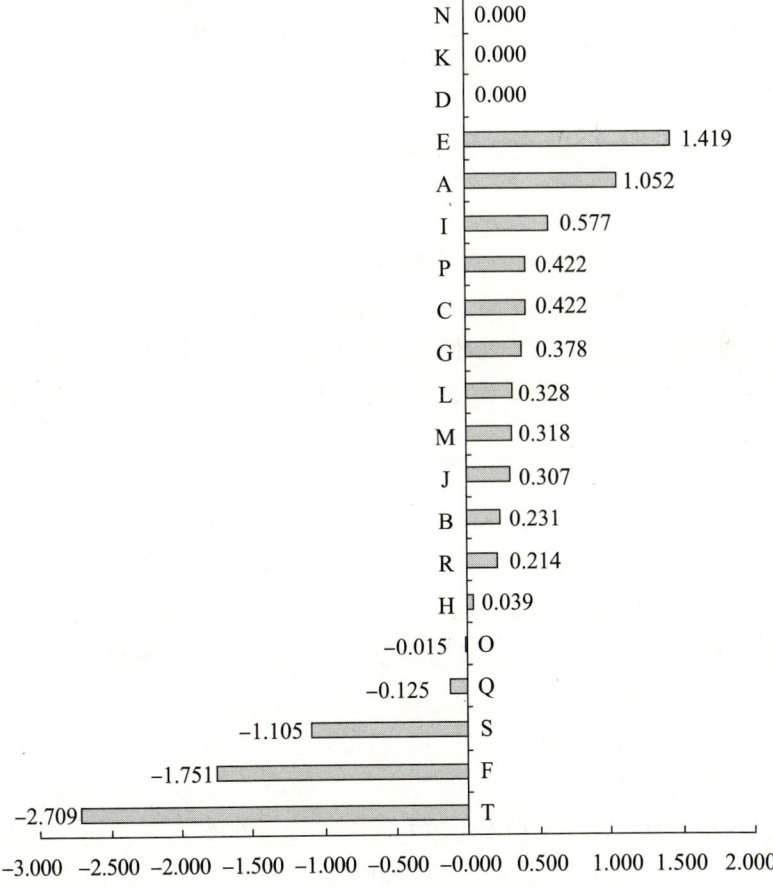

图4-9 中国17个都市学前教育毛入园率指数排序

学前教育毛入园率指数是为了衡量学前教育的发展水平。从世界各国来看，学前教育毛入园率不断提高。2006年，世界学前教育毛入园率平均为41%，发达国家平均为79%。与1999年相比，世界毛入园率平均提高了8个百分点。其中，部分OECD国家学前教育毛入园率已达到90%以上，如德国、法国、韩国均超过100%，澳大利亚和新西兰也在90%以上。俄罗斯、泰国、马来西亚也超过80%，巴西、墨西哥和巴基斯坦3个发展中人口大国也超过50%。

我国学前教育普及水平也呈现逐年提高的发展态势。据统计，2002—2008年全国学前毛入园率，累计提高了10.5个百分点。我国都市教育的学前教育普及水平亦呈现迅速发展的态势。从图4-9我们可以看到：浙江由于基本普及15年教育，因此学前教育毛入园率指数排序普遍靠前，其中E市、I市、P市分别位居第1、第3、第4位。这说明上述都市学前教育提升速度较快。

（二）18个都市九年义务教育普及率指数排序

参见图4-10所示。

从世界各国来看，世界小学教育普及程度已经达到较高水平。2006年，小学净入学率世界平均为86%，发达国家平均为95%。其中，OECD国家小学普及程度达较高水平，大部分国家小学净入学率均在95%以上，日本为100%。9个发展中国家，除尼日利亚和巴基斯坦外，小学教育均基本普及，小学净入学率均超过了85%，墨西哥、印度尼西亚和埃及均达到95%以上。

我国小学教育普及水平世界领先。早在20世纪80年代，我国小学净入学率就达90%以上，进入21世纪，一直在98%以上高位运行。2006年为99.3%，比世界平均水平高出13个百分点，在9个发展中人口大国中遥遥领先，与OECD国家相比，仅比日本低0.7个百分点。2005年，小学毕业生升学率世界平均为93%，发达国家平均为99%，发展中国家平均为88%，中国为98.4%，比世界平均水平高出5个百分点。

2006年，世界平均初中阶段教育毛入学率为78%，发达国家平均为103%。其中，OECD国家初中阶段毛入学率均在99%以上，而9个发展中人口大国中，只有中国、巴西、埃及和墨西哥90%以上，而多数国家普及程度较低。我国初中阶段毛入学率为97.0%，比世界平均水平高出19个百分点，与OECD国家相当接近。从图4-10我们可以看到：18个都市中

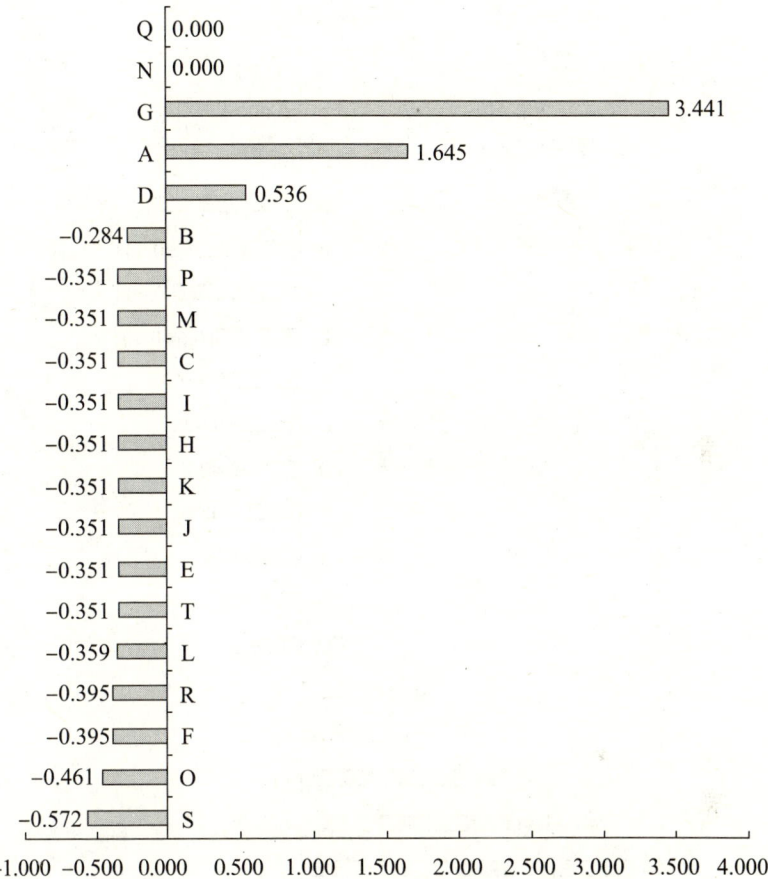

图 4-10　中国 18 个都市九年义务教育普及率指数排序

除了 G 市、A 市、D 市三个都市外，其余都市的九年义务教育普及率指数相差并不悬殊，说明我国都市九年义务教育普及率总体已处于一个较高的水平。

(三) 16 个都市高中段教育毛入学率指数排序

参见图 4-11 所示。

从世界上来看，2006 年，世界平均高中阶段教育毛入学率为 53%，发达国家平均为 99%，发展中国家平均为 46%。其中，2006 年，大部分 OECD 国家高中阶段教育毛入学率达到 85% 以上，而发展中人口大国中，只有巴西和埃及超过 70%，大部分发展中国家高中阶段教育普及程度较低，尼日利亚、巴基斯坦和孟加拉国不足 40%。我国高中阶段毛入学率为

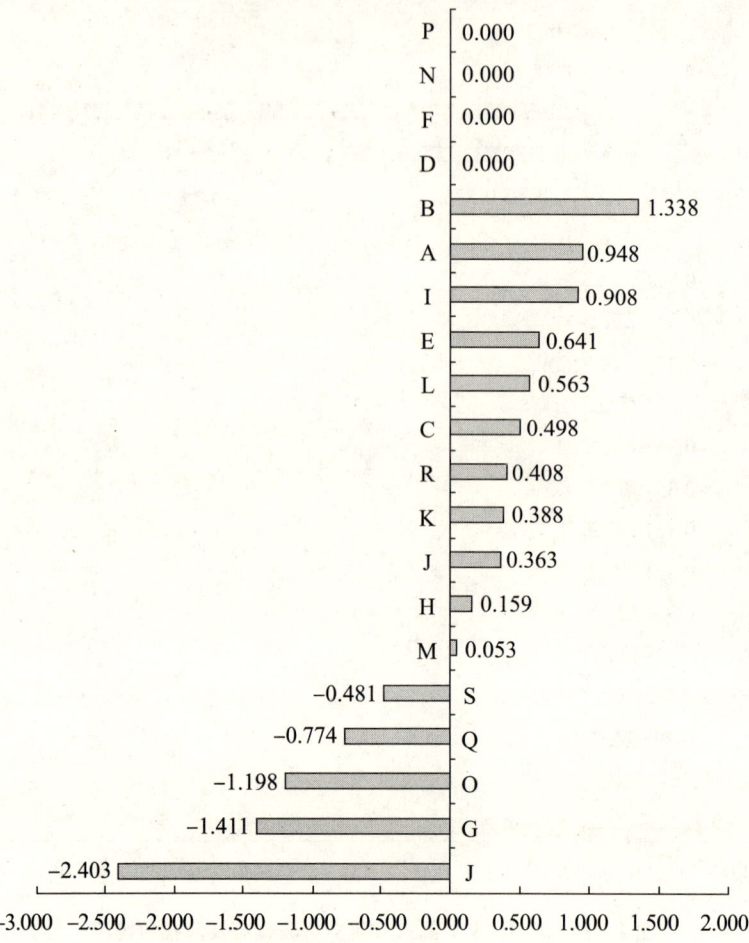

图4-11 中国16个都市高中段教育毛入学率指数排序

59.8%,比世界平均水平高出6.8个百分点,在9个人口大国中低于巴西、埃及,与OECD国家仍有较大差距。从图4-11我们可以看到:目前,我国都市高中段教育普及程度较高,而经济相对发达都市的高中段教育已普及。例如,江苏、浙江两省的B市、I市、E市、C市、K市、J市等都市已经高水平、高质量普及了高中段教育。

(四) 16个都市高等教育毛入学率指数排序

参见图4-12所示。

高等教育毛入学率指标反映高等教育大众化乃至普及化的程度。高等教

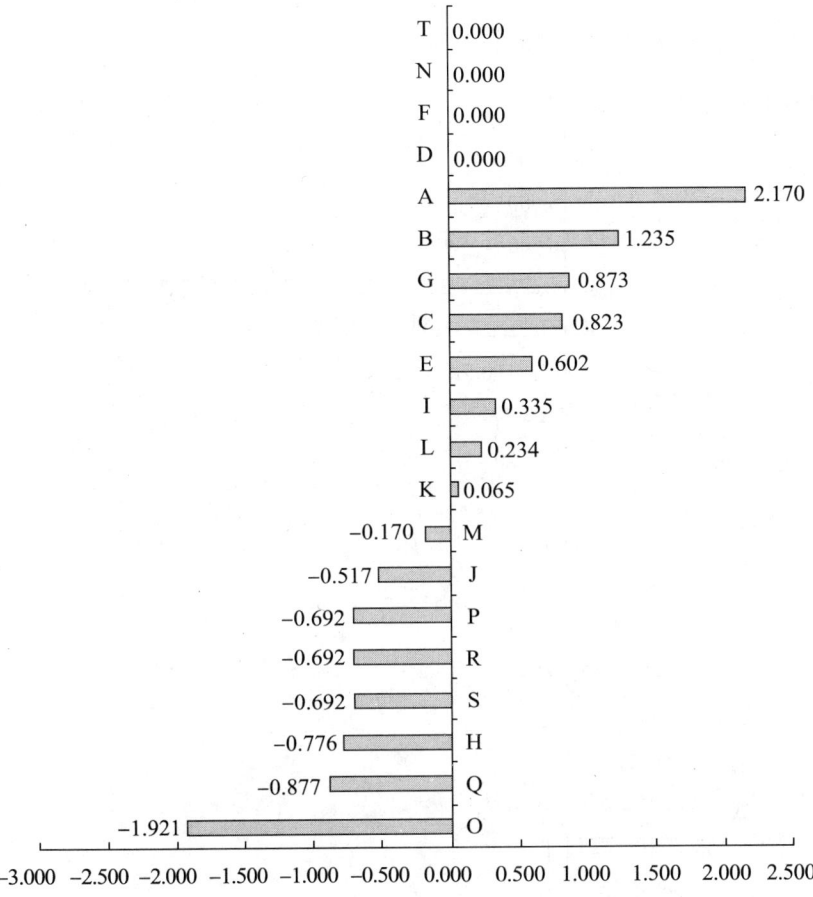

图 4-12　中国 16 个都市高等教育毛入学率指数排序

育毛入学率达到适龄人口的 15%—50% 时，由精英教育转变为大众教育。从世界范围看，2006 年，世界高等教育在校生为 1.44 亿人，高等教育毛入学率平均为 25%，比 1999 年提高 7 个百分点，发达国家平均为 67%，比 1999 年提高 12 个百分点；发展中国家平均为 17%，比 1999 年提高 6 个百分点。其中，2006 年，绝大部分 OECD 国家高等教育已进入普及化发展阶段，毛入学率超过 50%。美国、韩国、新西兰已经超过 80%，韩国达到 93%；发展中人口大国高等教育毛入学率相对较低，只有中国、巴西、埃及和墨西哥超过 20%。从图 4-12 我们可以看到：目前，我国都市高等教育毛入学率普遍较高。而一些经济比较发达的都市，由于原来高等教育就较发达，其高等教育毛入学率相对较高，例如，高等教育毛入学率指数排名居前的 10 个都市。

（五）17 个都市人均受教育年限指数排序

参见图 4-13 所示。

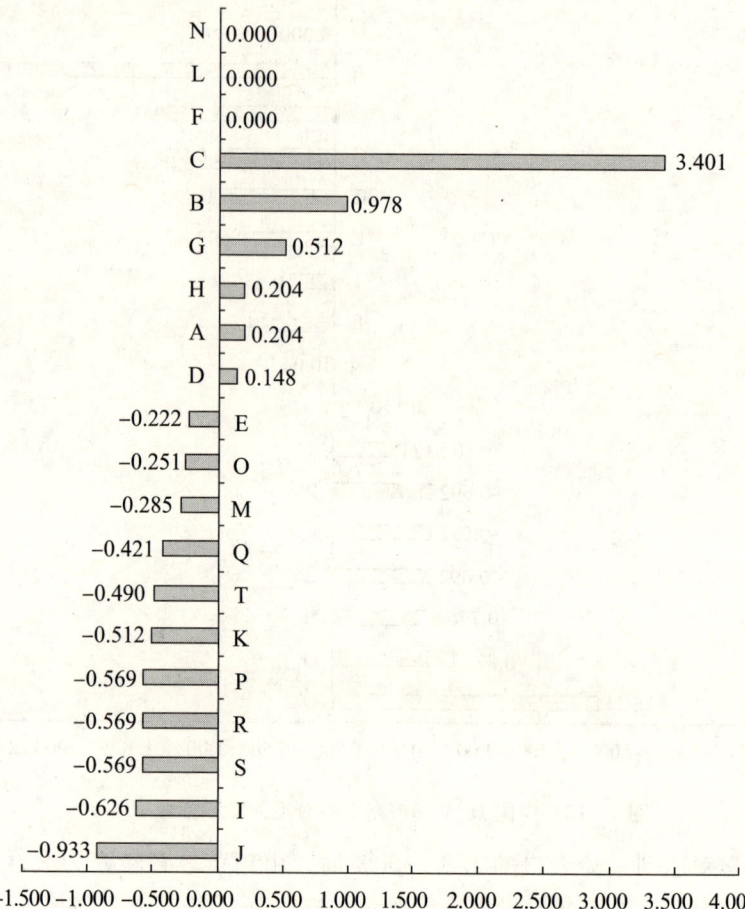

图 4-13 中国 17 个都市人均受教育年限指数排序

人均受教育年限指标反映居民受教育年限的平均水平。从世界部分国家来看。2006 年，OECD 国家 25—64 岁人口平均受教育年限约为 11.8 年，相当于高中毕业水平；而中国仅为 8.8 年，总体上尚未达到九年义务教育毕业水平，与 OECD 国家的差距还相当大。

2006 年，OECD 国家 25—64 岁人口中，受过高等教育的人口比例平均为 27%。其中，加拿大的比例最高，达到 47%；其次是日本，达 40%；美国紧随其后为 39%；韩国和英国也都超过 30%。西欧和南欧国家的比例较低，一般在 15%—30% 之间。

2006年，中国25—64岁的人口中大专及以上文化程度的比例为6.8%，比OECD国家平均低20个百分点。

OECD国家25—64岁人口中接受高中及以上教育的比例很高，2006年平均为68%。加拿大和美国该比例都超过80%，其中，美国最高达88%。OECD合作国家俄罗斯联邦和巴西该比例分别为88%和30%。

我国都市各级各类教育都比较发达，人均受教育年限也普遍较高。特别是正在推进教育现代化的都市，其人均受教育年限更高，例如，从图4-13我们可以看到：江苏省属地的C市、B市人均受教育年限指标排序高居第一、第二位。

（六）20个都市学前教育/九年义务教育/高中段教育结构比例指数排序

参见图4-14所示。

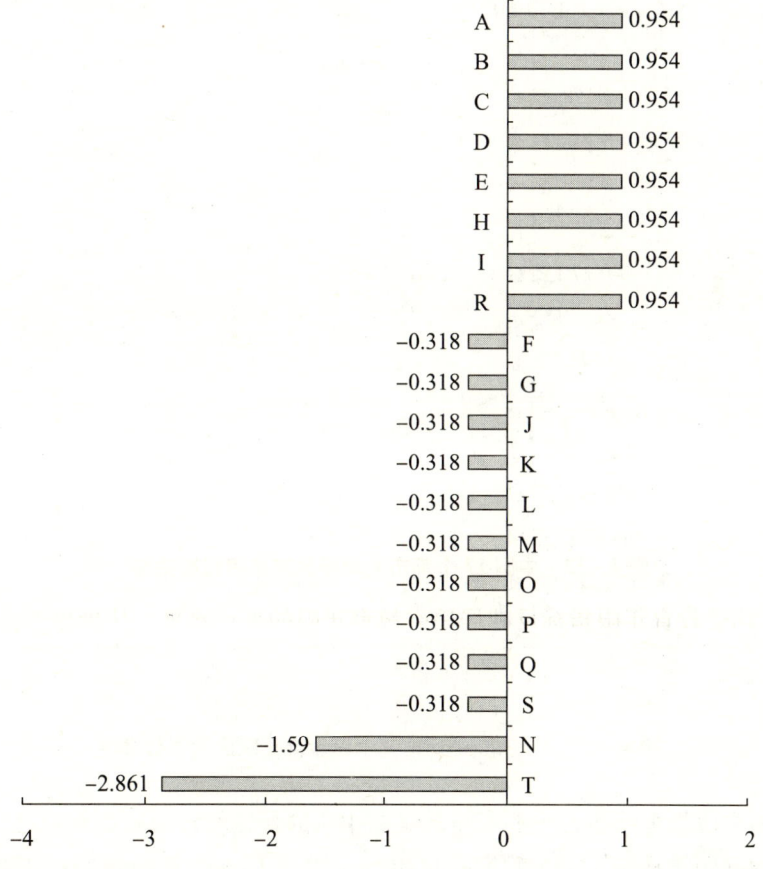

图4-14 中国20个都市学前教育/义务教育/高中段教育结构比例指数排序

学前教育/义务教育/高中段教育结构比例指标主要衡量的是三级教育之间的关系是否和谐。从图 4-14 我们可以看到：我国都市三级教育基本处于相对均衡状态，表现出一种相互适应的良好发展态势。

（七）20 个都市高中段教育普职比例指数排序

参见图 4-15 所示。

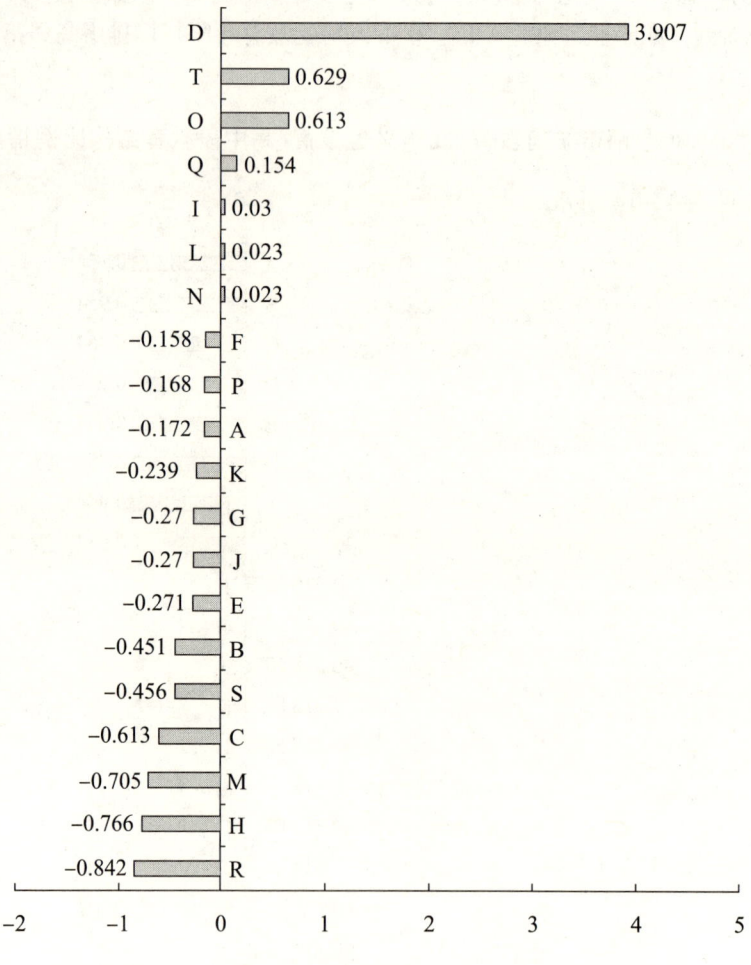

图 4-15　中国 20 个都市高中段教育普职比例指数排序

高中段教育普职比主要衡量的是高中段的普通教育与职业教育之间协调发展的问题。从图 4-15 我们可以看到：20 个样本都市的普职比指数排序除前 3 位的 D 市、T 市、O 市，以及后 4 位的 C 市、M 市、H 市、R 市外，其余都市的普职比指数相对差距不大,这说明国家大力发展职业教育的政策举措,促进了我国中等职业教育的持续快速发展,目前总体上已经基本实现了国家关于普通高中与中等职业教育在高中阶段招生中的比例大致相当的政策性目标。

(八) 18 个都市九年义务教育小学巩固率指数排序

参见图 4-16 所示。

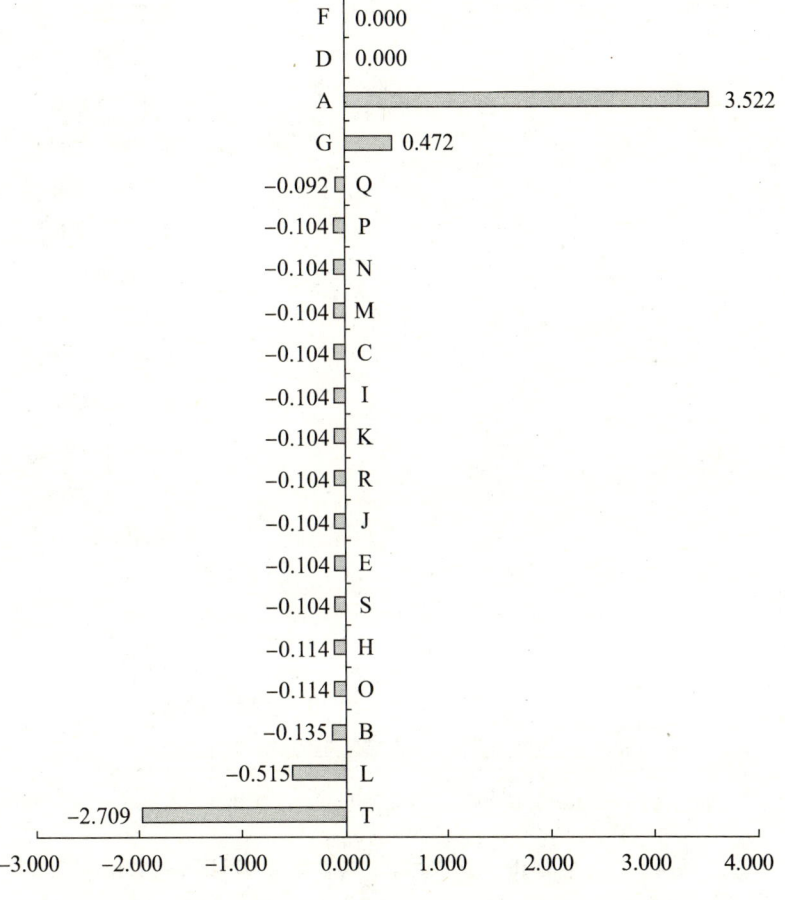

图 4-16　中国 18 个都市九年义务教育小学巩固率指数排序

九年义务教育小学巩固率,体现了小学义务教育的成效。从图 4-16 我们可以看到:现阶段义务教育小学巩固率已处于整体较高的水平,除了位居前二位的 A 市、G 市,以及后二位的 L 市、T 市外,其余都市的义务教育小学巩固率均处于相当的水准。说明大多数都市在义务教育小学巩固率方面已取得明显成效。

(九) 18 个都市九年义务教育初中巩固率指数排序

参见图 4-17。

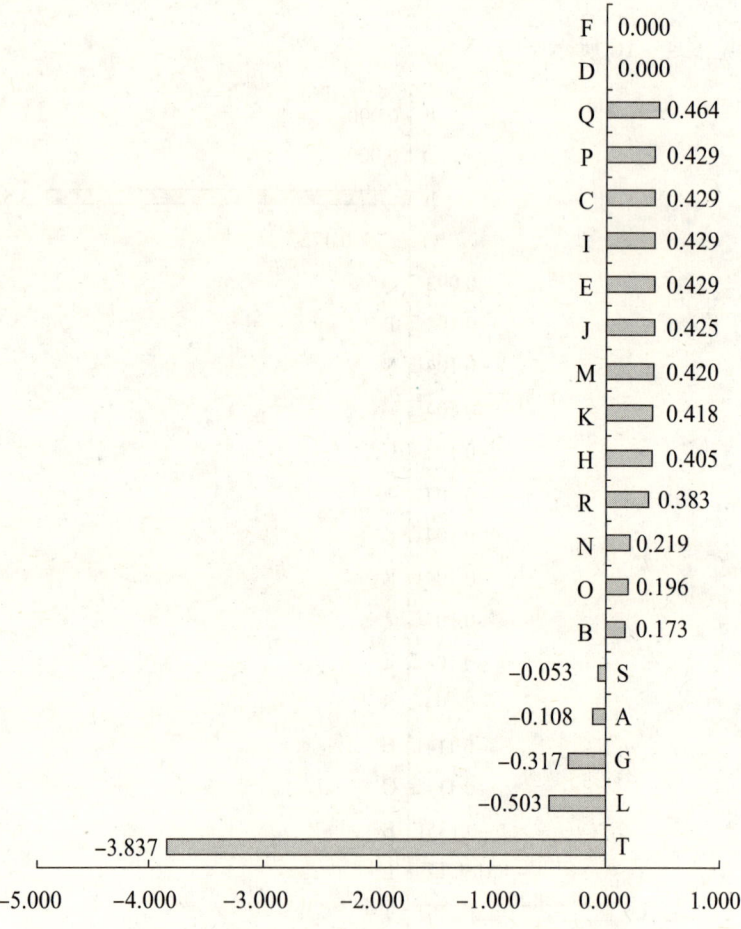

图 4-17 中国 18 个都市九年义务教育初中巩固率指数排序

九年义务教育初中巩固率,体现了初中义务教育的成效。从图 4-17 我们可以看到:除 T 市九年义务教育初中巩固率指数排序相对较低外,其他都市指数基本接近,这说明我国都市义务教育初中巩固率是基本稳定的。

（十）12 个都市中等职业学校毕业生一次性对口就业率指数排序

参见图 4-18 所示。

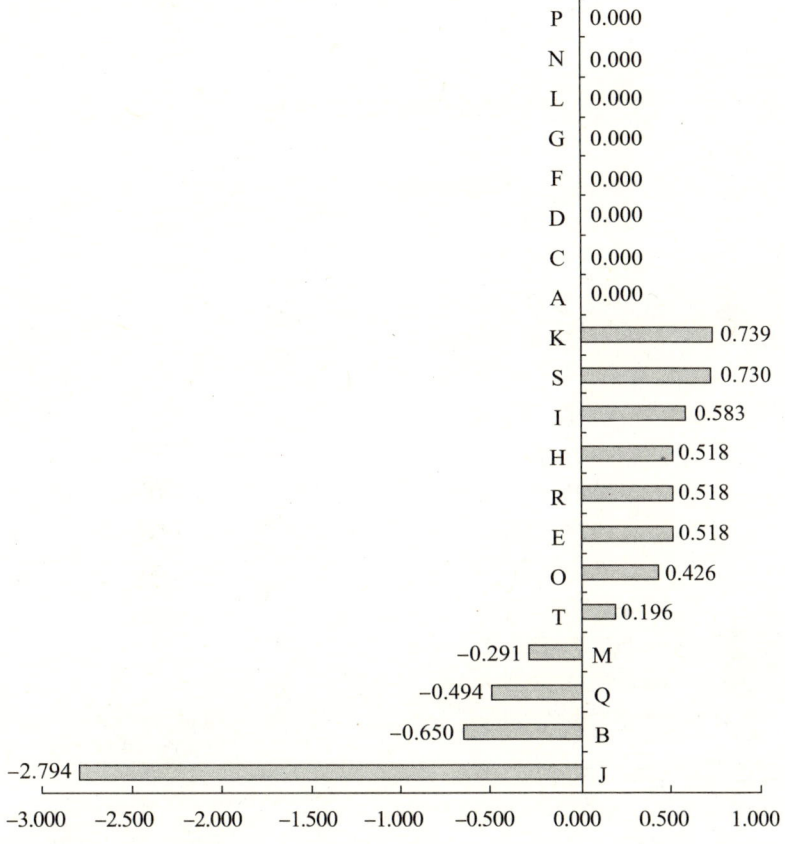

图 4-18　中国 12 个都市中等职业学校毕业生一次性对口就业率指数排序

中等职业学校毕业生一次性对口就业率反映了职业学校学生在劳动力市场中的参与率。这是教育对经济生产力的直接作用，反映了教育投资与产出之间的关系。从图 4-18 我们可以看到：一般来说，东部地区中等职业学校毕业一次性对口就业率相对较高，而西部地区则相对较低，说明中等职业教育直接受到产业结构的制约。另外，20 个样本都市中，有 8 个都市未能提交这一指标的数据，反映出中等职业教育就业存在监测困难和不受重视的情况。

（十一）20个都市教育经费投入三个增长率指数排序

参见图4-19所示。

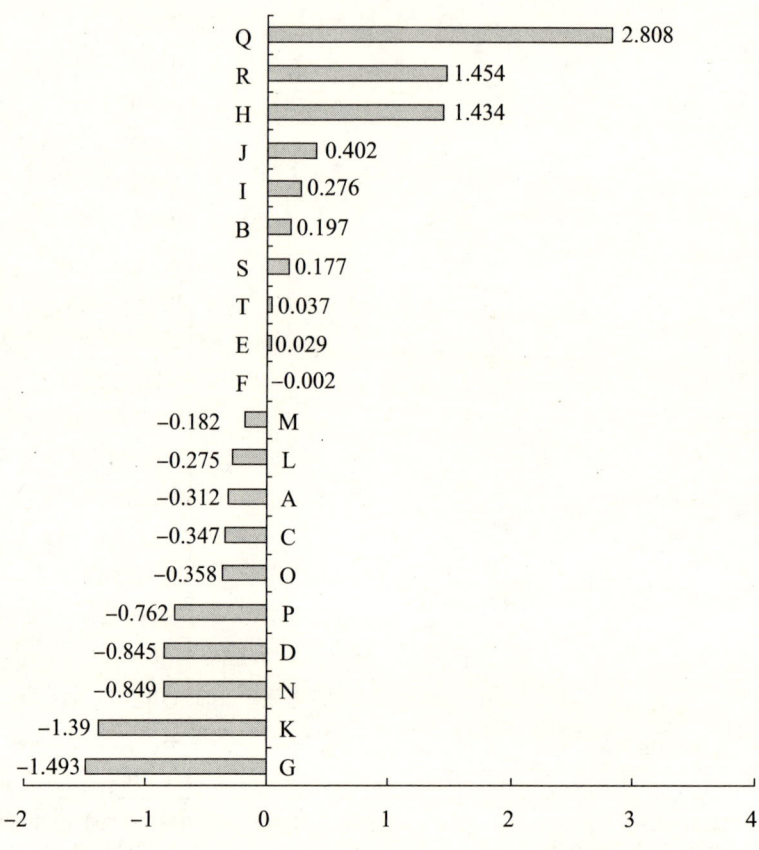

图4-19　中国20个都市教育经费投入三个增长率指数排序

教育经费投入的三个增长率，即各级政府教育财政拨款的增长应当高于财政经常性收入的增长，并根据在校学生人数平均的教育费用逐步增长，从而保证教师工资和学生人均公用经费不断增长。从图4-19我们可以发现：教育经费投入三个增长率指数排序显示出"小基数、高增长"的特征。都市教育竞争力综合指数排序靠后的都市，投入力排序却比较靠前。例如综合指数排序位于20个都市最后四位的Q市、R市、S市、T市，教育经费投入三个增长率指数排序分别为第一位、第二位、第七位和第八位。这说明后起的都市在教育发展上的决心和对教育的充分重视。

（十二）18个都市机生比指数排序

参见图4-20所示。

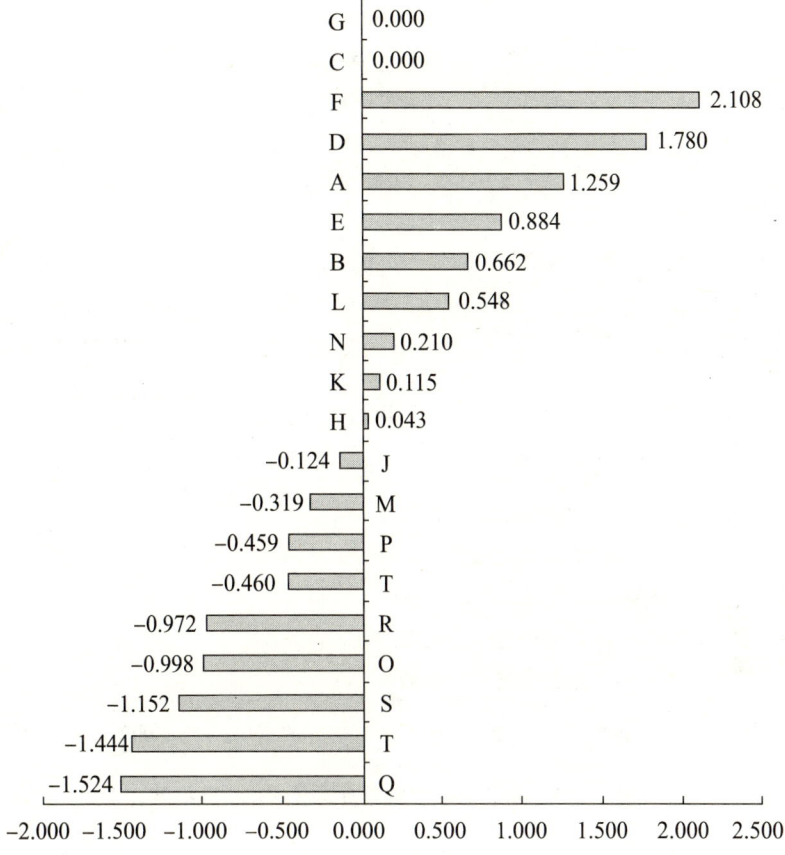

图4-20 中国18个都市机生比指数排序

机生比是指学校为学生提供的信息技术方面的学习条件，即平均每位学生拥有的计算机台数。从图4-20我们可以看到：F市、D市、A市、E市、B市位居机生比指数排序的前5位，而这些都市多为我国社会经济发展水平较高的大都市，都市综合竞争力水平较高。而综合实力相对较弱的西部地区的都市，机生比指数排序相对靠后。

（十三）9个都市教育制度创新指数排序

参见图4-21所示。

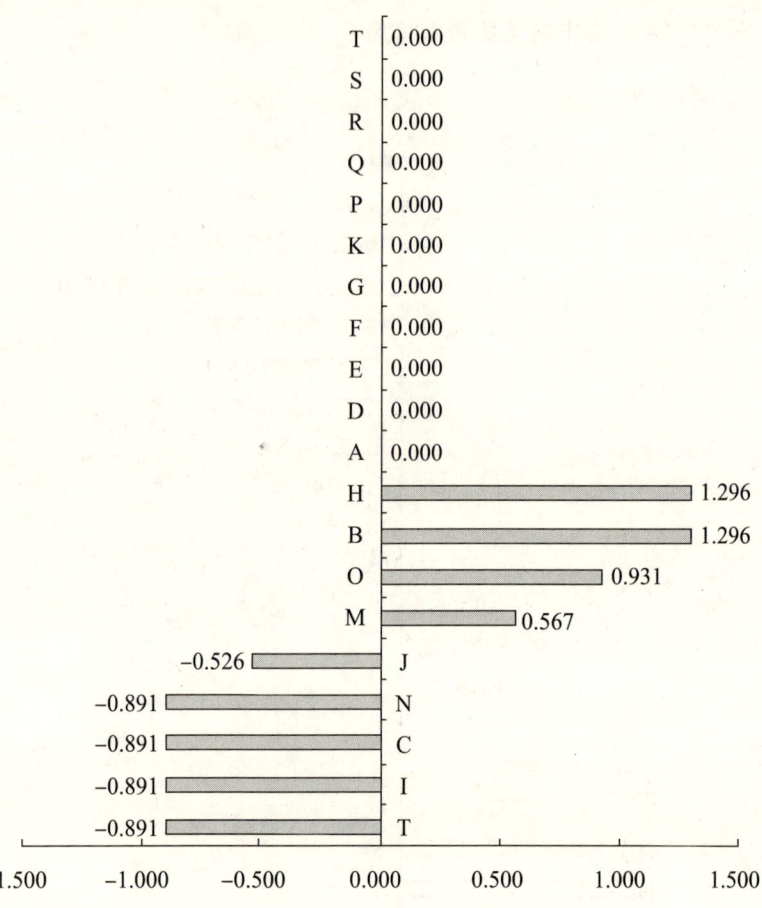

图4-21 中国9个都市教育制度创新指数排序

教育制度是指一个社会组织教育活动的规则体系和定型化的教育活动的组织模式。随着社会的发展，教育制度不断地变革创新自身，以适应社会发展需要。教育制度创新是都市教育发展的生命力。目前，我国都市教育普遍重视和加快了教育制度创新的步伐，在办学体制、投资体制、教育行政管理、学校内部管理改革等方面业已取得显著成效，都市教育发展充满活力，普遍提升了都市教育竞争力。

另一方面从数据采集的情况看，情况却不容乐观，超过半数的都市不能提交有效的制度创新材料，这从一个侧面反映了教育行政部门尚未形成对制度创新进行系统规划、管理的意识和全局观。

(十四) 10个都市教科研课题立项数指数排序

参见图4-22所示。

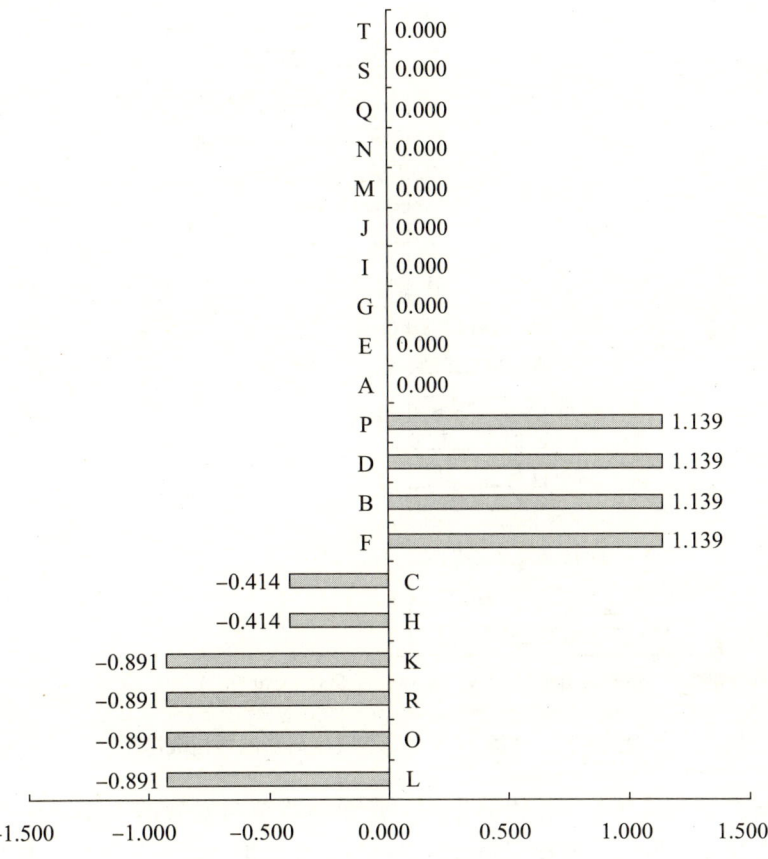

图4-22 中国10个都市教科研课题立项数指数排序

教科研课题立项数指标是指国家级以上各级各类教育科研课题项目的立项数目。立项数目越多,说明该都市教育科研能力越强,在教育改革与发展、推进教育现代化进程中起到越大的作用。

(十五) 17个都市教育科研影响力指数排序

参见图4-23所示。

教育科研作为社会科学研究的一个特殊领域,以解释和理解教育现象、研究教育中的因果关系、探索教育规律、提高教育质量为总体目标,在教育

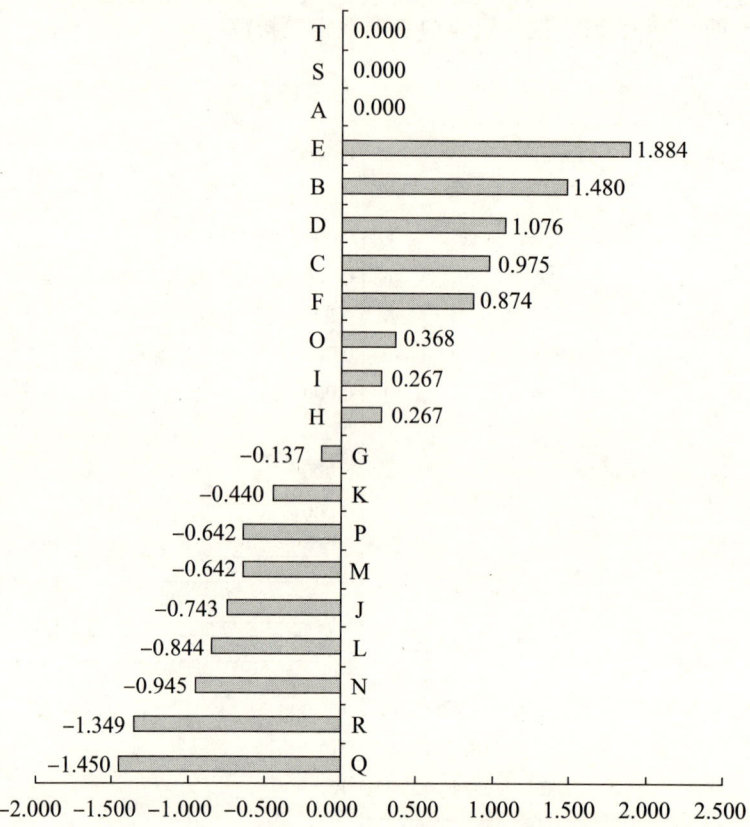

图4-23 中国17个都市教育科研影响力指数排序

改革与发展中具有不可替代的作用,是教育改革与发展的"第一生产力"。从以上排序可见,目前我国都市教育科研工作已取得骄人业绩。一是基本确立了教育科研在都市教育改革与发展中的先导地位,依靠教育科研振兴都市教育事业已成为大多数都市教育工作者和管理者的共识和自觉行动;二是教育科研在都市教育决策方面的作用越来越大,研究成果逐步成为都市各级领导进行教育决策的重要依据;三是涌现出了一大批有影响的原创性的教育科研成果,教育科研成果的推广与转化为都市教育带来了巨大的社会效益。

(十六)15个都市残疾儿童义务教育入学率指数排序

参见图4-24所示。

残疾儿童义务教育入学率反映了弱势群体接受教育的状况。这是体现教育公平的一个重要指标。从图4-24我们可以看到:我国特殊教育展现出良

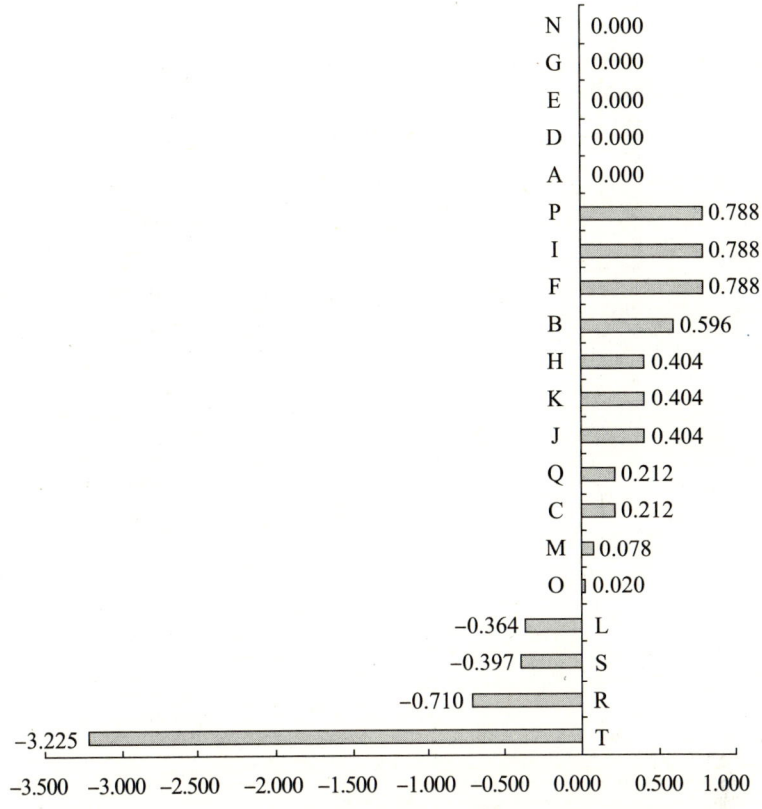

图 4-24 中国 15 个都市残疾儿童义务教育入学率指数排序

好的发展势头，残疾儿童义务教育入学问题已得到较大的改善。除 T 市相对较差之外，大多数都市包括一些后起的都市，与较发达都市的差距并不明显，说明我国大多数都市对残疾儿童义务教育已给予了足够的重视。

（十七）11 个都市外来务工人员子女义务教育入学率指数排序

参见图 4-25 所示。

外来务工人员子女义务教育入学率指标反映了进城务工人员子女接受义务教育的状况。进城务工人员子女接受义务教育问题是我国城市化进程中教育所面临的重大挑战。这也是体现教育公平的一个重要指标。据统计，2008 年，全国义务教育阶段在校生中的农民工随迁子女数已越过 880 万人，半数以上集中在东部地区。其中，广东、浙江、江苏 3 个省农民工随迁子女人数最多，且 3 个省在小学就读的农民工随迁子女人数占全国总数的比例共计达

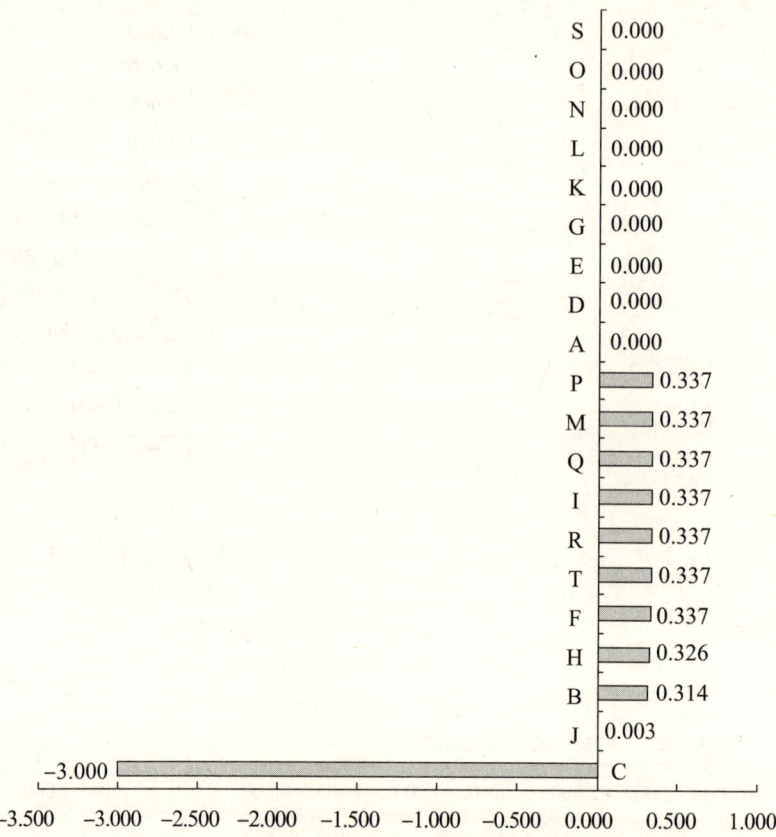

图 4-25 中国 11 个都市外来务工人员子女义务教育入学率指数排序

41.4%，其中，广东省最高，占 23.8%；3 个省在初中就读的农民工随迁子女人数占全国总数的比例也达 31.9%，其中，广东省最高，占 17.9%。

农民工随迁子女来源的地区差异较大，东部地区以外省迁入为主，中、西部地区以省内县际流动为主。2008 年，东部地区小学农民工随迁子女中，外省迁入学生所占比例达 67.3%。在上海、北京、天津 3 个直辖市，外省迁入小学生所占比例均高达 97% 以上，浙江省也达到 82%；在东部地区初中农民工随迁子女中，外省迁入学生所占比例为 55.9%，北京、天津、上海 3 个直辖市的这一比例均达 95% 以上，浙江省也达到 66%。

从图 4-25 我们可以看到：11 个样本都市中，大多数都市均对此给予了高度的重视，说明外来务工人员子女义务教育问题已成为现阶段都市教育发展中的焦点，并逐渐得到了广泛的关注。

第五章

中国都市教育竞争力研究结果解读

中国都市教育竞争力评估,旨在实证研究的基础上,帮助我们更好地理解、把握我国不同区域和不同发展水平都市教育发展水平、优势、劣势和潜力,从而立足于我国都市教育发展的现实,以竞争力理论指导都市教育的未来发展。

第一节 中国都市教育竞争力与都市发展关系的分析

实证研究再一次揭示都市教育竞争力与都市发展之间存在着紧密的依存和互动关系:一方面,都市教育竞争力离不开都市社会经济发展所提供的条件和提出的要求;另一方面,都市教育竞争力是提升都市核心竞争力与可持续发展能力的重要保障。

一、都市教育竞争力发展以都市综合实力为基础

教育发展需要依赖于一定的经济条件。都市的教育发展依赖于都市社会经济发展水平。都市综合实力的提高为都市教育竞争力的发展提供了坚实的基础。

(一) 都市教育竞争力发展依托都市综合实力的提高

社会经济发展和综合实力的提升为教育发展提供了大量资本和技术装备。课题组对搜集到的十多个都市的数据作相关分析,都市人均 GDP 与竞争力指数的相关系数为 0.654,表现为较强的正相关(见图 5-1),即一般而言,经济发展水平低的都市,其教育竞争力水平亦较低;反之,经济发展水平高的都市,其教育竞争力水平也较高。

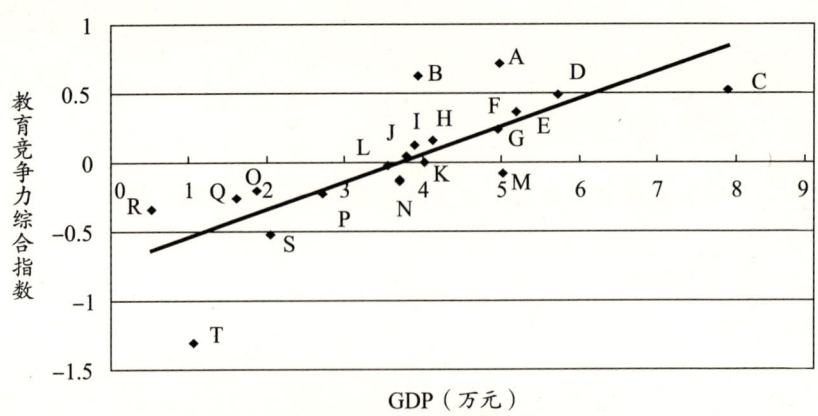

图 5-1 都市经济发展与教育竞争力关系

尤其值得一提的是，我们注意到，以人均 GDP 40000 元（5000—6000 美元）为节点，都市教育竞争力出现了明显提升，这说明都市教育竞争力在经济发展的特定阶段可能出现质的飞跃。

与此同时，就单个都市而言，并不是经济发展水平越高，教育竞争力越强，图中，A 市和 M 市经济发展水平相当，均在 49000 元左右，但其教育竞争力指数却相差 0.48，教育竞争力与都市经济发展的这种异步关系，从一个侧面反映了教育在不同都市发展中的地位和贡献程度。

另一方面，由于都市教育的历史背景各不相同，都市教育发展模式的选择与经济发展水平也不是简单的一一对应关系。从研究中 20 个都市教育发展路径选择看，以义务教育为基点，具有不同经济社会与文化发展特点的都市，其教育发展战略重点选择可以有所不同，发展路径表现出多元化的取向。如在同样已实现高中段全面普及的都市中，有的选择中等职业教育与普通高中教育齐头并进（如杭州），也有的以普通教育为主（如上海）。这也进一步说明了经济社会发展与教育发展模式之间的复杂关系。

（二）都市教育竞争力发展受都市经济结构的制约

都市教育竞争力发展总是与都市社会经济发展水平相适应的。一定的社会经济结构必然向教育发展提出一定的要求，并直接影响着都市教育竞争力的发展水平。这需要从城市化发展过程来分析。城市化的实质在于人的发展。城市化进程不仅仅是一个人口向城市集聚、大量农业人口向非农业人口转化的过程，更是一个通过产业结构优化、人口素质和经济质量的提高来增强一个国家或地区综合实力的过程。

区域教育发展理论认为，受区域经济社会发展制约，区域教育发展水平可分为三个阶段（彭世华，2003）[44-45]：

第一，农业经济社会阶段，经济社会发展对教育的需求有限。这一阶段教育活动的层次比较低，主要集中在初等教育，教育规模比较小、适龄人口入学比例低，教育结构基本是单一的普通教育。

第二，经济发展处于工业化初、中期，产业和劳动就业结构迅速由第一产业为主转换为第二、第三产业为主，迫切需要教育培养大批技术人才和熟练劳动者，教育重心上移，教育活动的规模急剧扩大。适龄人口入学比例急剧上升，职业教育成为教育体系的重要组成部分。

第三，社会经济大致与工业化后期相当，经济高度发达不断为教育提供物质支持，同时，经济发展日益依赖于教育和科学技术的发展，不仅基础教育得到普及，高等教育也走向大众化。教育结构更加丰富多样和合理，确立了终身教育的理念和教育体系，学习型社区逐步建立。

从进入实证研究表单的都市经济发展水平看，以2006年数据为例，对我国若干都市 GNP 就业构成与产业结构的统计分析（见表5－1），证实了都市教育竞争力与都市经济结构之间的关联性。

表5－1 都市就业构成与产业 GNP 构成

都　市	就业构成	产业结构（GNP）	教育竞争力排名
B	12.3∶41.7∶46.0	2.6∶49.0∶48.4	2
C	7∶63.5∶29.5	1.7∶63.7∶36.6	3
F	缺	1.1∶27.5∶71.4	6
G	14.4∶41.7∶43.9	2.7∶57.1∶40.2	7
H	20∶39∶41	5.4∶51.6∶43	8
L	缺	2.2∶64.9∶32.9	12
M	0.65∶63.11∶36.24	8.9∶61.5∶29.6	13
O	34.9∶27.8∶37.3	14.9∶36.8∶48.3	15
T	缺	23∶40∶37	20

首先，第一产业的比例越大，农业经济比例越高、城市化水平越低、都市竞争力水平越低。如 T 市，三次产业的 GNP 比为23∶40∶37，农业经济占全市 GNP 比例的23%，居各都市最高位，都市教育竞争力排名为最后一位，是20个都市的第20位。反之，第一产业的比例越小，农业经济比例越低、城市化水平越高、都市竞争力水平越高。如 B 市，GNP 为2.6∶49.0∶48.4，第一产业比例仅为2.6%，居各都市第3位，都市教育竞争力排名为第2位。

其次，第二产业比例高，工业化程度高，教育竞争力水平获得快速提升。如 C 市、L 市、M 市和 G 市，全市 GNP 六成来自工业经济，所占比例分别为63.7%、64.9%、61.5%和57.1%，为典型的制造业城市；其教育竞争力排名为第3、第12、第13和第7。表明这些都市经济社会发展步入工业化成熟阶段，城市化程度较高，教育竞争力水平亦较高。

而城市发展进入后工业化时期的都市，以 B 市和 F 市为代表，其中 B

市二次产业与三次产业比重相当，为后工业社会初期；F 市第三产业占 71.4%，已经进入后工业化经济，其教育竞争力分别排名第 2 和第 6，说明这一阶段教育竞争力整体上处于高位发展水平。

值得一提的是 O 市，其三次产业占全市 GNP 的比例分别为 14.9：36.8：48.3，表现出较典型的现代化后发都市的发展特质，即：同时兼具农业社会、工业社会和后工业社会发展的特性。这种复合型经济发展模式要求教育满足不同层次的需求，因而限制了其教育竞争力总体水平。这也说明了该市虽然作为占有区位优势的省会城市，但教育竞争力水平却偏低的原因。

二、都市教育竞争力是都市综合实力快速提升的推进器

都市教育竞争力是都市经济发展的源动力，直接影响都市综合实力的提升。教育竞争力在提高都市综合竞争力水平方面有着特殊地位和作用。这种作用不同于某种技术只能从局部影响国家某一方面的竞争能力，而是从整体上影响到综合实力的竞争。都市教育竞争力是实现都市可持续发展和综合实力提升的核心力量。

（一）都市教育竞争力是实现科技创新与人力资源开发的重要途径

随着城市化进程的推进，许多农村城镇化、农村和农业生产现代化、许多农民进城务工，农村劳动力转向非农产业，产业结构不断调整。教育发展为城市经济社会进步不断提供知识保证、技术创新、思想变革和人才支持。教育发展拉动城市经济发展，促进新型产业与行业的形成，为科技发明、产业变革和社会进步注入精神活力，从而推动城市现代化发展。

从 20 个都市的单项指标看，人均受教育年限和高等教育毛入学率越高的都市，其综合教育竞争力水平越高。位居综合竞争力前 3 位的 A、B、C、D、E 五市，人均受教育年限排名均在前 7 位，高等教育毛入学率均在前 5 位，这些都市人均 GDP 均超过 40000 元，经济社会已步入工业化后期或后工业化前期发展阶段，在倪鹏飞课题组的人力竞争力排名中均位于前 25 名，科技竞争力排名中除 A 市（位居 34 名）外，其余四市均在前 15 名，产业层次排名均在前 30 位（倪鹏飞，2009）[341-342,353-354,1-2]，说明教育发展不仅是提高人力资源水平的重要途径，也是提高科技竞争力和产业层次的关键因素。

表 5-2 都市教育竞争力前 5 位的城市竞争力排名（1）

城市	教育竞争力排名	人力竞争力排名	科技竞争力排名	产业层次排名
A	1	22	34	26
B	2	8	12	25
C	3	12	13	16
D	4	3	2	4
E	5	7	4	12

表 5-2 都市教育竞争力前 5 位的城市竞争力排名（2）

城市	教育竞争力排名	经济效率排名	生活质量排名	城市综合竞争力排名
A	1	30	8	16
B	2	58	32	21
C	3	18	17	9
D	4	14	2	3
E	5	28	20	11

（二）都市教育竞争力是提升城市文化品位与促进社会繁荣的基本手段

都市综合实力的提升是伴随着城市化进程而出现的一个概念，而教育在城市化进程中扮演着日益重要的角色。城市化必然对教育提出更高的要求，并依靠教育才能完成真正意义上的城市化过程。城市化过程中以第一产业为主逐步转换为以第二、第三产业为主，尤其是第三产业所占比例的迅速提高，标志着城市化水平越高。劳动者的就业结构以农业为主逐步转换为以第二、第三产业为主，非农产业就业比例的提高，要求教育有更多元更高层次的发展。并且，城市化是农业文化逐步转变为工业文明和城市文明的过程，城市化的实质是居民价值观念、思维方式、生活和行为方式的全面转型，由农民转变为市民的过程。通过全社会教育水平的提高不断加快人们心理、思想和行为方式的现代化转变，保持社会的稳定与繁荣。

考察排在教育竞争力水平前 5 位的 A、B、C、D、E 的 5 个都市（参见表 5-2），可以发现，这些都市均为东南沿海处于发展上升期的都市，在中国城市竞争力排行榜上，均位于综合竞争力前 21 名，在经济效率、生活质量等子因素的排名上，也处于前位（倪鹏飞，2009）[1-2]。

五市教育竞争力与城市竞争力的对比证实，教育竞争力的提升与都市经济实力、创新能力、成长活力、投资潜力、人文魅力的显著提升息息相关，说明都市教育竞争力不仅提升了都市硬实力，也提升了都市软实力，是实现文化改造与社会进步的重要源泉，真正加速了都市的繁荣昌盛（彭世华，2003）[277]。

第二节　影响中国都市教育竞争力的主要因素

用主成分分析法，建立因子载荷矩阵，课题组提取了影响都市竞争力的六个主因子 F1、F2、F3、F4、F5、F6。其中：

第一个主因子 F1，贡献度：27.150%，主成分：结构力中的学前、义务、高中教育结构比例，质量力中的初中巩固率；规模力中的高中入学率；

第二个主因子 F2，贡献度：13.075%，主成分：规模力中的义务教育普及率和高等教育入学率。

第三个主因子 F3，贡献度：13.030%，主成分：质量力中的人均受教育年限。

第四个主因子 F4，贡献度：12.781%，主成分：科研力中的教育科研课题立项数、科研影响力等。

第五个主因子 F5，贡献度：7.300%，主成分：投入力中的教育经费投入的三个增长率、机生比。

第六个主因子 F6，贡献度：7.107%，主成分：创新力中的制度创新。

如前所述，本研究中"教育竞争力"是立足于教育事业发展的公益性、基础性、全局性、先导性而建立的涉及教育资源、功能与价值的综合性指标。结合上述因子分析的量化统计，我们认为影响都市教育竞争力的主体是中等教育质量、规模与结构整合而成的基本力；教育科研是制约教育发展的源动力，是预测教育可持续发展能力的重要因子；而制度创新体现一种区域教育内在的发展能力，是制约都市教育竞争力的核心要素，也是影响都市教育发展水平的关键因子；教育投入是教育事业发展的物质保障，也是影响都市教育竞争力发展的基础力量，尤其在教育发展的初期，这种外部力量的作用更加明显。

一、国民教育体系是提升教育竞争力的基础

从主成分分析法结果看,影响都市教育竞争力的最重要的因子是初中巩固率、高中入学率、基础教育各部分的结构以及人均受教育年限,这是基础教育的整体实力,也就是说一个都市中等教育事业的发展水平,决定着都市教育竞争力发展的基础。实证研究显示,在都市发展水平处于人均 GDP 4 万元以内的发展时期,社会经济发展依靠的劳动力主体还是一个接受中等教育的人群,通过接受中等教育可以适应劳动密集型产业所需要的科学技术要求,初、高中的教育发展规模、质量、结构与社会经济发展的相关性突出,从而成为都市教育竞争力发展的基础力量。

随着经济社会发展向后工业社会转型,社会正在出现"基础"知识化、产业软性化、经济柔性化、发展创意化、竞争隐性化和就业结构知识密集化的发展态势(洪成文,2001)[254-260],生产过程中的知识含量与技术创新要求日益凸显,知识智力型产业中的劳动力主体需要具有知识创新能力的专家和工程技术人员。如果说普及九年义务教育和高中段教育是为城市工业化准备人力资源,那么,当一个城市知识智力型产业占主导地位时,需要普及的则是高等教育,那么高等教育的普及程度与质量水平将直接制约经济发展,成为教育竞争力中的核心因子。

就目前中国的绝大部分都市的教育发展水平来看,学前教育/义务教育/高中段教育结构和中等教育包括义务教育初中段和高中段教育的发展对整个教育竞争力水平的提高是起主导作用的。在课题组实证研究的 20 个样本城市里,学前教育/义务教育/高中段教育结构 A、B、C、D、E 均位居前列,义务教育普及率 G、A、D 位居高位,高中段教育毛入学率 B、A、E 位居前列,人均受教育年限 C、B 位居榜首,成为决定都市教育竞争力总体排名的主要因素。由此说明,以中等教育为核心的国民教育整体实力确实是目前提升都市教育竞争力的基础。

二、教育科研是提升都市教育竞争力的动力

在全民普及义务教育的背景下,教育发展的主导目标已经由教育规模的扩大转向教育内涵的发展,教育内在质量和水平的提升成为教育发展的基本取向。科研是激发教育的内在活力,转变教育观念,推动教育改革的深入发

展,全面实施素质教育,实现优质均衡公正的教育的内驱力。

教育科研的宗旨就是直面教育改革的现实问题,寻求教育发展的内在规律和深层机理,按规律办教育,取得事半功倍的教育效果。实践证明"教研兴校、科研兴师、教研兴教",教育科研是提升一个区域教育竞争力的源动力。

首先,教科研是实现学校跨越式发展的基本途径。教育的细胞是学校,如果每一所学校都办成了优质学校,那么教育便达到了高质量水平。一个学校通过教科研,往往可以形成独特的办学理念、优质的校园文化和先进的教学方式,从而全面提升教育质量,打造优质教育的办学品牌。

其次,教科研是实现教育专业成长的捷径。通过教科研,教师们学会反思、学会研讨、学会学习、学会共享,使工作进入研究状态,并不断更新教育理念,跟进教育行为,从而大大缩短成长周期,使原本由新手到专家的五阶段过程,从数十年压缩为数年。

最后,教科研也是减负增效,提高教学效能的基本手段。高质量的教学既是艺术更是科学,是有规律可循的。教科研就是把握教学的深层规律,用科学手段提升质量。无数名师都是在课堂教学研究中形成自己独树一帜的教学模式和教学风格,并打造成优质的教学品牌。总之,教育科研以其研究活力和创新魅力,在教育整体实力的提升中起着巨大的推动作用。

以 B 市为例,以科研引领教育事业发展已成为当地教育发展的一大特色与亮点。2006、2007 两年间,该市进入《人民教育》、《中国教育报》、《人民日报》等中央核心媒体报道的新闻有 21 篇,如学生暑期"体育作业"、"校务委员会"制度、"小班化"等成为推动该市均衡教育发展、提升教育内涵的着力点,为新形势下教育事业的发展找到了很好的生长点。从而,使该市的科研影响力与都市教育竞争力排名均靠前。

三、制度创新是促进教育竞争力发展的根本

中国经济体制由计划经济转向市场经济,从根本上解放了生产力,其核心是人的内在主动性、积极性得到了空前的激发。与之相适应,作为经济发展的可持续保障,教育内在活力的激发也需要依靠改革与创新。从教育体制改革、机制创新到教育思想改革、载体创新,一系列制度创新把教育的内在活力激发出来,从而使教育发展由外力推动转向自主发展。由此,教育竞争的本质是制度竞争。

制度竞争通常表现为政策竞争，包括办学政策、教育投资政策、学校管理政策、招生政策以及资源分配政策和师资培训政策等涉及教育内外各个方面的政策。教育活动的特殊性使得教育竞争与其他领域的竞争有着显著的区别，教育竞争从资源投入到绩效产出之间存在着巨大的不确定性，给政策创新提供了无限空间和多种选择。可以说，制度创新是教育竞争力发展中的制高点，谁能适时把握，谁就能赢得发展的主动权，使教育保持创新活力和发展态势，从而获得持续增长和跨越式发展。如E市教育、B市教育以制度创新不断提升教育竞争力水平。E市教育近十年来，坚持体制创新，多项教育改革探索领跑全国。特别是其以学前教育低龄化、义务教育公平化、高中教育普及化、高等教育大众化、成人教育终身化这"五化"为基本标志的事业发展目标；以"创强"工程、大学城工程、现代化工程、园丁工程、素质工程为核心的"五项"实施工程；通过在全国率先实行体育中考制度改革，实行学校体育设施向社会开放，推行"一年四假期"制度，开拓无障碍升学渠道等，加快了教育系统内部制度的建设，实现了教育创新，有效地提升了教育竞争力。

四、教育资源是提升都市教育竞争力的保障

教育资源，指教育发展的条件，包括教育领域通过社会总资源的配置所取得的所有人力资源、物力资源和财力资源的总和，是教育过程所占用、使用和消耗的人力、物力和财力资源，即教育人力资源、物力资源和财力资源的总和（徐一超，2005）[8]。教育资源是发展教育事业和进行教育工作的物质基础。人力资源包括教育者和受教育者人力资源。教育者人力资源主要以教师为主体，教师的受教育程度、综合素养、专业化程度、创新能力等；受教育者人力资源，主要受人口变化的影响，并直接影响办学规模。物力资源包括学校中的固定资产，如校舍、教学和生活设施、实验室、图书资源，等等。财力资源是人力和物力的货币形式，直接体现为教育经费。教育经费的投入水平，是教育资源是否充足的一个十分重要的指标，也是维持教育正常运转的关键。教育基础性设施是教育资源的又一重要因素，也是进行教育活动必备的基础条件。如生均校舍、生均图书册数、生机比等，是教育现代化的显性指标，体现教育资源中硬件的建设水平和丰富程度。教育资源配置的合理与优化、优质教育资源的拓展、教育资源的整合利用是提升教育竞争力的重要基础。

教育资源虽然不是都市教育竞争力的决定因素，但是教育发展重要的外部条件，尤其是教育发展的初期，这种外部力量可能会起关键性作用。然而，随着教育体制改革的深入和教育内涵发展的推进，尤其在教育投入达到一定保障的前提下，教育资源的富有程度并不直接决定一个区域的都市教育竞争力水平。正如课题组调查数据显示，Q、R、S、T等城市的教育投入增长水平，在20个样本城市中居前列，而教育竞争力的排位则位居末尾。

第三节　中国都市教育竞争力研究的基本结论

根据课题组对20个300万以上人口的大都市教育发展采样数据的研究，对我国都市教育竞争力发展的总体情况可作如下评估。

一、中国都市教育竞争力呈现良好的发展态势

改革开放30年，尤其是进入新世纪后，随着中国城市化进程、都市综合实力不断攀升，中国教育经历了翻天覆地的变化，从教育规模的扩大到教育质量的提升，从外部教育条件的改善到内在教育机制的激活，都市教育竞争力水平不断提升，从而实现了中国教育的跨越式发展。

（一）教育投入快速增长，外部发展环境良好

各级政府把教育作为头等大事，保障教育经费投入的三个增长，大大改善了办学条件。近年来，学校校舍的大面积改造和新建、教学实施设备的增添、生均公用经费的增加以及生机比、图书人均册数的提高等，表明教育发展已经有了一个良好的物质保障系统，为我国都市教育现代化奠定了基础。在课题组调查的20个都市中，无论是位居教育竞争力水平前列的A、B、C市，还是教育竞争力水平相对落后的S市和T市，教育经费增长都非常明显，教育设施改善力度很大。

尤其是一些经济发展水平相对较低的都市，教育投入增长速度超过都市平均水平，表明这些都市在发展战略上选择了通过加大教育投入来加速经济社会发展的模式。

（二）国民教育体系完备，教育综合实力大大增强

随着全面普及"九年"义务教育的开展，我国都市已基本上实现高质

量普及九年义务教育的目标。20个都市义务教育普及率都在99.5%以上，此一成就意味着我国都市人口素质基准的整体提高；同时也标志着都市教育发展进入了重心上移的新阶段。

一些经济发达的都市已率先普及"十五"年教育。如浙江省2004年已普及"十五"年教育，基础教育的发展迅速向学前与高中两端延伸，高中段教育呈现普通教育与职业教育的同步发展，浙江省杭州、宁波、绍兴、嘉兴、金华等地，截至2008年已持续八年普职结构维持在1:1。

在此基础上，一些发达都市开始普及高等教育。如浙江省2008年高等教育毛入率已达到43%，高等教育结构多元，普高与职高协调发展。这标志着从学前教育、九年制义务教育、普职双轨的高中段教育到高等普通教育和高等职业教育并重的完备的现代国民教育体系，在我国都市已基本建成；职业教育在都市得到普遍重视，高等院校聚集少数省会城市的现象得到根本性的扭转，高等专科及以上院校开始在都市形成合理的布局。

（三）教育内涵发展，教育质量显著提升

随着基础教育普及九年、十五年教育以及高等教育的大众化，教育综合实力提升的主要矛盾转向教育内涵的发展和教育质量的提高。科研与创新，成为激活教育发展内驱力的源泉。如何突破现有的发展模式，进一步解放思想，激活人的发展潜力，满足人民群众对优质教育的需求，制度创新成为实现教育跨越式发展的重要杠杆。课题组在调查过程中发现，20个都市的教育科研、制度创新已开始得到不同程度的关注，尤其是都市教育竞争力排名靠前的都市，如E市、F市、B市等，教育科研受到普遍重视，"科研兴教、教研兴校、科研兴师"蔚然成风，教育科研进入到教育行政决策系统，参与到教育规划的制定与教育管理之中，对现行教育产生了显著的促进作用，使都市教育富有发展活力。这进一步表明，教育科研与制度创新是提升都市教育竞争力的重要杠杆。

（四）推进教育公平，关注弱势教育群体

本研究中，教育公平主要从盲聋哑及智障等特殊儿童少年义务教育入学率和外来务工农民子女义务教育入学率两个指标来考察。随着人们对教育的公益性和基础性的关注，教育公平作为衡量都市教育发展质量的一个重要指标已逐渐被认同，教育公平已经成为政府当前亟须破解的教育难点问题。然而，教育公平的真正实现依赖于都市综合实力的整体提升。课题组调查表

明，较发达的都市如 C、K、A、D、E 等市，教育公平已得到较好地实现。而 T、R 等市，教育公平问题还有更长的路要走。

二、我国都市教育竞争力亟待加强

课题组发现，都市教育竞争力研究也暴露出我国都市教育发展中存在的一些问题。

（一）加大力度，促进教育均衡发展

由于不同区域间经济发展水平不同，都市教育发展水平呈现很大的差异。尤其是都市间高中段及以上教育发展水平存在较大差距。一些都市如 A、E、B 已全面普及高中段教育，高等教育毛入学率超过 40%；而与之形成鲜明对比的是，个别都市高中段教育毛入学率仍在 30% 左右、高等教育毛入学率在 20.4% 左右，低于全国平均水平（23%）。而从指标值上看，分项教育竞争力的绝对差距（如：质量力的极差为 5.713）大于综合教育竞争力的绝对差距（极差为 2.027），这其中固然有区位因素造成的差异，亦有历史发展因素决定的差异，但也从一个侧面反映了我国都市教育竞争力水平上存在的巨大差距。

（二）优质教育资源亟待扩张

都市教育竞争力集中表现在都市提供优质教育产品和服务，提高居民教育水平的能力。都市教育发展到今天，我们切实地感受到人民群众对教育的需要已经由"有书读"转向"读好书"，而目前优质的教育资源还是相对紧缺的，远远满足不了老百姓的需求，教育改革的深层目标就是推进课程改革、落实素质教育、提升教育质量、扩大优质教育资源。浙江省近年来，通过办学体制改革、名校集团化办学的方式，以名校带弱校、以名校带新校，大大缩短了学校的成长周期，快速扩张了优质教育资源的使用范围。面对不同区域的都市教育发展，需要进一步深化改革，从都市经济社会发展全局出发，统整各级各类教育的整体发展。从都市教育体系内部构思各级各类教育发展之间的联系与相互影响，有意识地促进不同教育部类之间的协同与匹配。从而，构建教育事业发展的长效机制。

（三）教育公平仍需关注

今天各都市教育，已经关注到了教育的公益性和基础性，而且政府也将

推进教育公平作为民生大事来抓,每年都为外来务工农民子女的教育出台政策,切实帮助特殊儿童解决入学难和入好学的问题,取得了显著成效。但是,我们应当看到今天的教育公平还是很有限的,如何从起点公平,走向过程公平,并最终达到结果公平,还需要深入研究,深化管理体制内部的改革。

(四) 教育投入需要持续加强

教育投入作为教育事业发展的重要外部条件,在任何时候都是不可或缺的。虽然,教育投入与过去相比已经有了大幅度的增长;虽然,教育投入在都市教育发展的不同时期所起的作用可能是不同的,但是目前的教育投入的增长离中国都市教育发展的实际需求还有很大的距离,远远满足不了优质教育发展的需要。由此,各级政府和教育行政部门还是要不遗余力地努力增加教育投入,包括校舍、设施等教育硬件条件的改善和师资培训、文化建设等教育软环境的优化,这对发展都市教育竞争力至关重要。

同时,为保证教育投入的科学、持续增长,需要建立长效机制,即依据现实的信息资源制订教育发展规划,并进行相应的经费预测。一些都市教育规划是在过去或现有教育格局基础上的修订,既缺少明确发展思路的指引,相应的数据基础与民意基础也十分薄弱,因而规划的制订过程和经费测算结果都颇为可疑。也正是因为如此,尽管多数都市都有书面的教育规划和经费支出预测,但课题组注意到,许多规划还只停留在形式化的蓝图或文字,对都市教育发展的具体实践影响甚微。尤其值得关注的是都市政策层面的经费预测和使用研究甚少,针对教育运行中出现的新情况新问题,缺乏有理念有操作的制度设计,因此教育发展难以超越领导者的个人魅力,而建立起一种长效机制。

第四节 不同发展水平的都市教育竞争力特征分析

将都市按照社会经济发达程度来划分,可以分为发达都市、较发达都市、欠发达都市,对不同发达都市教育竞争力的分类研究与典型分析,有助于厘清不同都市社会经济背景下教育发展的不同特征,明确教育发展的政策走向,这是进行都市教育竞争力研究的基本任务,也是实施有效分类指导的重要依据。

一、发达都市教育竞争力的特征分析

根据倪鹏飞主编的《中国城市竞争力报告》(2008版)中对200个城市综合竞争力的分析,发达都市典型的有F、A、C、D、E,等等。

(一) 社会经济发展背景

发达都市社会经济发展水平高,人均GDP普遍超过40000元,如C、D、E市等。这些社会经济处于发达水平的都市,其就业结构与产业结构GNP中的第一产业比例较低,第二产业与第三产业比例较高,第三产业发展迅速,处于工业化后期或后工业化时期。

调查数据显示,C市2007年人均GDP达到91911元,就业结构为7.0:63.5:29.5,第一、第二、第三产业GNP构成为1.7:63.7:36.6,为工业化城市;L市,2007年人均GDP达到60917元,第一、第二、第三产业GNP构成为2.2:64.9:32.9,为工业化城市;F市,2007人均GDP达到56044元,2006年就业结构为6.6:24.5:68.9,2007年第一、第二、第三产业GNP构成为1.1:27.5:71.4,为后工业化城市。

(二) 教育竞争力特征

发达都市教育竞争力水平比较高,以F、A、C、E市为代表。它们往往对教育需求旺盛,优质教育资源充足,教育发展基础好。

首先,教育普及化程度高。不仅从学前教育、义务教育到高中段教育等。整个基础教育普及程度高,而且高等教育也达到大众化,毛入学率达40%以上。教育重心上移,人均受教育年限提高,城市向居民提供优质教育的服务能力强。

其次,教育结构多元协调。不仅学前教育、义务教育与高中教育之间的结构合理,中等教育职教与普教也同步发展,与都市经济结构相适应。如E市和K市,从2001年开始普职之间保持1:1的比例;随着科技密集型产业的出现,对劳动力的专业知识与技术创新的要求不断提高,高等职业教育得到快速发展,使高等教育也呈现与普职同步发展的趋势。

最后,教育富有活力。教育科研与制度创新在提升都市教育竞争力中的作用得到凸显。通过教育体制改革与机制创新,进一步激发教育的内在活力,扩大优质教育资源。通过教科研进一步转变教育观念,推进素质教育,丰富教育内涵，提升教育品位。

(三) 发展趋势与政策建议

从国际教育改革与发展的总体趋势看，"普及、均衡、优质"是教育发展的总体趋势。发达都市由于经济社会发展总体水平较高，教育事业有一个较高的起点，各级各类教育发展总体上处于高位运转状态，外部发展环境良好，正面临着从普及发展向均衡、优质发展的模式转型。

具体而言，教育如何在宏观层面上与都市发展战略紧密结合，成为都市竞争力的动力源，如何更好地解决外来务工人员子女教育问题，推进均衡、优质、公平的教育等，发挥社会稳定器功能；在微观层面上，如何满足民众对多样化的优质教育的需求；如何深层次开展教学改革，减负增效、推进素质教育，为每个学生提供适合的教育，以教育提升市民生活质量等；越来越成为发达都市教育面临的新问题。教育的政策选择取向，应当充分利用都市自身现有的发展优势，有重点地解决好核心问题。

第一，根据都市经济社会发展长期战略，尤其是城市定位战略和城市竞争力战略（参见表5-3），来评估都市教育发展，在教育与都市经济社会重点项目的结合点上，寻找教育改革与发展的切入点，通过教育与经济的互动，重新定位都市教育发展。在这一方面，发达都市在保证各级各类教育协调发展的前提下，有条件先行进行探索，在都市竞争优势培育和都市发展制高点建设上，主动介入，形成有特色的教育项目或教育发展模式，推动都市发展繁荣的同时，促进自身的可持续发展。

表5-3 城市发展战略比较（李明，2004）

	城市定位战略	城市核心竞争力战略
理论来源	城市组织经济学。	基于资源（知识）的竞争力理论。
理论假设	城市内外环境不确定性低，组成环境和城市的单元之间差异性小。单元的变化节奏基本相似同步。	城市内外环境变化快，偶尔还有质变，不同的单元是异质的，这种异质性可持续较长时间。
战略问题	定位在什么发展目标。	应该培养什么样的城市组织应变能力。
战略目标	明确定位。	形成独特的竞争力。
战略参照物	自身（过去成功模式）。	城市竞争力。

续表

	城市定位战略	城市核心竞争力战略
战略步骤	识别一个有吸引力的目标，选择一个有利的定位，采用相应的保护性策略。	确立一个战略意愿或蓝图，积累战略资源和培养核心能力；在不同的环境和机遇情况下，运用独特的战略资源和核心能力进行争夺。
竞争优势来源	独特而准确的目标定位。	独特不宜模仿的战略资源和竞争能力。
内在风险	很难随环境的变化迅速改变目标定位。	培养战略资源和竞争力对环境变化应有的适应性。

第二，转变发展模式，以制度创新和教育科研为抓手，推进教育内涵的发展。各种竞争力研究均表明，竞争力的稳健提升与外部发展环境尤其是制度与政策环境关系密切。从课题组取得的实证数据看，目前我国都市公开出版物和网站等公开渠道发布的教育信息中，普遍缺少制度创新方面的记录与数据，这从一个侧面反映了制度创新在都市教育发展中的重要作用尚未得到充分的认识。由此出发，要积极地转变教育发展重"硬件"建设，轻"软实力"提升的传统发展思路，树立"教育科研"先导，以"制度创新"护航的新兴发展模式。根据发达都市教育发展的重点、难点和热点，加强政策研究和科研管理。以问题解决为目的，推进制度创新，强化制度出台、实施和成效评估，增强制度的实效性和针对性；设置教育科研攻关的项目，并有计划地进行成果推广，切实将先进的教育科研成果转换为教育可持续发展的动力。

第三，转变教育观念，深化教育改革。确立现代教育办学理念，实施素质教育，关注弱势群体，推进教育均衡、公平、优质发展，建立开放多元的教育系统。建立终身学习的教育体系。要依据社会经济发展需要，不断调整教育结构，丰富教育类型，延长居民受教育年限，打造学习型社会。

二、较发达都市教育竞争力特征分析

根据倪鹏飞主编的《中国城市竞争力报告》（2008版）中对200个城市综合竞争力的分析，较发达都市的代表是P、R、S三市。

（一）社会经济发展背景

较发达都市社会经济发展水平比较高，其就业结构与产业结构GNP中的第一产业比例较低，第二产业与第三产业比例较高，基本处于工业化初期或中期。调查数据显示，R是人口众多的工业城市，2007年人均GDP达到22143元，作为以电子工业和国防工业为基础发展起来的大城市，处于工业化初期，第二产业、第三产业的发展带动了整个经济的发展。2007年第三产业获得了迅速发展，已达到38.18%，在产业层次竞争力上提升很快，从而带动了都市综合竞争力水平的提高（倪鹏飞，2009）[276]。

（二）教育竞争力特征

较发达都市现有教育竞争力水平尚属中等，但发展态势良好。以R市为例，作为四川省的第二大城市，是以电子工业为第一经济支柱的工业城，是我国重要的国防科研和电子生产基地，作为传统工业城如何把丰富的科技资源转化为经济和产业优势，需要培养和造就大批高素质的劳动力，这成为推进R市各级各类教育事业快速发展的内驱力。近年来，R市基础教育保持快速健康发展，中等职业教育走特色办学之路，民办教育发展迅速，高等教育逐步壮大。从中也反映出较发达都市教育竞争力发展的一般特征：

首先，基础教育快速发展，质量稳定。随着义务教育的普及，保证居民的基础文化水平和文明教养程度有较好的水准。

其次，中等教育多元开放、结构合理，职业教育富有特色，优势明显，直接为都市经济转型和产业结构调整提供劳动力支持。

最后，尽管教育竞争力总体水平相对落后，但这些都市教育发展内驱力强，活力日益彰显，高等教育规模扩大，正逐步进入发展快车道。

（三）发展趋势与政策建议

对于较发达都市，如何适应经济转型升级与产业结构发展的需要，寻找教育发展的突破口，是提升教育竞争力的关键。

首先，确立优先发展中等职业教育的政策导向。较发达都市正面临工业化中期向后期转型的关键期，以中等职业教育为基点可有效地激活教育发展的内在动力，并逐步过渡到大力发展高等职业教育阶段，使经济发展有后续潜力，以拉动整个教育事业的发展，整体提升教育综合实力。在这一方面，台湾地区的发展为我们提供了有益的借鉴。20世纪60—70年代，台湾经济由内向型经济转向外向型经济,为配合生产建设部门需求,教育转向以职业教育为中心,使职业教育和职业训练得到迅速发展,到 80 年代,为配合产业升级,从 1985 年起重新开放私立专科以上学校,大学院校与研究所数量激增,形成了"为经济发展服务、按经济需求办学(吴德刚,2007)[324]"的发展模式,成为台湾发展的成功经验。

其次,较发达都市已建成从幼儿园到高等教育、包括社会教育和终身教育在内的、完备的现代国民教育体系,在这一背景下,都市教育体系内部各级各类教育之间、高中段普通教育与职业教育之间、教育输送的人才与都市的需求之间结构协调,将成为促进或妨碍都市教育竞争力提升的重要条件。由此,应将教育体系的结构性优化作为较发达都市教育发展的主线。应有意地强化各级教育之间的衔接和整体发展意识,树立大教育观,不仅要关注"学生流"、"资源流"、"教师流"在教育体系中的分布和走向,重视"量"的协调;而且要注重各级各类教育在"质"上的均衡与协调,减少、改变"初中洼地"、"薄弱学校"等结构性失衡现象,遏制"短板"效应,以优化的体系结构,打造都市教育发展的竞争力。

最后,"扬长补短",提升都市教育综合竞争力。较发达都市教育竞争力水平尽管整体上靠后,但我们注意到这些都市教育事业的一些指标亦存在着明显的发展优势,较发达都市应在对教育发展现状进行科学的总体评估的基础上,建立教育事业发展中长期分析框架,客观地分析本市教育的发展指标,制订相应的分类发展策略,即不仅要针对都市教育发展的薄弱之处,制订改进的具体举措;针对都市教育发展的现有优势,强化现有教育竞争优势;而且要善于跟踪发达都市教育发展的主流动向,捕捉都市教育发展的潜在优势,全面提升教育竞争力水平。

三、欠发达都市教育竞争力特征分析

根据倪鹏飞主编的《中国城市竞争力报告》(2008 版)中对 200 个城市综合竞争力的分析,本次研究中欠发达都市样本为 T 市。

(一)欠发达都市社会经济发展背景

欠发达都市社会经济发展水平较低,其就业结构与产业结构 GNP 中的第一产业比例较高,第二产业与第三产业比例不高,一般处于前工业化时期。统计数据显示:T 市,2007 年人均 GDP 达到 10332 元,第一、第二、第三产业 GNP 构成为 23:40:37，第二产业、第三产业发展缓慢，在产业层次竞争力上提升不快，都市经济整体水平有待提升。

（二）教育竞争力特征

欠发达都市教育竞争力水平较低，以 T 市为例。基础教育在规模、质量、结构上都不同程度地存在较大差距，如义务教育巩固率、学前教育入学率、高中入学率、教育结构比例等各项指标，在 20 个都市中排名后五位。同时，教育发展的内驱力不强，教育与经济联系不密切，教育对经济发展和产业结构调整的积极作用还没有得到体现；教育活力没有激发，教育科研与制度创新薄弱，在 20 个都市中排名后五位。我们从中可以分析欠发达都市教育竞争力发展的一般特征。

首先，基础教育整体实力有待加强，尤其是九年义务教育与高中段教育质量的提升。

其次，教育发展保证机制需要建立。教育投入不足，基础教育教学设施改善、教育经费增长没有形成长效机制。

最后，教育需求不强，教育活力尚待开发。中等职业教育发展力度不够，教育结构调整、机制创新没有得到重视。

（三）发展趋势与政策建议

对于欠发达都市，需要强化教育与经济之间的联系，挖掘资源优势，通过教育提高资源利用率，培植教育竞争力。

首先，转变观念，确立教育优先发展的战略地位。各级政府和教育行政部门，通过教育发展战略规划的制订，落实与经济发展之间的协同与配套政策，构建教育发展的良好生态环境。针对我国都市教育事业发展的现状、面临的主要困难，以及教育在都市发展中的基础性、先导性、全局性作用，从可持续发展的科学发展观出发，在都市发展的长远战略中进一步确立和强化教育强市的发展思路。都市在发展战略上要高度重视教育。具体而言，在宏观规划层面，强化教育与都市经济社会发展中的内在联系，制订科学合理的、目标明确的、操作性强的都市教育发展战略，形成"强市"的教育解决途径；在政策和制度的设置与安排上，通过有计划、有目标的中长期的政策和机制，在教育与都市经济社会发展之间建立牢固的纽带关系；在载体和资源上，通过专门性项目和工程，以有效的举措有意识地培育教育在经济社会中发挥作用的新的增长点；定期发布教育促进都市人口素质提升和经济社会发展成效的报告。

其次,依法加大经费投入,加强校园基础设施改善,提升基础教育质量。在巩固九年义务培育发展的基础上,整合现有高中,扩大优质高中资源,加快普及高中教育。欠发达都市教育投入一般都会绝对不足。如 T 市,尽管政府教育财政力度加大后,教育投入出现了"小基数高增长"的新特点,但由于历史欠账过多,教育投入仍主要指向基础设施和教育装备建设等必要条件和扩大规模。对欠发达都市而言,教育投入是一个都市的教育维持必要规模与基准质量的前提和保障,作为都市教育事业发展的基础,构成了都市教育竞争力的关键性制约因素,离开投入保障,提升教育竞争力只会成为一句空谈。

最后,加强基础教育的普及和提高。欠发达地区的经济社会发展水平决定了应优先发展基础教育,逐步发展高层次教育,现阶段最迫切、最重要的任务是"提高居民的基本文化科学素质、职业技术素质(彭世华,2003)[269]"。就欠发达地区的现状来看,在普及九年义务教育、保障初中教育巩固率的基础上,加快学前教育与高中段教育发展,普遍提高社会劳动人口和各种人才的基本素质,是整个教育发展的重点。

第六章

中国都市教育竞争力个案研究

　　对个案的深入调查仍然是揭示整个系统完整性及行动过程多样性的最佳方法（杰拉德·盖泽尔，2004）[149]。都市教育竞争力个案研究旨在通过典型样本都市教育与经济社会发展关系、都市教育发展优势与劣势的分析，从竞争力研究视角为都市教育发展提出对策建议，并给同类都市教育发展以启发。

　　选择嘉兴、汉中、绵阳和烟台为案例城市，一方面是出于兼顾不同的区域和不同发展水平都市的考虑，另一方面也是这些城市提交的数据相对而言更为完备，有利于我们从整体上对其教育竞争力状况进行综合分析。

第一节 嘉兴市都市教育竞争力个案研究

嘉兴市是浙江省的直辖市,是浙江省的重要海港和上海南翼的重要工贸城市,它是一座有着深厚文化积淀和光荣历史的名城,也是中国共产党的诞生地。

嘉兴市位于浙江省东北部、长江三角洲杭嘉湖平原腹心地带,与沪、杭、苏、湖等城市相距均不到百公里,区位优势明显,尤以地处有人间天堂之称的苏杭之间而著称。下辖两个区、三个市、两个县。据5‰人口抽样调查推算,2006年全市常住人口408万人(户籍人口336.81万人)。

一、嘉兴市社会经济发展:区域经济特色鲜明

作为长江三角洲的中心,嘉兴的地理位置和经济位置举足轻重。中国大陆第一座核电站——秦山核电站即位于嘉兴境内,世界最长的跨海大桥业已开通。嘉兴是上海扩大开放的前沿阵地,承载着上海浦东开发的辐射,苏南开放型经济和浙南民营经济的交会影响,形成了鲜明的区域特色经济。

改革开放以来,特别是近年来,嘉兴发展更是充满生机与活力,综合实力明显增强。据统计,2007年全市地区生产总值1585.18亿元,按可比价格计算,比上年增长14.4%,增幅提高0.5个百分点。按户籍人口计算,人均地区生产总值47153元,增长14.0%,折合6201美元;按常住人口计算,人均地区生产总值38354元,增长11.8%,折合5044美元。全市城镇居民人均可支配收入20128元,农村居民人均纯收入10163元,分别增长12.9%和13.5%。

与此同时,嘉兴经济社会均衡、协调发展,社会发展水平位居浙江省前列。目前所辖县(市)均进入中国百强县前30强和"浙江省小康县"行列。市和所辖五县(市)全部进入全国科技进步先进行列,全部荣获省级文明城市(县城)、省级教育强县(市)称号。在香港"中国城市竞争力研究会"发布的"2006中国十佳和谐发展城市"排行榜中,嘉兴在国内289个城市中排名第六位。而在《长三角城市群综合竞争力(2005年版)评价报告》中列举的长三角城市综合竞争力排行榜中,嘉兴位居中游,长三角16个城市依次为:上海、苏州、无锡、杭州、南京、宁波、绍兴、常州、

嘉兴、台州、镇江、湖州、舟山、南通、扬州、泰州①。在中国社科院倪鹏飞主持编撰的2008年版《城市竞争力蓝皮书：中国城市竞争力报告No.6》中，嘉兴城市综合竞争力在200个统计城市中位居第60位（参见下表）②。

表6-1 嘉兴市在2007年中国200个城市综合竞争力及各项指标的排名

城市	综合竞争力	增长指数	规模指数	效率指数	效益指数	结构指数	质量指数
嘉兴	60	96	82	73	47	69	31

另外，国家统计局公布的2006年度全国地级以上城市综合实力百强名单中，嘉兴市排名第56位③。这些不同口径但较权威的统计数据表明，嘉兴市在目前国内大城市综合实力或竞争力排名中基本处于中游或中游偏上位置。

"十一五"期间，嘉兴市提出努力争取实现四大目标，即基本确立长三角经济强市地位、基本形成现代化网络型大城市、基本建成文化大市建设体系、基本实现全面小康社会目标。上述目标如能顺利实现，无疑将有力提升该市的城市综合实力或竞争力排名。

二、嘉兴市教育发展：着力推进城乡教育均衡化

近年来，嘉兴市以"加快教育发展，建设教育强市，办人民满意教育"为目标，深化教育改革，创新教育机制，大力推进城乡教育均衡化，教育事业得到快速健康发展。至2006年，全市省级教育强乡（镇）达到94.2%。全市有各级各类学校（含幼儿园）838所，在校学生64.35万名；有教职工38612名，其中专任教师32606名。该市已有的教育举措包括：

● 启动教育强市建设。出台全市教育事业发展"十一五"规划、教育强市建设规划、职业教育发展"十一五"规划和市级中小学布局规划。继

---

① 长三角城市群综合竞争力评价指标体系是参照IMD2001年后的国际竞争力评价指标体系，同时结合国家统计局的统计规范要求和统计指标体系的各类项目，以及长三角各城市的指标统计状况，同时参阅IMD2001年以前的国际竞争力评价指标体系而建立的。主要包括4大要素及14项中观指标41个指标，其中4大要素主要包含经济运行、政府效率、企业效率、基础设施和社会系统，14个中观指标是：国内经济实力、国内（国际）贸易、国际投资、就业、公共财政、市场保障、教育、金融市场、人才市场、旅游市场、基本基础、科学技术设施、健康基础设施、人民生活。

② 本研究中教育竞争力指标采集的数据为2006、2007年数据，案例研究中均以倪鹏飞课题组的同期城市竞争力研究结果作为城市经济社会发展的背景，后节同。

③ 这次百强测评的范围为2006年年底全国286个地级及以上城市。

续实施新一轮中小学布局调整,基本完成"高中向县城集中、初中向中心镇或镇政府所在地集中、小学向镇和中心村集中"的布局调整目标,基本实现城乡学校建设的均衡布局。

● 加大教育投入力度。2006年,全市教育经费总投入37.93亿元,其中市级教育经费总投入11.4亿元,增长26.5%。"以县为主"的基础教育管理体制全面确立,建立起教育管理、经费投入以县为主、各镇为辅,责任明确的农村义务教育管理体制,乡镇教育附加的统筹达到90%。

● 深化教育改革。深化学校内部管理体制改革,逐步建立以促进学生全面发展为目标的评价体系。研究探索发展民办教育政策,将民办学校教师纳入师资交流中心统一管理。加大对外来人员子女教育及学校建设的指导、监管和扶持力度,全市外来人员子女入学率超过96%,其中在公办学校就读的占50.24%。

● 加强队伍建设。围绕教师专业成长需求,开展全员培训,逐步形成"普通教师—学科带头人—名师—特级教师"四级教师成长培训体系。

● 强化教育管理。抓好教学常规管理,完善中小学质量监控体系。全市学前三年入园率达到96%,15年基础教育普及率达到97%,小学入学率、巩固率、小升初比例保持100%,初升高比例达到95.23%,普通高中与中职招生比为1:1.03。

上述举措使嘉兴市教育发展保持在一个较高的水准。

三、嘉兴市教育竞争力的优势与劣势分析

(一) 嘉兴市教育竞争力指数与排名

综合指数与排名。嘉兴市在2007年中国20个都市教育竞争力排名中位列第10,而其城市综合竞争力在进入中国都市教育竞争力排名的16个一类城市中排名末位。都市教育竞争力超越其城市综合竞争力排名,在20个城市中处于中游位置。

表6-2 2007年20个都市教育综合竞争力与城市综合竞争力得分及排名

城市	教育竞争力综合得分	教育竞争力综合排名	城市综合竞争力得分	城市综合竞争力排名	城市档次
嘉兴市	0.00459	10	0.462	60	1

软力指标与硬力指标的排名。嘉兴市软力指标（包括创新力、科研力与公平力）得分低于 20 个城市的均值，排名第 14 位。而硬力指标（包括规模力、结构力、质量力与投入力）得分高于 20 个城市的均值，排名第 6 位。

表 6-3　20 座城市软力指标与硬力指标得分及排名

城市	软力指数	软力排名	硬力指数	硬力排名	综合排名
嘉兴市	-0.258	14	0.188	6	10

各项分力指标排名及分析。嘉兴市在 20 个城市的 7 个分力指标（规模力、结构力、质量力、投入力、创新力、科研力、公平力）排名中，多数指标排位中游（8-15 位），只有一项排在前 5 位，但没有排在后 5 位的分力指标。

表 6-4　2007 年中国 20 个都市教育竞争力各分力指标排名

城市	规模力排名	结构力排名	质量力排名	投入力排名	创新力排名	科研力排名	公平力排名	综合排名
嘉兴市	13	10	2	10	12	15	8	10

排名前 5 位的分力指标：质量力。

在 7 个分力指标中，嘉兴市的质量力指标得分为 0.827，在 20 个城市中排名第 2 位，仅次于厦门市。

其余分力指标排名基本在第 10 位左右。

其中，嘉兴市的科研力指标得分为 -0.744，排名稍差，在 20 个城市中排名第 15 位，在一类城市中排名仅高于哈尔滨市，比二类城市金华市（排名第 4 位）也要低很多。

对都市教育竞争力 7 个分力所涉及的 17 项单项指标作进一步的比较分析发现，嘉兴市有 6 项指标排名在中间偏上（6-10 位），7 项指标排名在中间偏下（11-15 位）位置，有 2 项指标排名在前 5 位，2 项指标排名在后 5 位。

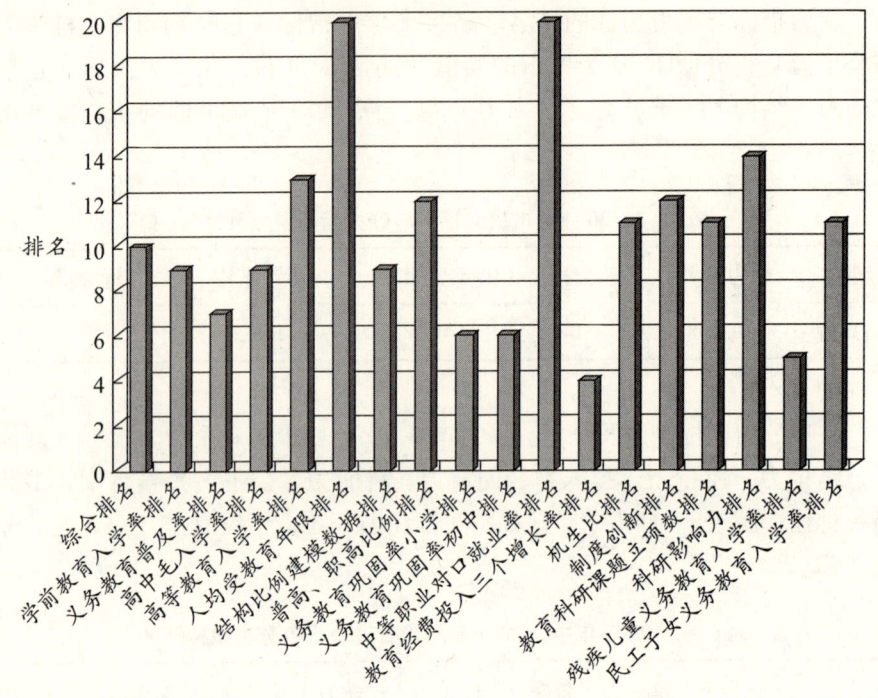

图6-1 嘉兴市教育竞争力各指标排名柱状图

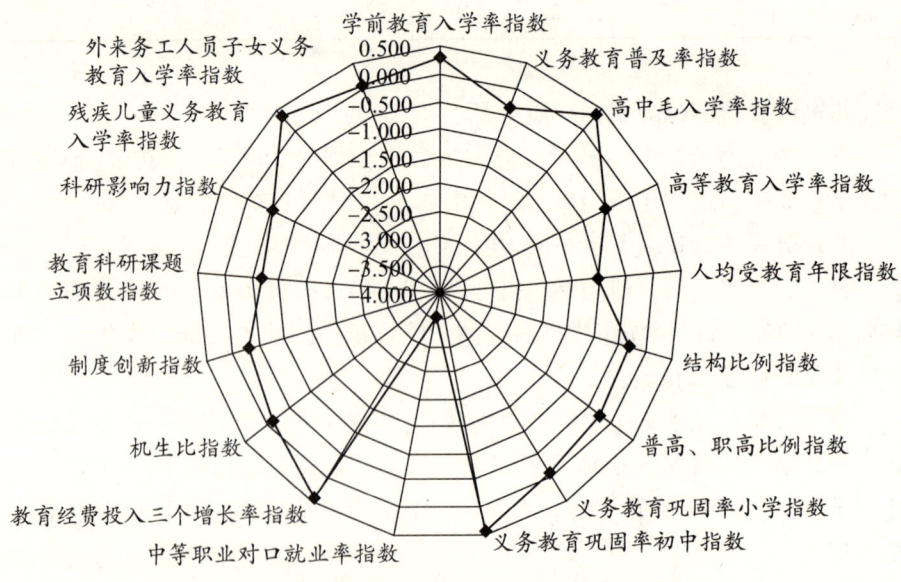

图6-2 嘉兴市教育竞争力主要指数雷达图

排名前 5 位的单项指标：教育经费投入三个增长率、残疾儿童义务教育入学率。

嘉兴市教育经费投入三个增长率指数为 0.402，在 20 个城市中排名第 4。残疾儿童义务教育入学率指数为 0.372，在 20 个城市中排列第 5。

排名后 5 位的单项指标：人均受教育年限、中等职业教育对口就业率。

嘉兴市人均受教育年限指数为 －1.042，在 20 个城市中排名末位。中等职业教育对口就业率为 －3.548，在 20 个城市中排名倒数第 1。

将嘉兴市七个分力指标得分与 20 个城市均值比较发现，嘉兴市分别有 3 个分力指标高于 20 个城市的均值，有 4 个分力指标低于 20 个城市的均值。

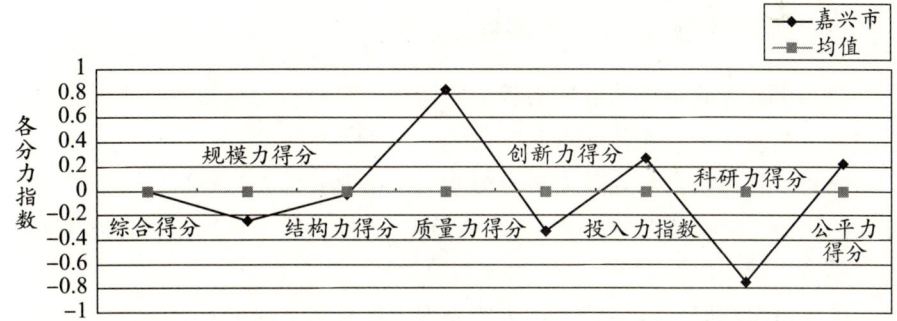

图 6－3　嘉兴市教育竞争各分力与 20 个城市均值的比较曲线图

高于均值的分力：质量力、投入力、公平力。

嘉兴市质量力、投入力、公平力得分都高于 20 个城市的均值，其中质量力位居第 2，投入力位居第 6，公平力位居第 8。

低于均值的分力：科研力、创新力、规模力、结构力。

嘉兴市的科研力、创新力、规模力、结构力得分都低于 20 个城市的均值，其中科研力显著低于 20 个城市的均值，创新力得分也稍差。

（二）嘉兴市教育竞争力发展优势分析

嘉兴市教育竞争力的发展优势集中体现在质量力方面，同时在投入力与公平力方面也有不俗表现。

从嘉兴市教育竞争力各分力与 20 个城市均值比较曲线图可以发现，嘉兴市具有较强的质量力，质量力在 20 个进入教育竞争力排名的城市中排名第 2，在同类城市中具有明显优势。

嘉兴市教育投入力在20个进入教育竞争力排名的城市中排名第6，在同类城市中具有一定的发展优势。教育投入力主要包括教育经费投入的三个增长率及生机比，嘉兴市教育经费投入三个增长率指数为0.402，在20个城市中排名第4。同时，嘉兴市的计算机学生比排名第12位，在学校教学设施方面也给予了一定的重视。

嘉兴市教育公平力在20个进入教育竞争力排名的城市中排名第8。教育公平力主要包括特殊教育儿童入学率与外来务工子女入学率，嘉兴市特殊教育儿童入学率指数为0.372，在20个城市中与青岛市、宁波市并列第5位。外来务工子女入学率指数为0.050，在20个城市中排名第11。良好的教育环境为嘉兴市教育的均衡发展创造了有利的条件。

（三）嘉兴市教育竞争力发展劣势分析

嘉兴市教育竞争力的发展劣势主要体现为科研力与创新力水平偏低，与城市经济发展水平不相匹配。

嘉兴市的科研力与创新力得分分别为 -0.744 与 -0.332，均低于20个城市的均值，单项排名分别为第15位与第12位，低于嘉兴市教育竞争力的综合排名（第10位）。

嘉兴市在科研力方面的不足主要表现为近几年来缺少有影响力的教育科研课题。近年来，嘉兴市很少有国家级教育科研立项课题。2007年，全市共有教育科研立项课题441项，其中全国教科"十一五"教育部规划课题仅1项。同时，嘉兴市也很少有具有影响力的教育科研成果，教育科研影响力在全国同类城市中属偏低水平。

嘉兴市在创新力方面的不足主要表现为在教育的发展过程中求"均衡"而少"亮点"，整体水平较高但拔尖成果稀缺。之所以造成这一现象，与嘉兴市所处的地缘环境及传统文化不无关系。嘉兴自古为富庶繁华之地，改革开放以来，嘉兴承载着上海浦东开发开放的辐射、苏南开放型经济和浙南民营经济的交汇影响，经济社会快速发展，综合实力显著增强。长期的富庶发达也带来了负面的因素：即"小富即安"，缺乏创新意识。同时，嘉兴市地处平原地区，城乡联系便捷，加之深受吴越文化浸染，习惯且有利于追求"均衡"发展，至2007年，嘉兴市九年义务教育阶段的中小学学校建设标准化率已达95%以上。但与此同时，创新动力的不足也阻碍了嘉兴市教育质量的进一步提升。表现之一是嘉兴市的中等职业教育对口就业指数为 -3.548，在20个城市中排名倒数第1。

同时，嘉兴市人均受教育年限在20个城市中排名末位。虽然嘉兴市近年来大力发展教育事业，为城市建设提供了基础性的支持，但全市人均受教育年限在全省仍处于中下游水平。随着嘉兴市经济的快速发展，如何让全体嘉兴市民包括外来人员子女获得同等的教育服务，是当前教育亟待解决的问题。

四、提升嘉兴市教育竞争力的对策及建议

（一）嘉兴市教育面临的挑战

根据《中国城市竞争力报告》的分析（倪鹏飞等，2008）[532]，嘉兴市综合竞争力得分为0.462，在200个城市中排名第60位，指标属于B++等级（排名进入前60位），其文化教育竞争力指标属于A+等级（排名进入前20位），教育环境竞争力指标则属于A--（排名进入前50位）等级，教育环境竞争力排名与等级稍高于其城市综合竞争力。不过，教育作为全局性、先导性、基础性的要素，理应获得优先发展。目前嘉兴市教育环境竞争力只是领先于其城市综合竞争力一个等级，而在进入都市教育竞争力排名的20个城市中，许多教育综合竞争力排名低于嘉兴的城市如宁波市、佛山市、烟台市、淄博市、哈尔滨市，其教育环境竞争力排名均要高于嘉兴市（倪鹏飞等，2008）[689]，因此，嘉兴市在经济发展的过程中需要进一步提高其教育竞争力，进一步落实教育优先发展的战略，为进一步提升城市综合竞争力提供强劲动力。

表6-5　嘉兴市综合竞争力、文化教育竞争力与教育环境竞争力得分及排名①

指标名称	得分	排名	等级
YY综合竞争力	0.462	60	B++
……			
Z4.3 文化教育竞争力	0.862	18	A+
……			
Z5.4 教育环境竞争力	0.202	43	A--

（二）提升嘉兴市教育竞争力的对策及建议

根据嘉兴市教育竞争力的总体发展水平以及发展优劣势的分析，比照嘉

---

① 综合竞争力是以200个城市进行排名，而文化教育竞争力与教育环境竞争力的得分与排名是在52个城市中进行的。

兴市社会经济发展目标以及教育发展目标，提升嘉兴市教育竞争力的关键在于：进一步增强创新能力，提升教育发展内涵，进一步增加教育投入，扩大教育规模，加大科研兴教力度，优化教育结构，使教育发展水平能适应嘉兴市建设长三角经济强市地位的发展需要，为城市的社会经济发展提供有力的人才支持。

推进教育制度创新。制度和文化是软环境的竞争力，对于教育竞争力而言这两者实际上是提高教育竞争力的关键所在。嘉兴市创新力在进入都市教育竞争力排名的20个城市中排在后10位，在教育发展过程中创新意识不强。如何在推进教育发展过程中，追求效率和活力，是嘉兴市教育发展面临的紧迫问题。嘉兴的教育事业取得了飞速发展，教育质量也得到快速提升。在市场经济条件下，要进一步探索新的制度安排，嘉兴教育的改革与探索要纳入这一框架下进行分析。嘉兴市要从全球化、市场体系的背景，从嘉兴建立知识型、创新型城市的目标出发，提升竞争力，从全民终身教育体系建设的大框架中，开创嘉兴的新教育体系。

探索特色发展道路。嘉兴市以"城乡基础教育的普及程度基本一致，城乡学校生均占有教育资源基本相等，城乡教师业务水平大致相当、待遇基本相同，城乡学校教育教学质量基本接近"为目标，逐步缩小城乡教育差距，实现城乡教育均衡发展。这是嘉兴教育的一大特色和优势。但也要认识到，实现教育的均衡发展，不是要办出绝对均衡的学校，而是要让学校在原有基础上共同发展，分类发展。嘉兴市要在均衡发展思想指导下，以更有力的措施扶持基础薄弱地区、薄弱学校、弱势群体，要鼓励不同区域、不同学校、不同类型的教育，根据各自的实际情况，创造性地探索有自己特色的发展道路，最终实现优势互补、特色发展、整体提升。

保障持续健康发展。嘉兴市教育投入力排名第10位，其中教育经费投入三个增长率指数为0.402，在20个城市中排名第4。但要看到，嘉兴市教育投入快速增长是基于原有基点较低的基础上获得的。2004年嘉兴市人均教育投入比浙江全省平均水平低了3元，这使得嘉兴市不少地方还存在教育质量不高的学校，优质教育资源还无法满足人民群众不断增长的需求。因此，嘉兴市在保障教育经费投入稳步增长的同时，还要努力落实"三个优先"：经济社会发展规划要优先安排教育发展，财政资金要优先保障教育投入，公共资源要优先满足教育和人力资源开发的需要，以保障教育可持续发展。

加大教育投入也是扩大教育规模，提升教育质量的有力保障。嘉兴市人均受教育年限在20个城市中排名末位，高等教育毛入学率排名第13位。虽然嘉兴市近年来大力发展教育事业，为城市建设提供了基础性的支持，但教育规模还不能满足嘉兴市经济快速发展的需要。同时，嘉兴市中等职业教育对口就业率指数为－3.548，在20个城市中排名倒数第1，职业教育相对社会经济发展而言水平较低。这都影响了嘉兴市教育竞争力的进一步提升。因此，嘉兴市必须始终坚持教育优先发展的方针，推进教育持续健康发展。

落实科研兴教战略。嘉兴市教育科研力指标得分为－0.744，在20个城市中排名第15位，在一类城市中排名仅高于哈尔滨市，其中教育科研课题立项数排名第11位，科研影响力排名第14位，在全国同类城市中水平偏低。嘉兴市要立足于以现代教育科学规律指导教育教学工作的原则，开展区域性教育创新和实施素质教育的研究，切实加强各级教育教学研究机构和队伍建设，努力培养一批教育科研骨干力量。鼓励教师全员参与教育科研活动，营造良好的教育科研氛围。尤其是要积极申报和承担国家级教育科研立项课题的研究，同时积极推广应用先进的教育科研成果，以理论和实践推进素质教育的全面实施。

第二节　汉中市都市教育竞争力个案研究

汉中市是汉家发祥地，历史悠久。自公元前312年秦惠文王首置汉中郡，迄今已有2300多年的历史。公元前206年，汉王刘邦以汉中为发祥地，筑坛拜韩信为大将，明修栈道，暗度陈仓，逐鹿中原，平定三秦，统一天下，成就了汉室四百多年的江山，自此，汉朝、汉人、汉族、汉语、汉文化等称谓便一脉相承至今。

汉中市位于陕西省西南部，北倚秦岭、南屏巴山，是中国南北分界线、江河分水岭，四季分明、气候温润、冬无严寒、夏无酷暑，是地球上同纬度生态最好的地方。全市辖十县一区，总面积2.7万平方公里，人口372万。2007年全市国内生产总值达398亿元，人均GDP为10698.92元，整个城市刚进入工业化前期阶段[①]。

---

① 根据倪鹏飞主编的《中国城市竞争力报告》（2008年版）对城市发展阶段的划分确定。

一、汉中市社会经济发展：县域经济实力不断壮大

汉中市历来是"兵家必争之地"、"商贾必经之地"和"屯兵养息之地"，历史名城的地位一直持续到现代。但由于汉中市地处秦岭以南，从陕西关中地区到汉中，关山重重，交通阻隔，无出其右，陕西省的经济重心区难以辐射至此，而国家重点投资和外商也很少眷顾这里。

因此，汉中市的地方经济一直萎靡不振。2001年，汉中市国内生产总值只有153亿元，实现地方财政收入5.55亿元，在西部城市中位居下游。而与汉中仅一山之隔、经济结构类似的城市——绵阳，2001年国内生产总值为329.8亿元，财政收入为26.6亿元，其国内生产总值在西部城市中位于重庆、成都、西安、昆明之后，名列第五。

近几年来，在国家西部大开发战略的推动下，汉中市的交通等基础设施建设成果丰硕，全市经济发展速度不断加快，规模化经济初步形成，区域经济实力不断壮大。2005年汉中市GDP总值为216.58亿元，按可比价格计算，比上年增长10.6%；2006年全市实现生产总值246.79亿元，增长10.8%；2007年全市实现生产总值291.21亿元，增长12.8%，人均生产总值突破1000美元[①]。

目前，汉中市已初步形成了以飞机（亚洲最大飞机生产基地）、汽车、机械制造、医药化工、建材建筑、冶金采矿、烟酒食品、包装装潢等大中型企业为骨干的多门类现代化工业体系，建成了一批高新技术产业，创出了一批名优特产品，2007年全年工业总产值增加139亿元。同时，近几年来汉中市城乡市场发育日渐完善，纵横交织的流通网络基本形成。2007年，汉中市社会消费品零售额达80.4亿元，农村经济稳步增长，农业产业化初具雏形，乡镇企业成为汉中三大经济支柱之一，总收入达270亿元。

目前，汉中市的经济发展已基本实现在陕南的率先突破。汉中市面积和人口分别占陕南的39%和43.56%，GDP总量、地方财政收入分别占陕南三市总和的47.6%、47.9%；城镇化率为30.48%，高出陕南26.09%平均水平4.39个百分点；农民人均纯收入也高于陕南三市的平均水平。（陕西日报，2007年5月24日）

[①] 多数经济学家同意这样一个观点，人均GDP跨入1000美元的门槛，将是一个重要的发展起点。

2006年汉中市被CCTV评为"最佳历史文化魅力城市",2007年汉中市被联合国授予"世界特色魅力城市"桂冠。这是一块积聚了两汉三国厚重文化底蕴的风水宝地,正是这块宝地成就了刘邦的汉室大业,这也是一个历史文化魅力城市,正向着未来大步跨进。

二、汉中市教育发展:关注教育的协调发展

汉中市在社会经济的发展过程中始终坚持教育优先发展的战略,逐步完善城乡义务教育保障机制,搞好素质教育,规范民办教育,大力发展职业教育。2007年,全市拥有普通高等学校1所,高等职业技术学院1所,中等职业教育学校21所,普通中学244所,民办普通中小学11所,小学1758所。普通中学、小学在校学生分别为21.7万人和27.9万人。

近几年来,汉中市委、市政府进一步深化教育体制改革,调整教育结构,积极实施"双高普九",教育事业发展迅速,特别是义务教育的入学率稳步提高。2007年,汉中市小学入学率为99.78%,初中入学率为97.97%。2008年,汉中市小学入学率为99.98%,初中入学率为99.56%。

"十一五"期间,汉中市坚持教育优先发展的战略,将教育发展的重点确定为合理配置和充分利用教育资源,加快建设教育强县、教育强镇,促进各级各类教育协调发展。

- 加强基础教育。"十一五"期间,汉中市将加大义务教育投入力度,巩固九年义务教育,提高中小学教育质量。整合现有高中,扩大优质教育资源,加快优质高中建设。"十一五"末,全市高中阶段毛入学率达到90%,基本满足人民群众接受高中教育的需求。
- 以就业为导向,建立和完善职业教育体系,大力发展职业教育。加快汉中高等职业技术学院新校区建设步伐,加强专业体系建设,提高办学水平;扩大中等职业技术教育办学规模,为汉中培养大批高素质、实用型、技能型专业人才。以农民培训为重点,大力开展成人教育,提高劳动者素质,促进农村剩余劳动力的转移。
- 积极发展高等教育,加快建设陕西理工学院校园扩建工程,加强学科建设,提高办学质量。建成汉中市现代远程教育网络,提高教育现代化水平和信息化程度。采取多种形式,为公民提供更多接受高等教育的机会。扩大高校办学自主权,鼓励境内外企事业单位、社会团体和个人投资办学或捐资助学。

● 稳步发展民办教育，促进办学主体多元化。进一步解放思想，转变观念，鼓励支持社会组织或个人举办民办学校。重点发展民办学前教育、职业教育和高中教育，适度发展民办基础教育，创建一批骨干、示范民办院校。依法加强对民办学校的管理、服务和监督。

三、汉中市教育竞争力的优势与劣势分析

（一）汉中市教育竞争力指数与排名

综合指数与排名。汉中市是进入中国都市教育综合竞争力排名的20个城市中唯一一个三类城市，教育综合竞争力得分为 -1.31412，远远低于20个城市的均值（0），在进入教育综合竞争力排名的20个城市中位列最后。

表6-6　2007年中国20个都市教育综合竞争力与城市综合竞争力得分及排名

城　市	教育竞争力综合得分	教育竞争力综合排名	城市档次
汉中市	-1.31412	20	3

硬分力指数与排名。汉中市教育硬分力指数为 -1.354，远远低于20个城市的均值，在进入教育竞争力排名的20个城市中排名末位。

表6-7　汉中市教育硬分力指数及排名

城　市	硬分力指数	硬分力排名	综合排名
汉中市	-1.354	20	20

其中，汉中市的教育规模力指数为 -1.575，规模力排名第20位。规模力主要指标指数及排名如表6-8所示：

表6-8　汉中市教育规模力主要指标指数及排名

	指　数	排　名
学前教育入学率	-2.97845	20
义务教育普及率	-0.38249	7
高中毛入学率	-2.726	20
高等教育入学率	-0.751	14
人均受教育年限	-0.560	14

结构力指数为 -2.431，结构力排名第 20 位。结构力主要指标指数及排名如表 6-9 所示：

表 6-9　汉中市教育结构力主要指标指数及排名

	指　数	排　名
学前、义务、高中教育结构比例	-2.861	20
普高、职高比例	0.629	2

质量力指数为 -3.621，质量力排名第 20 位。质量力主要指标指数及排名如表 6-10 所示：

表 6-10　汉中市教育质量力主要指标指数及排名

	指　数	排　名
义务教育巩固率（小学）	-2.114	20
义务教育巩固率（初中）	-4.069	20
中等职业学校毕业生一次性对口就业率	0.284	8

投入力指数为 0.437，投入力排名第 4 位。投入力主要指标指数及排名如表 6-11 所示：

表 6-11　汉中市教育投入力主要指标指数及排名

	指　数	排　名
教育经费投入三个增长率	0.037	8
计算机学生比	-1.444	19

软分力指数与排名。汉中市教育软分力指数为 -1.528，同样远低于 20 个城市的均值，在进入教育竞争力排名的 20 个城市中排名末位。

表 6-12　汉中市教育软分力指数及排名

城　市	软分力指数	软分力排名	综合排名
南京市	1.536	1	2
厦门市	0.029	10	1
汉中市	-1.528	20	20

其中，汉中市教育创新力指数为 -1.212，创新力排名第 20 位。创新力主要指标指数及排名如表 6-13 所示：

表 6-13　汉中市教育创新力主要指标指数及排名

	指　数	排　名
制度创新	-1.212	171

科研力指数为 -1.526，科研力排名第 20 位。科研力主要指标指数及排名如表 6-14 所示：

表 6-14　汉中市教育科研力主要指标指数及排名

	指　数	排　名
教育科研课题立项数	-0.715	112
科研影响力	-1.899	20

公平力指数为 -2.921，公平力排名第 20 位。公平力主要指标指数及排名如表 6-15 所示：

表 6-15　汉中市教育公平力主要指标指数及排名

	指　数	排　名
残疾儿童义务教育入学率	-3.799	20
外来务工人员子女义务教育入学率	0.505	11

综上所述，汉中市总体经济发展水平在 20 个城市中居于末位，其教育竞争力的综合指数、教育硬分力与软分力指数均排名最后。同时，在汉中市教育竞争力的 7 个分力指数中，除投入力指数略高于 20 个城市的均值，排名第 4 位外，其余 6 个分力指数均远远落后于 20 个城市的均值，排名末位。如表 6-16 所示。

表 6-16　汉中市教育 7 个分力指数与排名

分力指数与位次 城市	规模力	结构力	质量力	投入力	创新力	科研力	公平力
汉中市	-1.575 (20)	-2.431 (20)	-3.621 (20)	0.437 (4)	-1.212 (20)	-1.526 (20)	-2.921 (20)

(二) 汉中市教育竞争力的优势分析

将汉中市教育竞争力 7 个分力得分与 20 个城市的均值进行比较发现，尽管汉中市教育竞争力的大部分分力得分远低于 20 个城市的均值，但汉中市的教育投入力得分高于 20 个城市的均值。

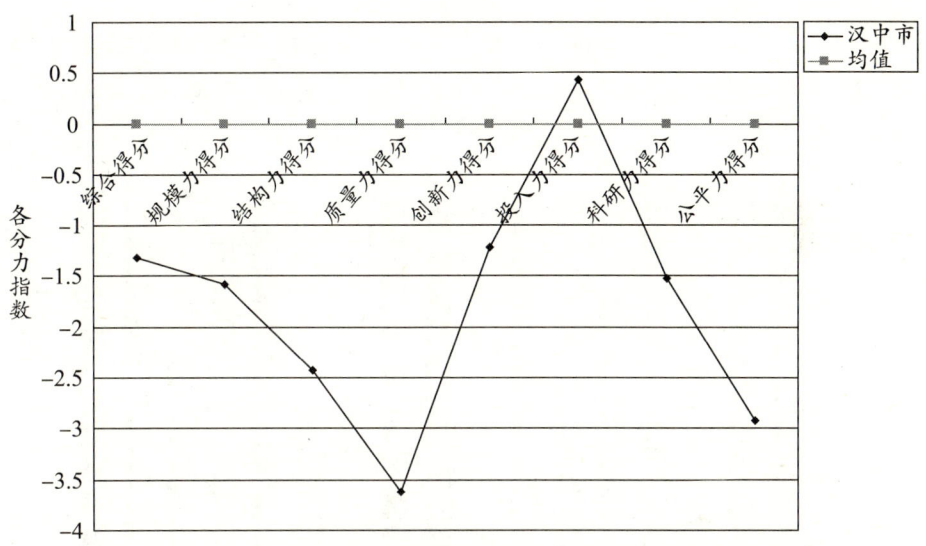

图 6-4　汉中市教育竞争力各分力与 20 个城市均值比较曲线图

汉中市教育投入力指数为 0.437，投入力排名第 4 位。在教育投入力的两个主要指标中，汉中市的教育经费投入三个增长率为 47.4%，排名第 8 位，仅次于徐州、绵阳、青岛、嘉兴、绍兴、南京、兰州 7 市。汉中市的学生电脑比为 16.125，排名第 19 位，高于徐州市。汉中市教育经费的高增长率部分原因可归结为较低的教育经费基数，但另一方面也表明汉中市政府对教育的持续关注，对教育的投入力度正在不断增加。

从汉中市 2006 年与 2007 年教育竞争力各分力指数的对比来看，虽然目前汉中市教育竞争力的大部分分力指数排名末尾，但与 2006 年相比，2007 年汉中市教育竞争力的各分力指数有明显提高[①]。

[①] 汉中市 2006、2007 年创新力与科研力数据缺失，在处理过程中赋予均值，因此，两年数据对比没有变化。

表6-17 汉中市2006、2007年教育竞争力各分力对比

	规模力	结构力	质量力	投入力	创新力	科研力	公平力
2006	-2.023	-2.516	-3.732	0.386	-1.212	-1.526	-3.061
2007	-1.575	-2.431	-3.621	0.437	-1.212	-1.526	-2.921

同时，对汉中市教育竞争力7个分力所涉及的17项单项指标作进一步地比较分析发现，尽管汉中市有半数以上指标排名末位，但也有5项指标排名进入前10位，其中有3项指标排名进入前5位。

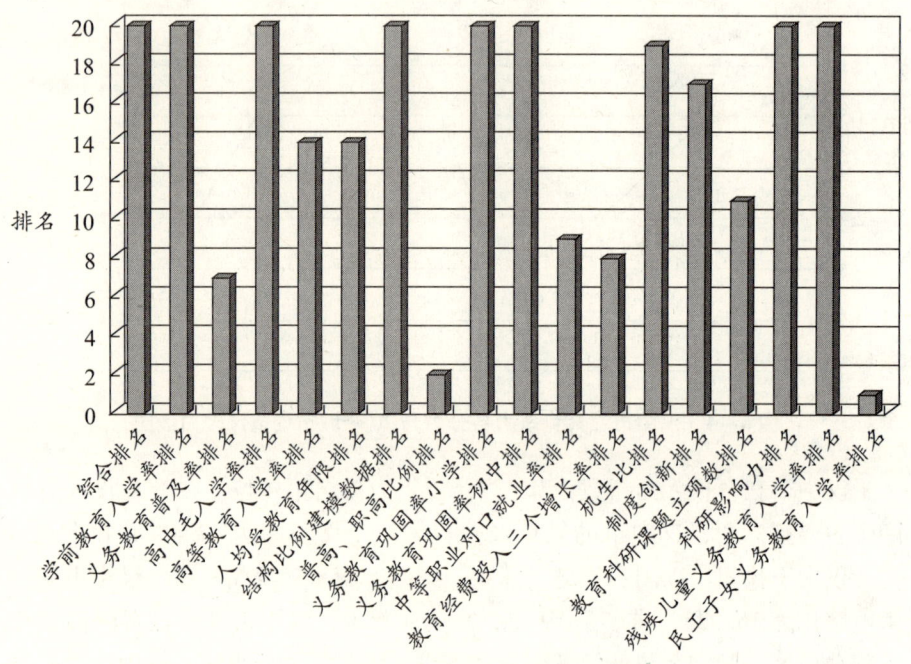

图6-5 汉中市教育竞争力各指标排名柱状图

排名前5的单项指标：义务教育普及率、普职比、民工子女入学率。

汉中市的经济发展水平虽然落后于进入都市教育竞争力排名的所有一类及二类城市，但其义务教育的普及率已达到100%，高于部分一类与二类城市的比例，在20个城市中排名处于前列。

汉中市的普职比为2.029，普高学生是职高学生的两倍，在进入教育竞争力排名的20个城市中排名仅次于上海，位列第2，普职比高于其他所有进入教育竞争力排名一类、二类城市的比例。

汉中市民工子女入学率为100%，与北京、绵阳、绍兴、徐州、烟台、金华6市并列第一。

因此，尽管受经济发展水平的限制，汉中市的总体教育竞争力水平相对较低，但汉中市的教育发展也具备一定的潜在优势，主要表现为汉中市义务教育的普及工作已顺利完成，教育经费投入增长比例较快，教育竞争力各项指标提升速度较快。

（三）汉中市教育竞争力的劣势分析

如图6-6所示，汉中市教育竞争力的7个分力中除投入力外，其余6个分力均列20个城市的末位，其中结构力、质量力与公平力指数远远低于20个城市的均值。

汉中市教育结构力指数为-2.431，排名第20。在汉中市教育结构力的两个主要指标中，学前、义务与高中教育结构比例等级为1，被评定为不合格。普高、职高比例为2.029，普高学生数是职高学生数的两倍。

从汉中市教育结构分析来看，目前汉中市的中小学教育是以精英教育为主导的，普职比高达2.029，职业教育的发展远远落后于普通教育。但从汉中市整体经济发展水平来看，目前汉中市已处于工业化发展前期阶段，人均GDP已超过1000美元，社会经济结构正面临着一个新的转型，第一产业人员比重开始下降，第二产业发展面临突破，社会经济的发展对技术人才的需求量将会不断增加。因此，与经济发展水平相对应的是，汉中市的教育结构存在着一定的不合理性，落后于社会经济发展的需要。

汉中市教育质量力指数为-3.621，排名第20，是汉中市教育7个分力中得分最低的1个分力。在汉中市教育质量力的三个主要指标中，义务教育（小学、初中）的巩固率均为81.7%[①]，低于同类城市发展水平。中等职业学校学生一次性对口就业率为92.5%，在20个城市中排名第8。汉中市义务教育巩固率偏低一方面可能由于城市经济发展水平偏低，但另一方面也可能反映出城市教育结构的不合理性。

汉中市教育公平力指数为-2.921，排名第20，是汉中市教育7个分力中得分倒数第2的1个分力。汉中市教育公平力存在着严重的两极分化，汉中市的民工子女入学率已达到100%，与北京等7市排名并列第1，但汉中市残疾儿童入学率仅为79.1%，排名第20，远低于一类、二类城市发展水

---

① 2007年，汉中市的义务教育的普及率已达到100%，高于部分一类、二类城市的比例。

平以及同类城市的发展水平。

因此,汉中市教育竞争力的发展劣势主要体现为教育结构与其经济发展水平不相符合,教育质量与教育公平水平较低。

此外,从汉中市教育竞争力17项单项指标来看,有13项排名后10位,有9项指标排名后5位①,教育竞争力的7个分力指标中每一分力都有一至两项单项指标排名后5位,显示出其整体教育发展水平的滞后。

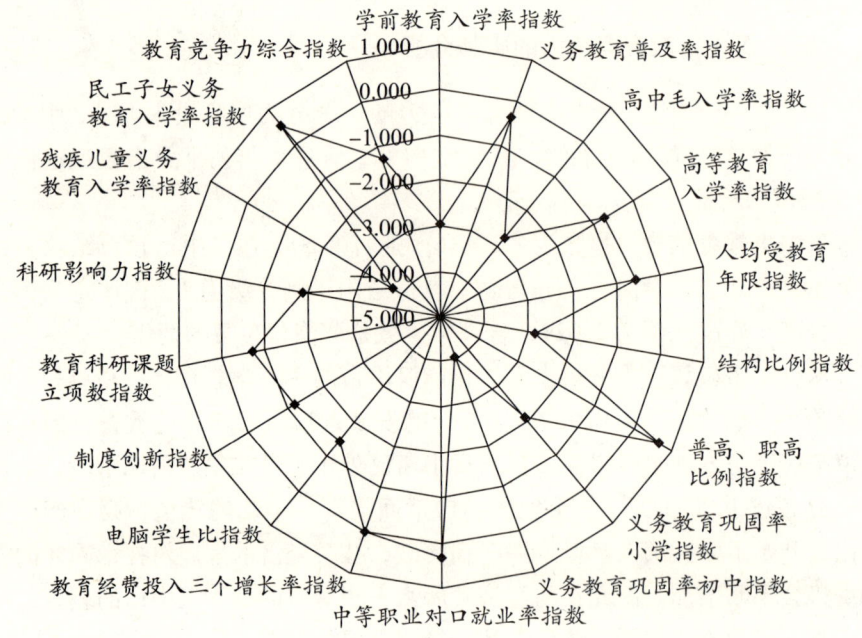

图6-6 汉中市教育竞争力各指数雷达图

四、提升汉中市教育竞争力的对策及建议

"十一五"期间,随着西部大开发战略的推进,国家对西部地区的支持力度将不断加大,汉中市将在农业基础设施建设、生态环境保护和城市基础设施建设、教育卫生等领域继续获得更多的资金和政策支持,城市生态与投资环境将会得到极大改善。同时,随着东部发达地区富余资本、中低技术产业和劳动密集型产业向西部地区流动,汉中市的社会经济发展将会进一步

---

① 汉中市排名后5位的单项指标分别为学前教育入学率、高中毛入学率、教育结构比例、小学义务教育巩固率、初中义务教育巩固率、电脑学生比、制度创新、科研影响力和残疾儿童入学率。

加速。

但就目前来看,汉中市工业化仍处在初级向中级的迈进阶段,产业结构不合理,工业经济规模小,工业增加值占 GDP 的比重仅为 29.9%,市场竞争力不强。因此,"十一五"期间,汉中市委、市政府提出了"开放兴市、工业强市、农业稳市"和"发展绿色产业、建设绿色汉中"的发展战略,要求进一步发挥汉中市的自然和资源优势,打响绿色品牌,着力改善环境,优化经济结构,调整产业结构,强化产业基础,实现突破发展。在这一过程中,汉中市的第二产业,特别是工业在三次产业中的比重将不断增加[①],同时,汉中市的服务业与旅游业在经济发展中的比重将逐步提高,发展战略与产业结构的调整将会为汉中市的教育带来新的机遇并提出新的挑战。

(一) 汉中市教育面临的挑战

汉中市教育面临的第一个挑战就是社会经济发展对教育结构的挑战。"十一五"期间,汉中市社会经济结构将面临整体的转型,第二产业,特别是城市制造业比重大幅提高,同时,"绿色汉中"建设将对技术性人才的需求不断增加。但从教育结构力分析来看,目前汉中市的中小学教育仍是以精英教育为导向的,普职比高达 2.029,职业教育远远落后于普通教育的发展。教育结构与社会经济发展明显不相匹配,其影响在社会方面体现为教育无法为社会经济的发展提供大量的技术人才,在教育方面则体现为小学与初中义务教育的巩固率明显偏低。因此,汉中市的教育结构需要进行一次重大的调整,以更好地发挥教育的社会效应,适应社会经济的发展要求,为社会经济的发展提供更多的技术人才。

汉中市教育面临的第二个挑战是如何提高教育发展水平。汉中市经济发展水平在 20 个都市中排名末位,教育竞争力也排名最后。但即便与同等经济发展水平城市相比,汉中市的教育总体发展水平,特别是教育质量力水平也明显偏低。汉中市义务教育的巩固率与同等经济发展水平城市相比也有较大差距。汉中市义务教育的巩固率为 81.7%,江苏省宿迁市[②]义务教育的巩固率为 94.7%。同时,在教育规模力方面,汉中市的学前教育入学率与高中毛入学率均低于同类城市水平:汉中市学前教育入学率为 42.8%,高中毛入学率为 31.6%;同类城市的江苏宿迁市学前教育入学率为 56.7%,高

---

① 根据汉中市"十一五"发展规划,汉中第二产业比例将从"十五"期间的 39.5% 上升至 44%,上升 4.5%。

② 2007 年宿迁市人均 GDP 突破 1000 美元,与汉中经济发展水平相似。

中阶段入学率为65.0%。

汉中市教育发展水平的滞后在一定程度上影响了社会经济的发展水平与速度,削弱了城市的综合竞争力。汉中与绵阳,两个经济结构类似的城市,其发展的差异不仅体现为经济发展水平的差距,也更多地体现为教育发展水平的差距。因此,"十一五"期间,汉中市要实现社会经济的突破发展,需要继续贯彻教育的优先发展战略,进一步提高城市教育的发展水平。

(二)提升汉中市教育竞争力的对策及建议

根据汉中市教育竞争力的总体发展水平以及教育竞争力的优劣势分析,进一步提升汉中市教育竞争力的关键在于:根据社会经济发展水平与发展目标调整教育结构,改变目前以精英教育为导向的教育定位,加大职业教育的发展,提高职业教育在整个教育系统中的比重,为城市的工业化进程提供技术人才;继续加大教育的投入力度,提升城市教育的整体发展水平,同时通过教育科研,推进教育制度的创新,培育城市教育的核心竞争力。

根据社会经济发展水平调整教育结构,提高职业教育的比重。城市教育发展在一定程度上应与当地经济发展水平相匹配,能适应当地的经济发展水平。目前,汉中市正处于工业化的初级向中级迈进阶段,第二产业特别是工业在社会经济发展中的比重不断增加,因此对技术性人才的需求也不断增长。汉中市中等职业对口就业率为87.2%,高于烟台、南京、徐州、嘉兴4市,排名第8,这充分表明了社会经济的发展对技术性人才的大量需求。

但汉中市精英化的教育结构显然难以满足社会经济发展的需求。精英化的教育通过淘汰式的选拔方式为精英教育准备人才[①],忽视职业教育的发展,从而导致职业教育远远落后于普通教育。精英化的教育结构在特定的经济发展阶段会陷入自相矛盾的困境。汉中市的普职比为2.029,普高学生是职高学生的两倍多,仅次于上海,排名第2。但汉中市的义务教育巩固率仅为81.7%,排名末位,并低于同类城市比例。与此相应的是,汉中市的中等职业学校学生一次性对口就业率为92.5%,在20个城市中排名第8。

因此,汉中市义务教育的低巩固率与职业教育的高就业率在一定程度上折射出了汉中市教育结构的矛盾性。根据社会经济的发展水平与阶段,汉中市迫切需要进行教育结构调整,改变目前以精英教育为导向的教育定位,加大职业教育的发展,为社会发展培养更多专业技术人才,以更好地适应汉中

---

① 汉中市高中毛入学率为31.6%,远低于同类城市水平。

市"发展绿色产业，建设绿色汉中"的社会经济发展需求。

加大教育投入力度，推进制度创新，提升教育的发展水平。从汉中市教育竞争力分析来看，汉中市教育竞争力的大部分分力指数（除投入力外）均远远低于20个城市的均值，排名末位，显示其教育总体发展水平偏低。同时，从汉中市与同类城市的对比来看，汉中市的教育发展水平，特别是教育质量力落后于同类城市水平，显示出其教育与社会经济发展水平不相匹配。因此，在下一阶段，汉中市需要进一步加大教育投入，一方面，提高教育的硬分力水平，重点是提高义务教育的巩固率以及学前教育入学率、高中教育入学率，从而提升城市教育的整体发展水平，为社会经济的发展提供有力支撑。另一方面，汉中市需要进一步提升教育软分力水平，通过教育科研来引领制度创新，培育教育的核心竞争力，提升教育的发展内涵与发展水平。汉中市的教育科研力与创新力总体水平较低，无法为教育发展提供内在驱动力。汉中市教育科研力指数为 -1.526，排名第20位，教育创新力指数为 -1.212，排名第20位。近三年来，汉中市在中央科研部门课题立项数为0，也没有在国内有重大影响力的教育科研课题。同时，汉中市在教育发展过程中很少有制度创新的举措。

因此，汉中市教育总体发展水平偏低，一方面固然与其精英化的教育定位相关，但另一方面也在于汉中市的教育发展一直以来缺少核心竞争力，特别是缺少教育科研力与创新力的支持。一个城市的教育科研力与创新力可以在一定程度上弥补城市教育发展的"短板"，加快城市教育的发展优势，从而提升城市总体教育的发展水平。因此，汉中市要加快教育的发展就需要进一步加大对教育科研的扶持力度，通过教育科研，推进制度创新，打造教育的核心竞争力，提升教育的整体发展水平。

第三节 绵阳市都市教育竞争力个案研究

绵阳，是一座历史悠久、文化积淀浓厚，现代科技、工业又有很大发展的文化、科技名城，是正在建设中的科技城。

绵阳是四川省第二大城市，位于四川省西北部，距省会成都90公里。辖区面积20249平方公里，总人口530万，辖两区六县一市。市区建成面积80平方公里，城区人口70万。2007年末，绵阳市国内生产总值达673.5亿元，财政收入71.3亿元，人均收入13335元（绵阳科技城范围GDP 440亿元，财政收入 30 亿元，人均收入 73000 元）。

一、绵阳市社会经济发展：科技驱动经济迅速转型

绵阳素有"富乐之乡"、"西部硅谷"的美誉，它是集高、精、尖技术为一体，科研与生产相结合，设备先进、队伍强大、成果丰硕的中国西部"硅谷"——科学电子城，是我国重要的国防科研和电子工业生产基地。

自1985年建立地级市以来，绵阳在传承文明中发展，在改革开放中跨越，先后获得过联合国最佳人居范例奖、国家环境保护模范城市、国家园林城市、国家卫生城市等诸多荣誉，是国务院批准建设的中国唯一的科技城。

科技，是绵阳科技城的核心资源和动力源泉，潜力十分巨大。绵阳是国家重要的国防军工和科研生产基地，拥有独立科研院所43个（其中国防科研单位18个）、博士后流动工作站5个、民营科技实体300个。全市有中专以上学历的科技人员17万人，其中，享受国务院政府津贴的有突出贡献的专家800余名，中国科学院、中国工程院院士28名，另外，在许多重要科技领域聚集着大量高层次人才。每年的10月16日为"绵阳市科技节"。

绵阳是一座以电子工业为第一经济支柱的工业城，有长虹、九州、双马、华晨、华润、双汇等大中型骨干企业50家。中国最大的彩电生产基地——长虹股份有限公司的家电城就坐落在国家级高新技术开发区。

为把绵阳丰富的科技资源转化为经济和产业优势，推动中国西部大开发战略和科教兴国战略的实施，2000年9月4日，党中央、国务院作出了建设绵阳科技城的重大决策。2005年10月，国务院批复了《绵阳科技城2005—2010年发展规划》。其主要内容为：充分发挥绵阳的科技资源优势，把绵阳科技城建成以科技为先导、以工业为核心、以产业经济为支撑、以提高资源利用效率为重点、人与自然和谐发展的科技城；建成国防科技潜能充分释放转化的军民结合体系；建成人才资源迅速转化为现实生产力的中国西部重要的创新示范基地；建成中国西部以电子信息产品研发与生产为主导的产业化基地；建成百万人口大城市、四川省副中心，成为西部地区率先实现现代化的最具活力与竞争力的大城市之一。

绵阳在2007年全国城市GDP排名150强中位列第102位。在中国社科院主持编撰的2008年版《城市竞争力蓝皮书：中国城市竞争力报告No. 6》

中,绵阳在200个统计城市中城市综合竞争力位居第99位(参见下表)。

表6-18 绵阳市在2007中国200个城市综合竞争力及各项指标的排名

城市	综合竞争力	增长指数	规模指数	效率指数	效益指数	结构指数	质量指数
绵阳	99	93	98	146	65	83	142

上述统计数据表明,绵阳市在目前国内大城市经济实力排名中处于中游偏下位置,城市综合竞争力排名则处于中游位置。

二、绵阳市教育发展:打造教育之城

绵阳市近年来着眼于百年大计的长远考虑和为科技城建设培养与造就高素质人才的现实需要,着力推进各级各类教育事业的快速发展。

2007年末全市各级各类学校1914所,在校学生92.2万人,专任教师4.4万人。

● 高等教育逐步发展壮大。全市现有西南科技大学、绵阳师范学院、四川中医药高等专科学校等为代表的普通高校11所。2007年招生2.7万人,在校本(专)科生7.5万人,毕业生1.9万人,专任教师4022人。

● 基础教育保持快速健康发展。2007年末全市有小学919所,在校小学生34.8万人,小学学龄儿童入学率达100%。普通中学288所,在校学生31.9万人。其中高中本科硬上线率连续七年居四川省榜首,高考万人上线率2000年居全省第九位,2001年居全省第五位,2002年后连续六年居全省第一位,形成了四川基础教育的"绵阳速度"。

● 中等职业教育走重组联合之路,内联外引,推动学校发展、升级。专业联办率85%以上,招生规模不断扩大。全市中等职业教育学校36所,2007年招生3.8万人,在校学生8.4万人,专任教师2379人。

● 民办教育异军突起。清华大学、四川大学、西南财大等全国20余所颇具影响力的高等院校也纷纷看好绵阳,在绵阳开展校地、校企合作,创办二级学院。

三、绵阳市教育竞争力的优势与劣势分析

(一)绵阳市教育竞争力指数与排名

综合指数与排名。绵阳市是进入中国都市教育综合竞争力排名20个城

市中的3个二类城市之一,教育综合竞争力指数为-0.338,综合排名第18位,在进入中国都市教育竞争力排名的19个一类、二类城市①中仅高于兰州市。而其城市综合竞争力在200个城市中排名第99位,在进入中国都市教育竞争力排名的19个一类、二类城市中排名最后。

表6-19 绵阳市教育综合竞争力与城市综合竞争力得分及排名

城市	教育竞争力综合得分	教育竞争力综合排名	城市综合竞争力得分	城市综合竞争力排名	城市档次
绵阳市	-0.34057	18	0.388	99	2

软力指标与硬力指标的排名。绵阳市教育竞争力中的硬力指标得分-0.165,在进入教育竞争力排名的20个城市中排名第14位。而软力指标得分为-0.690,排名第18位。

表6-20 绵阳市教育竞争力软分力与硬分力得分及排名

城市	软分力指数	软分力排名	硬分力指数	硬分力排名	综合排名
绵阳市	-0.690	18	-0.165	14	18

各项分力指标排名及分析。在教育竞争力的7个分力指标的得分与排名中,绵阳市教育结构力和投入力分别高居第1、2位,其余分力指标的排名均处于第14位以后,其中科研力、创新力、公平力排在后5位,分别居第16、18、19位。

表6-21 绵阳市教育竞争力各分力排名

城市	规模力	结构力	质量力	投入力	创新力	科研力	公平力	综合竞争力
绵阳市	14	1	15	2	18	16	19	18

对都市教育竞争力7个分力所涉及的7项单项指标作进一步比较分析发现,绵阳市有7项单项指标排名后5位,2项单项指标排名中间偏下(11-15位),但也有4项单项指标排名进入前5位,4项单项指标排名中间偏上(6-10位)。

---

① 根据倪鹏飞主编的《中国城市竞争力报告》(2008年版)的城市综合竞争力排序,将已有数据库重点城市分为三个档次:发达城市(代号为1)、较发达城市(代号为2)、欠发达城市(代号为3)。

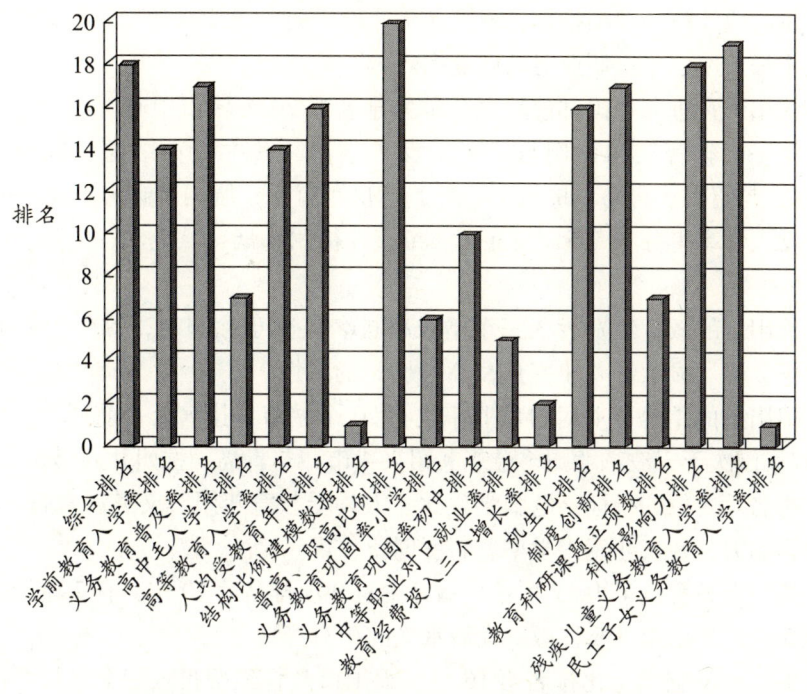

图 6-7 绵阳市教育竞争力各指标排名柱状图

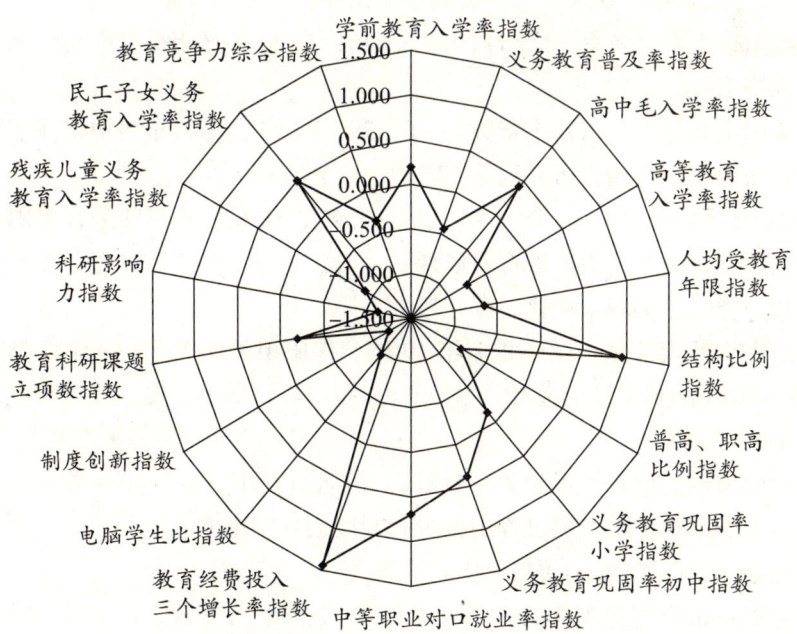

图 6-8 绵阳市教育竞争力各指数雷达图

排名前5位的单项指标：教育结构比例、民工子女入学率、教育经费投入三个增长率、中等职业对口就业率。

绵阳市在进入中国都市教育竞争力排名的20个城市中有两项指标排名并列第一：教育结构比例与民工子女入学率，其中教育结构比例得分为0.954，与绍兴、青岛、杭州、上海、苏州、南京、厦门7市并列第一；民工子女入学率得分0.505，与北京、绍兴、徐州、烟台、金华、兰州、汉中7市并列第一。

绵阳市的教育经费投入三个增长率排名仅次于徐州市，得分为1.454，排名第2位。显示了"小基点，高增长"的特性。

绵阳市的中等职业对口就业率也在20个城市中排名处于前列。得分为0.697，仅次于宁波、兰州、金华、绍兴4市，与青岛、杭州并列第5。

排名后5位的指标：电脑学生比、人均受教育年限、义务教育普及率、科研影响力、残疾儿童入学率、制度创新、普职比。

绵阳市教育竞争力17项单项指标中有9项排名后10位，有7项指标排名后5位，显示出其整体教育发展水平的相对滞后。

绵阳市电脑学生比排名第16位。绵阳市教育经费投入三个增长率排名仅次于徐州市，排名第2位，但教育经费投入仍显不足，电脑学生比为-0.972，电脑普及率水平与一类城市相比存在一定的差距。

绵阳市人均受教育年限指数为-0.646，在20个城市排名中与兰州、金华并列第16位。

绵阳市义务教育普及率指数为-0.429，在20个城市排名中仅高于哈尔滨、兰州两市，与北京市并列第17位。

绵阳市科研影响力得分为-1.134，排名第18位。近三年来，绵阳市缺少在国内有重大影响力的教育科研课题，与进入中国都市教育竞争力排名的大多数一类、二类城市相比，存在较大差距。

绵阳市残疾儿童入学率排名第19位。绵阳市的民工子女入学率与其他7市并列第1，但残疾儿童入学率得分为-0.908，低于一类、二类城市的发展水平。

绵阳市制度创新力得分为-1.212，排名与汉中、兰州、金华3市并列最后。绵阳市在教育发展过程中很少有制度创新的举措。

绵阳市普职比为-0.842，排名第20位。

将绵阳市教育竞争力的7个分力与20个城市的均值比较发现，绵阳市的教育结构力、投入力、质量力指数都高于20个城市的均值，其余4个分力均低于 20 个城市的均值，其中创新力远低于 20 个城市的均值。

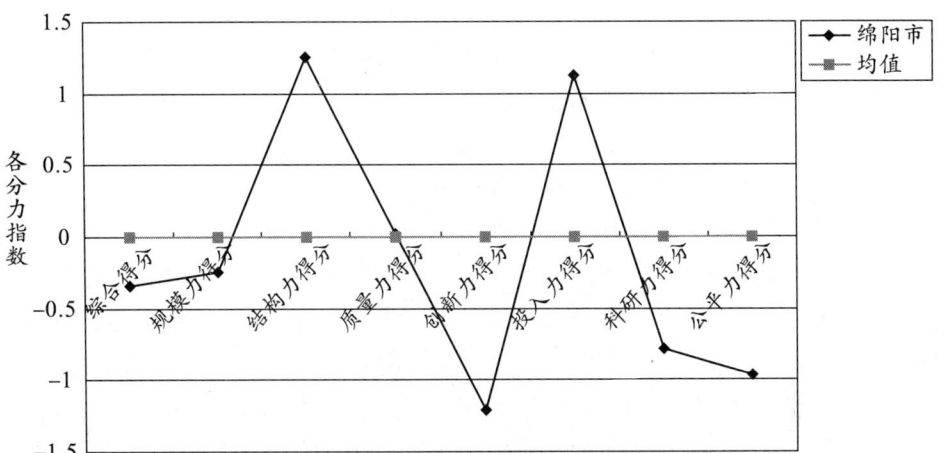

图 6-9　绵阳市教育竞争力各分力与 20 个城市均值比较曲线图

（二）绵阳市教育竞争力发展优势分析

绵阳市教育竞争力的发展优势主要表现为教育经费投入增长比例较快，学前教育、义务教育、高中段教育结构比例较为合理，教育竞争力各项指标提升速度较快。

从绵阳市教育竞争力各分力与 20 个城市的均值比较来看，绵阳市近几年来对教育经费的投入增长比例较快，教育经费的增长比例高于 20 个城市的均值，在 20 个城市中排名第 2。教育经费增长比例较快部分原因可归结为绵阳市教育经费的基数较低，因此教育经费表现出较快的增长比例，但另一方面也表明绵阳市对教育的持续关注，对教育的投入力度正在不断加大。因此，虽然目前绵阳市除结构力、投入力外的不少分力排名均靠后，但从 2006 年至 2007 年的对比数据来看，绵阳市教育竞争力各个分力的得分有显著提高。

同时，绵阳市学前教育、义务教育、高中段教育结构比例较为合理，反映了绵阳市着力于推进各级教育协调发展，已经进入了"以普及初等义务教育为基础，迅速发展高中阶段教育"的阶段。

此外，绵阳市在教育发展过程中也兼顾教育公平，关注弱势群体的入学问题。绵阳市的民工子女入学率高于部分一类与二类城市的比率，与北京、徐州、烟台等 7 市并列第一。

（三）绵阳市教育竞争力发展劣势分析

绵阳市教育竞争力的发展劣势主要体现为教育制度创新水平较低，中等教育结构与其社会经济发展水平不相符合，教育质量发展水平有待提高。

从绵阳市教育制度创新来看，绵阳市在教育发展过程中很少有制度创新的举措。与一类城市相比，存在较大差距。

从绵阳市中等教育结构比例分析来看，绵阳市普职比排名第20位，普通教育与职业教育的比例不太协调。目前绵阳市工业化和城市化进程加快，制造业比重不断提升，城市人口不断增加，特别是由于第一产业人员比重开始下降，第二产业发展面临突破，社会经济的发展将会对技术人才的需求量不断增加。因此，绵阳市职业教育的发展有其合理性。不过，从绵阳市教育发展现状来看，绵阳市中等教育结构存在着不合理性，普通教育的规模发展仍显不足，规模力指数低于20个城市的均值。其中义务教育普及率、人均受教育年限与经济发展水平较高的城市相比存在一定差距。

同时，绵阳市的教育质量发展水平有待提高。绵阳市的质量力得分为0.017，质量力排名在20个城市中居第15位。

在教育科研影响力方面，近几年来绵阳市缺少在国内有重大影响力的教育科研课题，与进入中国都市教育竞争力排名的大多数一类、二类城市相比，有较大的差距。

在教育公平方面，绵阳市非常关注民工子女的入学问题，但残疾儿童入学率在20个城市中排名第19位，并低于同类经济发展水平的城市。

四、提升绵阳市教育竞争力的对策及建议

（一）绵阳市教育面临的挑战

绵阳市教育面临的首要挑战就是科技城建设和绵阳发展新跨越对教育需求的挑战。绵阳科技城的经济与社会发展要在2010年达到中等发达国家城市水平，建成百万人口大城市，将越来越依赖于高素质的劳动者、技能性人才和创新人才，依赖于教育的发展水平。产业结构的调整，大批基础设施的兴建，城镇化建设的加快，大量农村剩余劳力的转移，人民群众日益增长的文化教育需求，向绵阳教育提出了新的迫切要求。只有加快教育发展，才能将人力资源转化为人才资本，为建设智慧之城提供不竭的动力。

绵阳市教育面临的第二个挑战就是如何提高教育发展水平。与同等经济

发展水平城市相比，绵阳市尚有许多教育的基础性问题尚未解决，诸如中等教育结构与经济发展水平不相匹配，教育规模与教育质量落后于经济发展水平等等，从而导致城市教育的整体发展水平与一类城市相比偏低。

(二) 提升绵阳市教育竞争力的对策及建议

根据绵阳市教育竞争力的总体发展水平以及发展优劣势的分析，进一步提高绵阳市教育竞争力的关键在于：全力抓好基础教育，大力发展职业教育，促进教育均衡发展，加大教育投入的力度，提升教育的整体发展水平，同时通过教育制度的创新，提升城市教育竞争力。

夯实教育基础。绵阳市教育规模力在20个城市中排名第14位，其中除高中毛入学率得分为0.42769，排名第7位外，其余4个单项指标学前教育入学率、义务教育普及率、高等教育入学率、人均受教育年限均排名后10位，其中义务教育普及率、人均受教育年限更是排名后5位，说明绵阳市教育基础并不扎实。绵阳市首先要全力抓好基础教育，想方设法使薄弱地区、薄弱教育、薄弱学校的办学条件和师资队伍尽快上档升级，逐步缩小区域内基础教育发展的差距，不断趋向教育的均衡发展、和谐发展。要进一步加强特教和学前教育，使"三残"儿童入学率达到90%以上，每个乡、镇均拥有中心幼儿园。不断巩固和提高全市中小学的办学水平，进一步壮大优质中小学教育资源。在此基础上协调普、职比例，大力发展职业教育。要把发展职业教育纳入经济和社会发展总体规划，制定优惠政策，促进职教发展。政府应逐年增加职业教育的专项经费，其中城市教育费附加用于职业教育的比例不得低于30%。农村科技开发、技术推广和扶贫资金要有适当的比例用于职业教育和技术培训。农村基础设施建设投入要拿出一部分用作职业学校和成人学校的建设。

加大教育投入。从绵阳市教育竞争力各个分力与20个城市的均值比较来看，绵阳市近几年来对教育经费的投入增长较快，教育经费的增长比例高于20个城市的均值，在20个城市中排名第2。其中教育经费投入三个增长率排名仅次于徐州市，排名第2位，但教育经费投入仍显不足，电脑学生比得分为-0.972，排名第16位，教育现代化的程度与东部发达地区相比还有不小的差距。在一定时期内，绵阳市教育经费总量不足，办学条件简陋，教师收入偏低，依然是制约教育发展的首要问题。对此需要进一步加大投入力度，尤其是政府要保证有关教育税费的法律法规能够真正落实到位。

推进制度创新。绵阳市创新力指数为-1.212，创新力排名第18位，近几年来绵阳市在教育制度方面鲜有创新性举措。对此,绵阳市也已提出"走创新之路适度超前发展教育"的指导原则,结合绵阳市实际,加快教育可持续发展,为绵阳经济社会发展和科技城建设奠定坚实的人才基础,提供丰厚的人力资源。绵阳市应充分利用区域优势,接轨成都等现代化大都市教育,创新城市教育规划发展思路和管理机制,切实增强都市教育核心竞争力,提升城市形象。

与制度创新密切相关的还有科研力,绵阳市科研力指数为 -0.781,科研力排名第 16 位,其中,科研影响力更是排名第 18 位。因此,提升绵阳市的教育竞争力还需要在提升教育发展水平的同时,积极培育教育的核心竞争力,要通过教育科研来引领教育制度的创新,提升教育发展的内涵,提高城市教育的竞争力。

保障教育公平。教育公平是社会公平的基石,绵阳市在实现教育公平方面已取得了一定的成效,但仍需付出更大的努力。绵阳市公平力指标中的"外来人员子女义务教育入学率"排名高居第一,而残疾儿童入学率在 20 个城市中却排名第 19 位,并低于同类经济发展水平城市,显然,绵阳市对特殊教育发展需要倾注更多的关注。同时,推进教育均衡发展是保障教育公平的重要基础。绵阳市要加强统筹,协调区域内教育的均衡发展。各区(市、县)要集中力量办好示范性职业技术教育中心,使普教和职教协调发展。要加快幼儿教育和特殊教育发展,促进基础教育各阶段的均衡发展,促进城乡之间、学校之间教育的均衡发展。

第四节 烟台市都市教育竞争力个案研究

烟台,名称源于烟台山。明洪武三十一年(公元 1398 年),为防倭寇侵扰,当地军民于临海北山上设狼烟墩台,也称"烽火台"。发现敌情后,昼则升烟,夜则举火,为报警信号,故简称烟台。烟台山由此得名,烟台市也因此而得名。

烟台市地处山东半岛中部,总面积 13746.47 平方公里,常住人口为 647.78 万人,其中非农业人口 296.81 万人,市区人口达到 176.26 万人,人均 GDP 为 52403.569 元。整个城市已基本完成工业化转型,进入工业化后期阶段(倪鹏飞,2008)。

一、烟台市社会经济发展:"高速"、"高效"运行

烟台市具有得天独厚的地理优势,依山傍海,气候宜人,冬无严寒,夏无酷暑,属于暖温带季风气候,全年平均气温摄氏12度左右,是我国北方著名的旅游避暑和休闲度假胜地。同时,烟台市也是我国首批沿海开放城市之一,是环渤海经济圈内以及东亚地区国际性港城、商城、旅游城。作为一个自然资源丰富的港口城市,烟台市的社会经济发展如同一部动力强劲的发动机,展现出了迷人的魅力。改革开放以来,烟台市社会经济各方面都取得了持续稳定高速的发展,经济实力与效益显著增强,社会结构趋向合理,人口素质和生活质量有了明显改善。

在2007年中国200个城市综合竞争力排名中(参见表11-20),烟台市名列第30位,在整个环渤海地区城市综合竞争力仅次于北京、天津、青岛、济南4个城市,排名第5位。并且,在中国200个城市竞争力六个分项指标的排名中,烟台市分别有两项指标进入前10位:综合增长率指数与鄂尔多斯、清远、河源三市并列第一,2005-2007年烟台市GDP一直保持着近20%的高速增长率;效益竞争力指数排名第8,反映出该城市具有较高的能源利用水平(倪鹏飞,2008)[1-8]。

表6-22 烟台市在2007年中国200个城市综合竞争力及各项指标的排名

城市	综合竞争力	增长指数	规模指数	效率指数	效益指数	结构指数	质量指数
烟台	30	1	33	42	8	48	47

此外,在国家统计局公布的2008年度中国百强城市排行榜中,烟台市排名第30位。这次全国城市综合实力评比由国家统计局城市社会经济调查总队、中国经济景气监测中心、中国信息报社等权威统计机构进行,全国286个地级以上城市全部参加,评价指标体系包括人口与劳动力、经济发展、社会发展、基础设施、环境5个一级子系统。烟台市在全国286个地级城市综合实力排名中位居前列。

以上指标排名均表明,烟台市的综合竞争力在全国居于领先地位,同时,近几年来烟台市城市竞争力的综合增长指数也一直处于较高水平,每年GDP的增长指数均居全国前列,此外,烟台市还具有较高的能源利用水平。这些均增添了烟台市的城市魅力。2004年10月12日,在中央电视台首届

中国魅力城市展示盛典上,烟台市被授予"最佳中国魅力城市"桂冠。2005年烟台市被授予"联合国人居奖"奖牌,当年世界上共有六个项目获得联合国人居奖,烟台是中国唯一的获奖城市。

二、烟台市教育发展:关注优质教育资源的增量

多年来,烟台市委、市政府高度重视教育工作,始终把教育放在优先发展的战略地位,积极完善以县为主的教育管理体制,推进新课程改革与制度创新,全市各级教育得到健康持续稳定发展。

2007年,烟台市共有各级各类学校1334所,在校生97.8万人,教职工8.3万人,学前三年教育普及率达到98.2%,小学入学率、巩固率都为100%,初中入学率为100%、巩固率为98.2%,高中段教育普及率为89.3%,高等教育毛入学率达到42.48%。烟台市12年教育普及率与高等教育毛入学率在全国均处于一个较高的水准。

近几年来,烟台市在义务教育阶段,以全面推进基础教育课程改革为契机,大力实施教育内涵发展战略,在推进素质教育方面不断进行新的探索和创新,在实践中进一步丰富和发展了素质教育的理论和内涵。在高中阶段,烟台市坚持中等职业教育和普通高中教育协调发展的方针,积极发展高中段教育,扩大优质高中资源。

"十一五"期间,烟台市将在前期教育发展的基础上,进一步扩大优质教育资源,增加优质教育存量,以满足人民群众不断增长的对优质教育的需求。

● 切实抓好基础教育。继续改善农村办学条件,对义务教育阶段农村家庭学生逐步免除杂费,对贫困家庭学生免除书本费,对城镇困难家庭学生给予补助。到2010年,适龄少年儿童小学入学率达到100%,初中达到99.5%以上,残疾儿童入学率保持在96%以上。

● 加快普及高中段教育。注重创新精神和人文素养的培育,形成具有烟台特色的普通高中新课程体系。到2010年,全市高中段教育普及率达到90%以上。

● 积极发展高等教育。引进国内外知名高校来烟台设立教学基地,抓好鲁东大学扩建、中国农业大学烟台校区一期工程和江南大学蓬莱学院项目建设。到2010年,高等教育毛入学率达到50%以上,初步进入国际公认的

高等教育普及化阶段。

● 大力发展职业教育。抓好烟台职业学院迁址和烟台工程职业技术学院新校建设，改善职业学校专业教学条件。积极开展各类成人教育，推进社区教育的发展。

● 鼓励发展民办教育。运用市场手段和产业运作的方式，广泛吸纳社会资金发展教育事业，大力倡导和推动社会捐资助学。到2010年，全市建成20所左右办学规模大、社会效应好的龙头民办学校。

三、烟台市教育竞争力的优势与劣势分析

（一）烟台市教育竞争力指数与排名

综合指数与排名。烟台市在2007年中国20个都市教育竞争力排名中位居中下游，综合得分-0.1309（均值为0），综合排名第13，在进入中国都市教育竞争力排名的16个一类城市[①]中倒数第4，但高于所有进入排名的二类城市与三类城市。

从烟台市城市综合竞争力来看，如表6-23所示，烟台市在2007年中国20个都市的综合竞争力排名中居第10位，在16个一类城市中排名倒数第6。将都市教育竞争力与城市综合竞争力的得分与排名进行比较发现，烟台市的教育竞争力表现低于其城市综合竞争力水平。

表6-23 烟台市教育综合竞争力与城市综合竞争力得分及排名

城 市	教育竞争力综合得分	教育竞争力综合排名	城市综合竞争力得分	城市综合竞争力排名	城市档次
烟台市	-0.1309	13	0.55	30	1

硬分力指数与排名。烟台市教育硬分力指数为-0.176（均值为0），在进入排名的20个都市中处于中下游，排名第15位，在一类城市中仅高于哈尔滨市，排名倒数第2位。

---

① 根据倪鹏飞主编的《中国城市竞争力报告》（2008年版）的城市综合竞争力排序，我们将已有数据库重点城市分为三个档次：发达城市（代号为1）、较发达城市（代号为2）、欠发达城市（代号为3）。

表6-24 烟台市硬分力得分及排名

城　市	硬分力指数	硬分力排名	综合排名
烟台市	-0.176	15	13

其中,烟台市的教育规模力指数为-0.090,规模力排名第11。规模力主要指标指数及排名如表6-25所示:

表6-25 烟台市教育规模力主要指标指数及排名

	指　数	排　名
学前教育入学率	0.30495	8
义务教育普及率	-0.38249	7
高中毛入学率	0.030	14
高等教育入学率	-0.166	12
人均受教育年限	-0.337	12

结构力指数为0.270,结构力排名第8。结构力主要指标指数及排名如表6-26所示:

表6-26 烟台市教育结构力主要指标指数及排名

	指　数	排　名
学前、义务、高中教育结构比例	-0.318	9
普高、职高比例	-0.705	18

质量力指数为0.232,质量力排名第6位。质量力主要指标指数及排名如表6-27所示:

表6-27 烟台市教育质量力主要指标指数及排名

	指　数	排　名
义务教育巩固率(小学)	-0.127	6
义务教育巩固率(初中)	0.420	7
中等职业学校毕业生一次性对口就业率	-0.341	17

投入力指数为 -0.072，投入力排名第10。投入力主要指标指数及排名如表6-28所示：

表6-28 烟台市教育投入力主要指标指数及排名

	指　数	排　名
教育经费投入三个增长率	-0.182	11
计算机学生比	-0.319	13

软分力指数与排名。烟台市教育软分力表现要明显优于硬分力表现，软分力指数为0.271，在进入排名的20个都市中位居中上游，高于20个城市的均值（0），在20个都市中排名第7位。

表6-29 烟台市教育软分力指数及排名

城　市	软分力指数	软分力排名	综合排名
烟台市	0.271	7	13

其中，烟台市教育创新力指数为0.98732，创新力排名第4。创新力主要指标指数及排名如表6-30所示：

表6-30 烟台市教育创新力主要指标指数及排名

	指　数	排　名
制度创新	0.98732	4

科研力指数为 -0.68857，科研力排名第14。科研力主要指标指数及排名如表6-31所示：

表6-31 烟台市教育科研力主要指标指数及排名

	指　数	排　名
教育科研课题立项数	-0.715	11
科研影响力	-0.465	12

公平力指数为 -0.34498，公平力排名第17。公平力主要指标指数及排名如表6-32所示：

表6-32 烟台市教育公平力主要指标指数及排名

	指 数	排 名
残疾儿童义务教育入学率	-0.003	15
外来务工人员子女义务教育入学率	0.505	1

综观上述，烟台市教育竞争力的综合得分与排名在20个都市中处于中下游，与其城市经济发展水平及城市综合竞争力水平基本匹配。其中，烟台市的教育硬分力指数要明显逊色于教育软分力指数，同时，在烟台市教育竞争力的7个分力排名中存在着严重的两极分化现象，既有排在前5位的分力（创新力），也有排在后5位的分力（公平力）。

表6-33 烟台市教育竞争力各分力指数及排名

城市 \ 分力指数与位次	规模力	结构力	质量力	投入力	创新力	科研力	公平力
烟台市	-0.090 (11)	0.270 (8)	0.232 (6)	-0.072 (10)	0.98732 (4)	-0.68857 (14)	-0.34498 (17)

（二）烟台市教育竞争力的优势分析

从烟台市教育竞争力各分力与20个城市均值比较曲线图（图6-10）可以发现，烟台市教育创新力得分远远领先于20个城市的均值，同时在教育质量力与结构力方面也有不俗表现。

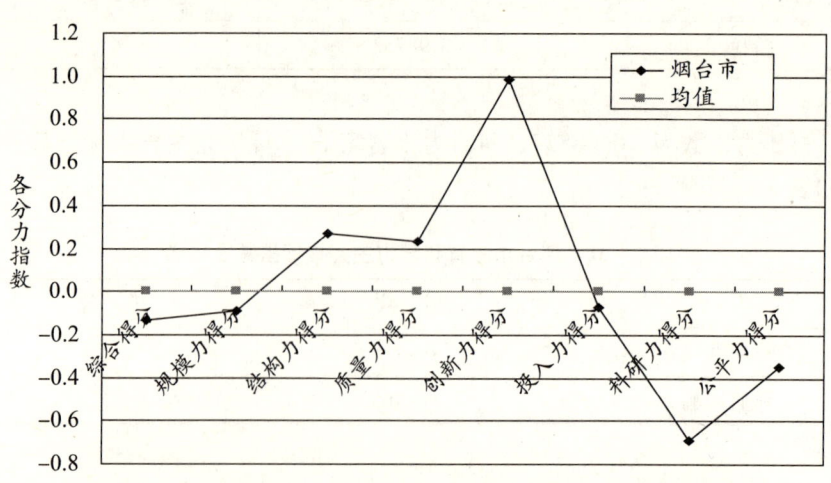

图6-10 烟台市教育竞争力各分力与20个城市均值比较曲线图

烟台市教育创新力指数为 0.987，在 20 个城市中排名第 4，仅次于南京市、青岛市与哈尔滨市三市。烟台市教育创新力的表现要明显优于其城市教育竞争力的综合表现。

教育创新力的主要指标为制度创新，近几年来，烟台市在素质教育的瓶颈——考试评价改革制度方面进行积极探索，推出了一些创新性的举措：在小学实行"等级+特长+评语"的评价方式，实行多元评价；在初中进一步推行和完善"一评二挂"的经验，把学校之间的升学竞争转为办学条件和办学水平的竞争；在普通高中进行自主招生改革试点，在对初中学生综合素质评价结果、学生特长发展等方面进行综合考评的基础上，自主确定录取名单。这些举措都反映了烟台市的教育创新能力，对素质教育的深入推进具有重要的借鉴意义。

烟台市教育质量力指数为 0.232，在 20 个都市中排名第 6，高于城市教育竞争力的综合排名（第 13）。在烟台市教育质量力的三个主要指标中，小学义务教育巩固率、初中义务教育巩固率分别为 100% 和 99.96%，在 20 个都市中分别排名第 6 和第 7。中等职业教育对口就业率为 87.2%，在 20 个都市中排名第 17 位。因此，烟台市的教育质量力在同类城市中表现出较高水准，主要是由于义务教育阶段贡献出的质量力，烟台市中等职业教育是烟台市教育质量力的软肋。

烟台市教育结构力指数为 0.270，在 20 个都市中排名第 8，高于城市教育竞争力的综合排名。在烟台市教育结构力的两个主要指标中，教育结构比例等级为 3[①]，在 20 个都市中排名第 9。普职比为 0.78，在 20 个都市中排名第 18，这表明烟台市职业教育的规模大于普通教育的规模。烟台市如果能将职业教育的优势加以发挥，将会为一个刚进入工业化后期的城市提供大量的技术人才，有力地推动城市社会经济的发展。

（三）烟台市教育竞争力的劣势分析

从烟台市教育竞争力各分力与 20 个城市均值比较柱状图与曲线图（图 6-10）可以发现，烟台市的规模力、投入力、科研力与公平力得分都低于 20 个城市的均值，其中科研力与公平力得分显著低于 20 个城市的均值，并低于教育竞争力的综合得分。

---

① 教育结构比例共分 5 等级，等级 5 为优秀、等级 4 为良好、等级 3 为中等、等级 2 为合格、等级 1 为不合格。

烟台市教育科研力指数为-0.68857，远低于20个城市的均值，排名第14位，低于城市教育竞争力的综合排名（第13位）。烟台市在科研力方面的不足主要表现为近几年来缺少重大的科研课题以及有影响力的教育科研成果。近三年来烟台市国家级教育科研立项课题数为0，同时也很少有具有影响力的教育科研成果。

烟台市的教育公平力指数为-0.345，排名第17位，在一类城市中排名最后，低于城市教育竞争力的综合排名。烟台市的教育公平力表现出严重的两极分化，如图6-11、6-12所示。烟台市民工子女入学率为100%，单项指标与北京、绍兴、金华、徐州、绵阳、兰州、汉中7市并列第1位。但烟台市残疾儿童的义务教育入学率为96.3%，在20个城市中排名第15位，低于一类城市的比率，甚至是部分二类城市的比率。

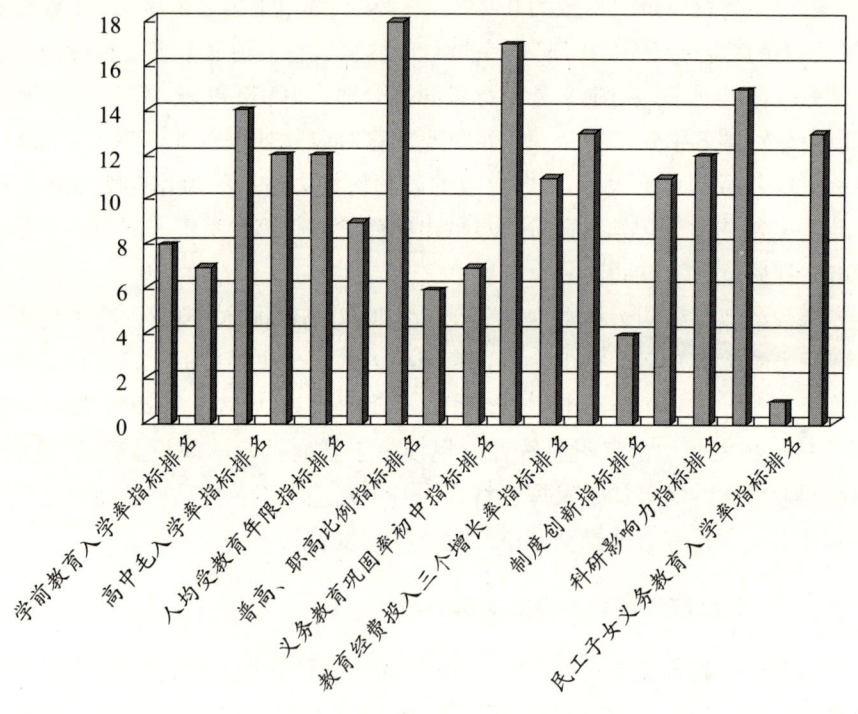

图6-11 烟台教育竞争力排名柱状图

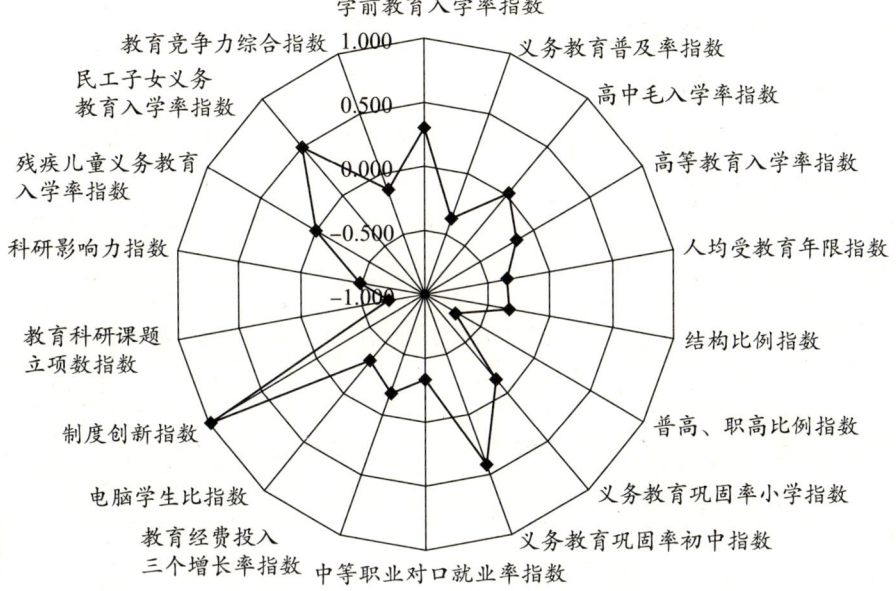

图 6-12 烟台市教育竞争力指数雷达图

四、提升烟台市教育竞争力的对策及建议

"十一五"期间,我国经济将处于新一轮的周期性上升阶段,经济增长的重心正由东南沿海向北扩展,从烟台市看,区位条件、生产要素、资源禀赋、产业基础等,有利于承接国内外产业转移。同时,"环黄渤海经济圈"是国家重点规划发展的区域之一。在半岛城市群发展的带动下,烟台作为连接东北与东部沿海、沟通日韩与内陆的重要节点城市,城市地位、特色和优势将会更加突出,如果能把握有利时机,进一步增强城市综合竞争力,烟台市在国内外的知名度和影响力将会显著提高。

但就目前来看,烟台市的经济发展还存在一些限制性的条件,产业结构还不尽合理,在发展的过程中国际国内竞争压力较大,尤其是国内先进城市的发展越来越快,从而带来更广领域、更加激烈的区域竞争压力。因此,在"十一五"期间,烟台市委、市政府将打造国际性港口城市作为发展目标,努力实现产业结构的升级,打造核心竞争力。在这一过程中,烟台市的经济和社会发展将会进入一个新阶段,对教育的发展将会提出更新、更高的要求。烟台市教育如何进一步提高核心竞争力,为烟台市社会经济的发展注入强劲的动力,是烟台市教育所面临的挑战。

(一) 烟台市教育面临的挑战

根据《中国城市竞争力报告》的分析，烟台市综合竞争力得分为 0.55，在 200 个城市中排名第 30 位，指标属于 A 等级（排名进入前 30 位），但其文化教育竞争力与教育环境竞争力指标分别属于 A－－（排名进入前 40 位）、A－－（排名进入前 50 位）等级，文化教育竞争力与教育环境竞争力排名与等级均低于其城市综合竞争力，与城市发展水平不相匹配。

表 6-34 烟台市综合竞争力、文化教育竞争力与教育环境竞争力得分及排名

指标名称	得 分	排 名	等 级
YY 综合竞争力	0.55	30	A
……			
Z4.3 文化教育竞争力	0.796	35	A－－
……			
Z5.4 教育环境竞争力	0.211	41	A－－

同时，从教育竞争力与城市综合竞争力的对比来看（见表 6-23），烟台市的教育竞争力也略低于其城市综合竞争力的表现。在进入都市教育竞争力排名的 20 个城市中有部分城市的综合竞争力低于烟台多个位次的城市，但其教育竞争力要高于烟台，如绍兴、嘉兴两市，城市综合竞争力排名分别落后烟台 23 个位次与 30 个位次，但教育竞争力却分别高于烟台 4 个位次与 3 个位次。因此，烟台市在经济发展过程中需要进一步提高其教育竞争力，进一步落实教育优先发展的战略，为进一步提升城市综合竞争力提供强劲动力。

(二) 提升烟台市教育竞争力的对策及建议

根据烟台市教育竞争力的总体发展水平以及发展优劣势的分析，比照烟台市社会经济发展目标以及教育发展目标，提升烟台市教育竞争力的关键在于：根据社会经济发展需要加大职业教育的发展，适当调整职业教育的专业设置，为烟台市产业结构的调整与升级提供技术人才；进一步增加教育投入，加大教育科研力度，推进重大教育科研成果的申报，为教育制度创新提供原动力，使烟台市的教育发展持续保持在一个较高的水平，适应烟台市打造国际性港口城市的发展需要。

明确城市教育定位，打造烟台市核心教育竞争力（创新与公平）。烟台

市教育竞争力在20个城市中排名第13位,高于所有二类与三类城市以及部分一类城市的位次,但其教育竞争力与城市综合竞争力相比显示出一定的滞后性。烟台市的教育竞争力表现要低于其城市综合竞争力的表现。在烟台市,教育优先发展战略完全没有得到体现,教育只是亦步亦趋地跟在经济发展的后面,作为经济发展的附庸,而完全没有发挥其引领社会经济发展的功能。

因此,提升烟台市教育竞争力的核心首先应该明确城市教育的定位,作为一个国际性的港口城市,烟台市应确立教育优先发展的战略,通过打造教育的核心竞争力,提升烟台市的文化教育竞争力与教育环境竞争力,使文化教育竞争力与教育环境竞争力能适当地领先于城市的综合竞争力,从而为烟台市的社会经济发展提供人力资源的支持,使教育能够成为引领烟台市社会经济发展的一部发动机,而不是一个附属品。

提升烟台市的教育竞争力,首先应加大对教育科研的扶持力度,通过教育科研推进制度创新,提高烟台市教育发展内涵,提炼烟台市的教育特色,进一步扩大烟台市教育在国内的影响力与竞争力。就目前来看,烟台市具有较强的教育创新力,但教育科研力却是其教育竞争力的短板,教育创新力缺少教育科研力的支持,将会后继乏力。因此,烟台市应加大对教育科研的扶持力度,通过科研奖励以及考核制度,申报、总结并提炼一批优秀的科研成果,加大教育科研的推广力度,通过教育科研推动学校发展,扩大优质教育资源。

其次,提升烟台市教育竞争力应进一步关注教育公平,关注弱势群体的入学问题。烟台市的教育公平力指数在一类城市中排名最后,远低于其城市教育竞争力的综合排名。烟台市教育公平力的最大特点是两极分化严重:烟台市民工子女的入学率为100%,与北京等7市并列第1位,但烟台市残疾儿童的入学率为96.3%,排名第15位。因此,提升烟台市的教育公平力应在巩固民工子女入学率的基础上,进一步提高残疾儿童义务教育入学率,凸显城市的教育公平,改善城市教育环境,匹配国际性港口城市的形象。

在提升教育软分力的同时,进一步加快教育硬分力的建设。从烟台市教育竞争力软分力与硬分力指标来看,教育软分力的指数与位次要优于教育硬分力。烟台市教育软分力指数为0.271,在进入排名的20个都市中居中上游,排名第7位,高于烟台市教育竞争力的总体排名(第13位)。烟台市教育硬分力指数为-0.176,在20个城市中居中下游,排名第15位,落后于烟台市教育竞争力的总体排名。

烟台市教育硬分力的四个分力中,质量力与结构力指数均高于20个城市的均值,而规模力指数与投入力指数却低于20个城市的均值。烟台市的教育规模力与投入力表现虽然与其教育竞争力的总体表现基本一致,但低于其城市综合竞争力的表现,与同类城市相比发展水平不足,有较大的提升空间。

例如,烟台市教育规模力各单项指标中除学前教育入学率与义务教育普及率排名居前外,其余3个指标在同类城市中发展水平偏低:烟台市高中毛入学率为89.5%,在一类城市中排名倒数第4位;高等教育毛入学率为41.2%,在一类城市中排名倒数第4位;人均受教育年限为8.14年,在一类城市中排名倒数第5位。

此外,烟台市教育投入力指标中的学生电脑比单项指标也落后于同类城市的发展水平。烟台市学生电脑比为8.372,总排名第13位,在一类城市中排名倒数第4位。

因此,烟台市在提升教育竞争力的过程中应在增强教育软分力的同时,进一步加大教育硬分力的建设,在现有基础上进一步增加教育投入,使烟台市教育的规模力与投入力能与城市的综合竞争力基本匹配,并能适度超前。通过增加教育投入,使教育的投入力与规模力能基本适应经济快速发展的需求,扩大高中与高等教育的入学率,延长人均受教育年限,推进教育信息化建设,提高教育的整体发展水平。

调整职业教育专业设置,提高职业教育就业率,为城市产业升级提供技术人才。烟台市的职业教育具有良好的基础,普职比为0.78,职业教育的规模大于普通教育的规模。但烟台市的中等职业教育对口就业率为87.2%,在20个都市中排名第17位。烟台市职业教育的规模与就业率存在着严重的不对称性。这种不对称性严重影响了烟台市的教育质量力表现,同时也会对烟台市职业教育的发展带来不利影响。

因此,提升烟台市的教育竞争力应关注职业教育专业设置的调整,提高职业教育的就业率。为适应社会经济发展的需要,职业教育专业设置的调整应面向所在城市的经济发展趋势。目前,烟台市所在的"环黄渤海经济圈"已成为国家重点规划发展的区域之一,在半岛城市群发展的带动下,烟台作为连接东北与东部沿海、沟通日韩与内陆的重要节点城市,其国际性港口城市的地位与优势将更加明显。

因此,烟台市职业教育专业设置的调整应瞄准国际性港口城市的定位,通过设置与细化相关的专业群,实现专业设置与产业升级的对接,提高职业教育的就业率,为烟台市成为一个国际性的港口城市提供专业技术人才支持。

第七章

浙江省五市教育竞争力的比较研究

区域只有与行政联姻才有其被研究的意义（朱永新，等，2009）[121-122]。进入本次都市教育竞争力实证研究数据表的20个城市中，有5个城市归属于浙江省。由于教育事业发展的政府主导性，五市同处同一行政区划的特点，宏观经济社会发展和教育发展的同一性，提高了都市教育竞争力研究的可比性。

这一比较视角，有助于我们更全面、深入地理解都市教育竞争力与都市经济社会发展之间的关系，揭示都市教育竞争力的共性、特点和成因。

第一节　浙江的社会经济与教育发展

浙江省位于中国东南部沿海，全省总面积 10.18 万平方公里，人口 4000 多万。由于历史原因，国家在浙江的投资严重不足，不及全国平均水平的一半，自然资源也无明显的优势。1978 年以前的浙江经济发展缓慢，经济总量在全国仅排在第 12 位。

改革开放后，浙江省率先走出了一条通过市场化来发展区域经济的道路，使其经济快速发展，GDP 总量从 1978 年的 124 亿元迅速增长到 2008 的 21486.9 亿元，成为全国第四个 GDP 总量突破 2 万亿的省份（前三个分别是广东、山东与江苏）。同时，浙江省人均 GDP 也由 1978 年的 331 元迅速增加到 2007 年的 37411 元，年均增长 12.1%，位列上海、北京、天津三个直辖市之后，居全国第 4 位，是改革开放以来全国各省市区中人均 GDP 增长最快的地区。

一、浙江的经济发展："浙江模式"引人瞩目

改革开放 30 年来，浙江迅速由一个传统的农业社会转变为一个现代工业社会，并成为全国经济增长最快、活力最强的省份之一，"浙江模式"引人瞩目。"浙江模式"主要具有以下几个方面的特征：经济市场化程度高、民营经济发达，专业市场量大面广，块状经济密集，县域经济较强，等等。"浙江模式"的发展方式和运行机制具有许多优势和特点，是促进浙江经济快速发展的基础和支撑（王文滋，2008）。

"浙江模式"孕育于浙江一脉相承的工商业传统和"义利并重"的区域商业文化传统。正是在这种社会文化传统的长期影响与熏陶下，浙江人富有冒险精神与商业意识，具有一种敢想、敢试、敢闯、敢干的社会心理状态，敢于打破原有框框，坚持制度创新，大胆实践，大胆探索。也正是在这种社会文化传统的影响下，浙江经济保持了强大的活力与创新力，民营企业成为浙江经济发展的亮点。2008 年全国民营企业 500 强中浙江占了 174 家，比例超过了 1/3，总量位居全国第一，其中两家企业进入全国民营企业前十强。

"浙江模式"的发展源自于政府对私营经济的支持。改革开放以来，浙

江省对个体私营企业进行了多方位的支持。到2007年，浙江省非公有制经济创造的税收占全部税收的57.9%，非公有制经济的出口额占出口总额的76.0%，在全国排在第一位。浙江地方政府对于私营经济的发展在最初阶段给予了"默许性"支持，对私营经济发展的保护随处可见，正是这种保护性策略使得改革开放初期的浙江私营经济能够先于其他地区进一步得以成长和发展。

"浙江模式"的一个鲜明的特点是，众多的中小私营企业在浙江的经济发展当中占据主体地位，并且具有清晰的产权。统计资料表明，浙江工业产值中"国有工业"比重为全国最低，非公有制产值占了全省国内生产总值的90%。清晰的产权在浙江的经济发展中起着至关重要的作用，降低了交易成本，提高了经济运行的效率，浙江经济的快速发展很大程度上得益于近十年来私营中小企业的发展。

"浙江模式"还具有资本结构内源性的特点。相对于20世纪90年代中后期苏南地区外来投资的快速增长，浙江的外来资本虽有一定幅度的增加，但外来投资占浙江资本投入的比重仍然很小。与"华南模式"的外来型资本结构明显不同，浙江从工业化起步直到最近的发展中，资本主要是通过内部（区内、省内和国内）获得，引进的外资很少。即使在1992年之后全国各地都在大张旗鼓引进外资（包括苏南地区）的时候，浙江的外资依存度依然很低。浙江工业化进程中的关键要素——资本，主要是从区内和国内获得的，主要通过私营企业的跨区域商业活动而非通过银行、资本市场等正式金融渠道。民间资本对浙江经济发展起着不可估量的作用。

正是由于浙江对私营经济的扶持以及私营经济的创新性与民间资本本身所具有的活力推进了浙江经济的高速发展。

二、浙江的教育发展：注重均衡、强调创新

与富有活力、追求创新的工商业传统一致的是，浙江自古有"耕读传家"、"重教兴学"的传统，历届浙江省委、省政府也一贯重视教育的发展。1992年，浙江省委、省政府确立了科教兴省的发展战略。1999年，省政府及时启动了创建教育强县活动。2002年，浙江省十一次党代会提出建设"教育强省"的战略目标。从1999年至2007年浙江省本级财政支出中教育经费支出所占比例始终保持每年不低于1.2个百分点，并逐年增加了省本级预算内教育基本建设经费。正是这种战略上的高度重视在浙江大地上形成了

"党以重教为先、政以兴教为本、民以支教为荣"的良好局面。

1997年以来，浙江省基础教育阶段各项重要指标一直领先全国。1997年，浙江通过国家"两基"总验收，成为继江苏、广东之后全国第三个基本普及九年义务教育的省区。此后，浙江省又不失时机地推进高标准高质量的"普九"。到2002年，全省70%县（市、区）实现了高标准高质量的普及九年义务教育。2004年，全省学前三年毛入学率达85.5%；九年义务教育完成率达97.1%；初中毕业生升入高中段比例达87.76%，全省15年教育普及率达到85.7%，浙江成为首个基本普及15年教育的省份。

浙江省在实现"两基"后马上将发展重点从普及转向提高，推动教育事业发展进入"优质时代"。通过创建教育强县活动、省重点学校评估等一系列措施，推动优质教育资源不断扩大。到2007年全省有"教育强镇"924个，占乡镇总数的73.9%；有教育强县69个，占县（市、区）总数的76.7%，人口覆盖率达85%。实施"浙江省中小学万校标准化建设工程"，全省标准化学校比例已提高到49.2%。

浙江省在促进各级各类学校协调发展的同时，关注教育均衡与教育公平，重点通过教育资源的不断优化配置，促进教育的均衡化发展，实现教育的公平、公正。浙江省以"对口支持"、"农村教育四项工程"、"书香校园"、"万校标准化工程"和"区域教育科学和谐发展业绩考核"为代表的举措，加大省级统筹，加大对农村地区和欠发达地区的扶持力度，加大现有教育资源的整合力度，推进教育均衡与教育公平。以实施"教育强县"建设为抓手，提升区域的整体教育水平，推进区域教育的均衡化发展。

此外，浙江人"敢为天下先"的精神不但创造了经济高速发展的"浙江模式"，同时也深化了浙江的办学体制、投资体制和管理体制改革，为教育发展赢得了体制优势，也为教育发展注入了无限生机和旺盛活力，成为浙江教育事业发展的鲜明标志。浙江在全国率先进行了高中段招生改革、改制办学和教育券制度的探索，是第一个制订促进和规范民办中小学发展政策性文件的省份。浙江的教育一直迸发着创新的动力与活力，正是这种创新的因素推动了浙江教育的高标准、高质量的发展，同时也正是这种创新的因素提升了浙江教育的整体竞争力水平。

第二节 浙江五市教育竞争力的比较与分析

2008年，浙江省人均GDP突破6000美元，总体经济发展水平已处于从工业化中期向后期迈进的时期，但浙江省各个城市之间仍存在着明显的发展水平差异。在进入20个都市教育竞争力排名的五市（分别为杭州、宁波、绍兴、嘉兴、金华①）中，发展水平的差异同样明显：2008年，杭州、宁波、绍兴、嘉兴、金华五市的生产总值（GDP）分别为4781.16亿元、3964.05亿元、2222.95亿元、1815.30亿元、1681.85亿元，排名末位的金华市的GDP仅为杭州市的1/3。

此外，2008年，浙江五市的人均GDP从高到低排名分别为杭州（8699）、宁波（8174）、绍兴（6945）、嘉兴（6210）、金华（4725），其中杭州、宁波两市的人均GDP双双突破8000美元，几乎是金华的两倍。根据城市社会经济的发展水平，杭州、宁波两市已进入后工业化时期，绍兴、嘉兴处于工业化中期阶段，金华处于工业化前期阶段（倪鹏飞，2008）[181-234]。

一、浙江省五市教育竞争力的指数与排名

（一）浙江省五市综合实力与城市综合竞争力排名

一个城市的社会经济发展水平在一定程度上决定了城市的综合竞争力水平。根据倪鹏飞2007年对中国200个城市综合竞争力的排名，浙江杭州、宁波、绍兴、嘉兴、金华5市综合竞争力排名均进入前100位，同时其排名顺序与其经济发展水平基本一致，分别为杭州（9）、宁波（18）、绍兴（53）、嘉兴（60）、金华（77）（倪鹏飞，2008）[1-8]。

表7-1 五市在2007年中国200个城市综合竞争力及各项指标的排名

城市	综合竞争力	增长指数	规模指数	效率指数	效益指数	结构指数	质量指数
杭州	9	121	9	24	43	9	18

---

① 杭州是浙江省会兼副省级城市，宁波是国务院钦点的副省级计划单列市、港口城市，绍兴是浙江民营、乡镇企业发展模式的典型代表，全国最大的纺织产业基地，嘉兴拥有绝佳的地理位置，金华地处浙江中部，经济相对落后。

续表

城市	综合竞争力	增长指数	规模指数	效率指数	效益指数	结构指数	质量指数
宁波	18	122	22	28	49	33	13
绍兴	53	82	91	60	106	50	22
嘉兴	60	96	82	73	47	69	31
金华	77	112	105	135	35	73	32

此外，在国家统计局公布的2008年年度城市综合实力百强城市排行榜中[1]，浙江杭州、宁波、绍兴、嘉兴、金华5个城市也均进入百强榜，其中，杭州、宁波、绍兴进入前50强。浙江五市的综合实力排名顺序与城市综合竞争力排名顺序基本一致，略有不同的是，在该排行榜中，金华市的排名要高于嘉兴市，分别为金华58，嘉兴66。

表7-2 五市在2008年中国200个城市综合竞争力中的排名

城 市	排 名	城 市	排 名	城 市	排 名
杭州	8	绍兴	33	嘉兴	66
宁波	16	金华	58		

综上所述，尽管在区域内部，浙江五市在经济发展水平上存在显著差异，但作为一个经济高度发展的区域，浙江五市的总体经济水平在全国处于中上水平[2]。因此，浙江五市的城市综合竞争力以及综合实力在全国均处于较高水平，排名均进入前100强，其中杭州、宁波两市在城市综合竞争力及综合实力的排名中均进入前20位。

（二）浙江省五市教育竞争力综合指数与排名

浙江省五市教育竞争力综合指数与排名。在浙江五市中，杭州、绍兴、嘉兴三市教育竞争力的综合得分均高于均值，排名进入前10位，分别为杭

---

[1] 这次全国城市综合实力评比由国家统计局城市社会经济调查总队、中国经济景气监测中心、中国信息报社等权威统计机构进行，全国286个地级以上城市全部参加，评价指标体系包括人口与劳动力、经济发展、社会发展、基础设施、环境5个一级子系统。

[2] 2008年，全国人均GDP为3130美元，浙江五市排名最低的金华市GDP高出全国人均GDP为4725美元，高出全国人均GDP三分之一。

州教育竞争力得分为 0.354307、排名第 5 位,绍兴得分为 0.035765、排名第 9 位,嘉兴得分为 0.00459、排名第 10 位。宁波、金华两市的教育竞争力综合得分分别为 -0.0228、-0.23918,低于均值,排名后 10 位,分别为 11(宁波)、16(金华)。如表 7-3 所示。

表 7-3　2007 年中国 20 个都市教育综合竞争力与城市综合竞争力得分及排名

城市	教育竞争力综合得分	教育竞争力综合排名	城市综合竞争力得分	城市综合竞争力排名(全国)	城市综合竞争力排名(20 城市)	城市档次
杭州市	0.354307	5	0.653	9	4	1
绍兴市	0.035765	9	0.486	53	15	1
嘉兴市	0.00459	10	0.462	60	16	1
宁波市	-0.0228	11	0.598	18	10	1
金华市	-0.23918	16	0.428	77	18	2

从 20 个城市的教育竞争力与城市综合竞争力的对比来看,浙江绍兴、嘉兴、金华三市的教育竞争力表现要优于其城市综合竞争力表现:三市的城市综合竞争力分别为 53(绍兴)、60(嘉兴)与 77(金华),在 20 个城市中的排名分别为 15(绍兴)、16(嘉兴)与 18(金华),而三市的教育竞争力排名分别为 9(绍兴)、10(嘉兴)、16(金华),均高于其城市综合竞争力的排名。杭州、宁波两市的教育竞争力排名分别为 5(杭州)、11(宁波),略低于其城市综合竞争力排名,分别为 4(杭州)、10(宁波)。杭州、宁波两市的教育竞争力表现略低于其城市的综合竞争力表现。

从浙江五市的内部对比来看,杭州、绍兴、嘉兴两市表现出较强的教育竞争力。杭州市的教育竞争力表现尽管略低于其城市综合竞争力,但也表现出较高的水平。而绍兴、嘉兴两市的城市综合竞争力排名虽然落后于宁波市,分别为 3(绍兴)、4(嘉兴)与 2(宁波),但两市的教育竞争力排名都高于宁波市,分别为 2(绍兴)、3(嘉兴)、4(宁波)。这表明绍兴、嘉兴两市在教育发展方面具有一定的区域优势。

宁波市的经济发展水平与城市综合实力尽管在区域内具备优势,但其教育竞争力在浙江五市中排名倒数第二位,在区域内不具备竞争优势,其区域教育竞争力与其区域经济实力和城市综合竞争力不相对称。

金华市的教育竞争力虽然在浙江省内排名末位,但要高于所有的二类城市,并高于一类城市徐州市。与同类城市相比,金华市的教育竞争力也具备一定的优势。

表7-4 浙江五市城市综合竞争力与教育综合竞争力排名

	城市综合竞争力排名	教育综合竞争力排名
	省内排名	省内排名
杭州	1	1
宁波	2	4
绍兴	3	2
嘉兴	4	3
金华	5	5

浙江省五市教育硬分力指数与排名。浙江五市教育硬分力的排名与教育竞争力的综合排名基本吻合。杭州、嘉兴、绍兴三市均表现出较高的教育硬分力水平,教育硬分力指数分别为0.332、0.188、0.120,均高于均值,排名进入前10位。其中嘉兴市的教育硬分力指数排名第6,在浙江省内仅次于杭州市,高于绍兴市,也高于其教育竞争力的综合排名。

表7-5 浙江五市教育硬分力得分及排名

城 市	硬分力指数	硬分力排名	综合排名
杭州市	0.332	4	5
嘉兴市	0.188	6	10
绍兴市	0.120	8	8
宁波市	-0.025	11	11
金华市	-0.297	17	16

浙江省五市教育软分力指数与排名。浙江五市教育软分力的排名与教育竞争力的综合排名有较大出入。排在前三位的分别为杭州、金华、宁波三市,软分力指数分别为0.311、0.189、0.058,均高于均值,排名进入前10位。其中,金华市的教育硬分力指数虽然排名末位,但其教育软分力指数仅次于杭州市,排名第二。

表7-6 浙江五市教育软分力指数及排名

城　市	软分力指数	软分力排名	综合排名
杭州市	0.311	6	5
金华市	0.189	8	16
宁波市	0.058	9	11
绍兴市	-0.018	12	9
嘉兴市	-0.258	14	10

由此可见，浙江五市中，杭州市的教育竞争力与其城市综合竞争力基本匹配，无论在教育竞争力的综合指数、教育硬分力指数、教育软分力指数方面均表现出较高的水平，在浙江五市中排名第一。宁波市的教育竞争力表现要逊色于其城市综合竞争力表现，在浙江五市中排名倒数第二，与其区域城市综合竞争力优势不相对称。绍兴、嘉兴、金华三市的教育竞争力排名均高于城市综合竞争力的排名，教育竞争力表现要优于其城市综合竞争力表现。其中嘉兴市在教育硬分力方面优势明显，排名仅次于杭州，位列第二；金华市在教育软分力方面优势明显，排名仅次于杭州，位列第二。

二、浙江省五市教育竞争力的优势与劣势比较

（一）浙江五市教育竞争力的优势比较分析

表7-7 浙江省五市教育竞争力各分力指数比较

城　市	规模力指数	结构力指数	质量力指数	投入力指数	创新力指数	科研力指数	公平力指数	教育竞争力综合指数
杭州市	0.553	0.853	0.045	-0.226	0.303	0.707	0.274	0.356
绍兴市	0.256	0.643	0.030	0.268	-0.772	-0.186	0.209	0.039
嘉兴市	-0.249	-0.033	0.827	0.269	-0.332	-0.744	0.218	-0.004
宁波市	-0.002	-0.055	-0.014	-0.809	0.303	-0.279	0.338	-0.019
金华市	-0.297	-0.105	0.019	-0.327	-1.212	0.802	0.209	-0.234

从浙江省五市教育竞争力各分力指数的比较表来看，各个城市均有不同的优势分力。

杭州市教育7个分力中，除投入力指数外，其余6个分力指数均高于均

值（0），其中杭州市的规模力、结构力与创新力指数分别为 0.553、0.853、0.303①，在五市中得分最高，排名第一。

绍兴市教育 7 个分力中，除创新力与科研力指数外，其余 5 个分力指数均高于均值（0），其中绍兴市的规模力、结构力与投入力指数分别为 0.256、0.643、0.268，在五市中得分排名第二。

嘉兴市教育 7 个分力中，除质量力、投入力与公平力外，其余 4 个分力指数均低于均值（0），其中嘉兴市的质量力与投入力指数分别为 0.827、0.269，在五市中得分最高，排名第一，公平力指数为 0.218，得分排名第三。

宁波市教育 7 个分力中，除创新力与公平力外，其余 5 个分力指数均低于均值（0），其中宁波市的公平力指数为 0.338，在五市中得分最高，排名第一，创新力指数为 0.303，得分与杭州市并列第一。

金华市教育 7 个分力中，除质量力、科研力与公平力外，其余 4 个分力指数均低于均值（0），其中金华市的科研力指数为 0.802，在五市中得分最高，排名第一。

从浙江省五市教育竞争力各指标的雷达图（图 7-1、图 7-2、图 7-3、图 7-4、图 7-5）来看，各个城市分别有不同的优势指标。

杭州市的科研影响力指数、学前教育入学率指数与结构比指数、机生比指数、中等职业教育对口就业率指数分别为 1.884、1.419、0.954、0.884、0.518，是 17 个指标中得分最高的 5 个指标，因此是杭州市的优势指标。

绍兴市的高中毛入学率指数、结构比指数、中等职业教育对口就业率指数、残疾儿童义务教育入学率指数、学前教育入学率指数分别为 0.908、0.954、0.583、0.788、0.577，是绍兴市 17 个指标中得分最高的 5 个指标，因此是绍兴市的优势指标。

嘉兴市 17 个指标中，除中等职业对口就业率指数为 -2.794 外，其余 16 个指标得分基本接近，显示出各指标之间具有高度的均衡性，因此无特别优势的指标。

宁波市最明显的优势指标为中等职业教育对口就业率，指数为 0.739，在 20 个城市中排名第一。其次，宁波市的高中毛入学率指数、学前教育入学率指数、残疾儿童义务教育入学率指数分别为 0.388、0.577、0.404，也是宁波市的 3 个优势指标。

---

① 杭州市的创新力指数与宁波市的创新力指数得分同为 0.303，排名并列第一。

金华市最明显的优势指标为教科研课题立项数指数，为1.139，与北京、南京、上海三市并列第一。其次，金华市的中等职业教育对口就业率指数与残疾儿童义务教育入学率指数分别为0.426、0.788，也是金华市的两个优势指标。

（二）浙江五市教育竞争力的劣势比较分析

从浙江省五市教育竞争力各分力指数的比较表来看，各个城市尽管表现各不相同，但都具有一定的发展劣势。

杭州市教育投入力指数为-0.226，是杭州市唯一一个低于均值的分力，在浙江五市中排名第三。从投入力的两个主要指标来看，尽管杭州市的计算机生机比指数为0.884，在20个城市中排名第4，但杭州市的教育经费三个增长率指数为0.029，在20个城市中排名第9，远低于其教育竞争力的总体排名。

绍兴市教育创新力指数为-0.772，低于均值，在浙江五市中排名倒数第二。从教育创新力的主要指标制度创新来看，绍兴市的制度创新指数为-0.891，与佛山、苏州、淄博三市并列倒数第二。

嘉兴市的教育科研力指数为-0.744，在浙江五市中排名倒数第一。从教育科研力的两个主要指标教科研立项数与教科研影响力来看，嘉兴市的科研立项数为0，在20个城市中排名末位，科研影响力指数为-0.744，在20个城市中排名第13。

宁波市的教育质量力与教育投入力指数分别为-0.014、-0.809，均低于均值，在浙江五市中排名末位。从教育质量力的三个主要指标来看，宁波市的小学义务教育巩固率指数为-0.104，与杭州、绍兴、嘉兴、金华四市持平，并列倒数第5，宁波市的初中义务教育巩固率指数为0.418，在20个城市中排名第10，在浙江五市中排名末位，宁波市的中等职业就业率在20个城市中排名第一。从教育投入力的两个主要指标来看，宁波市的计算机生机比指数为0.115，在20个城市中排名第8，宁波市的教育经费三个增长率指数为-1.390，在20个城市中排名倒数第二。

金华市的教育规模力指数、教育结构力指数与教育创新力指数分别为-0.297、-0.105与-1.212，均低于均值，在浙江五市中排名末位。从教育规模力的五个主要指标来看，金华市除学前教育入学率外，其余四个指标（义务教育入学率、高中毛入学率、高等教育毛入学率、人均受教育年限）均低于均值。从教育结构力的两个主要指标来看，尽管金华市的普职比指数为-0.168，在20个城市中排名第9，但金华市的结构比例指数为-0.318，在20个城市中排名倒数第三。从教育创新力的主要指标制度创新力来看，金华市的制度创新指数为-0.891，排名末位。

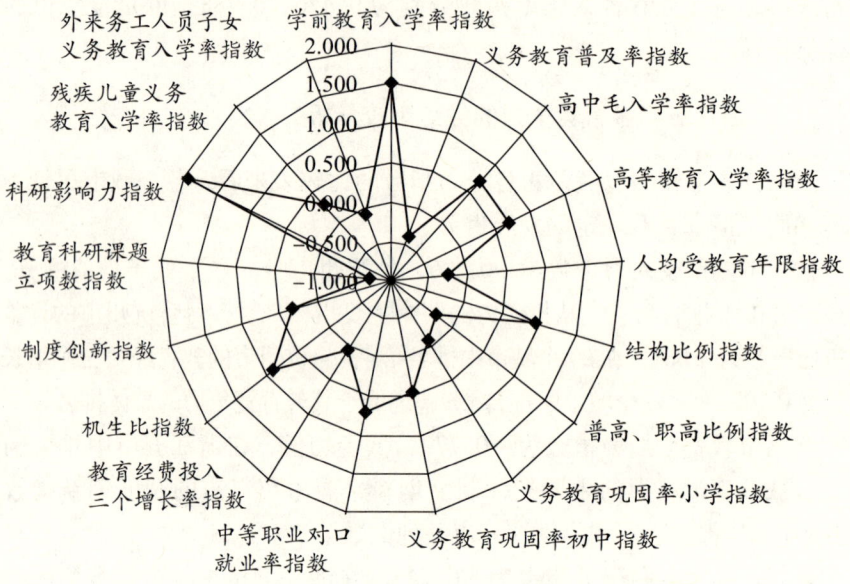

图7-1 杭州市教育竞争力各指标雷达图

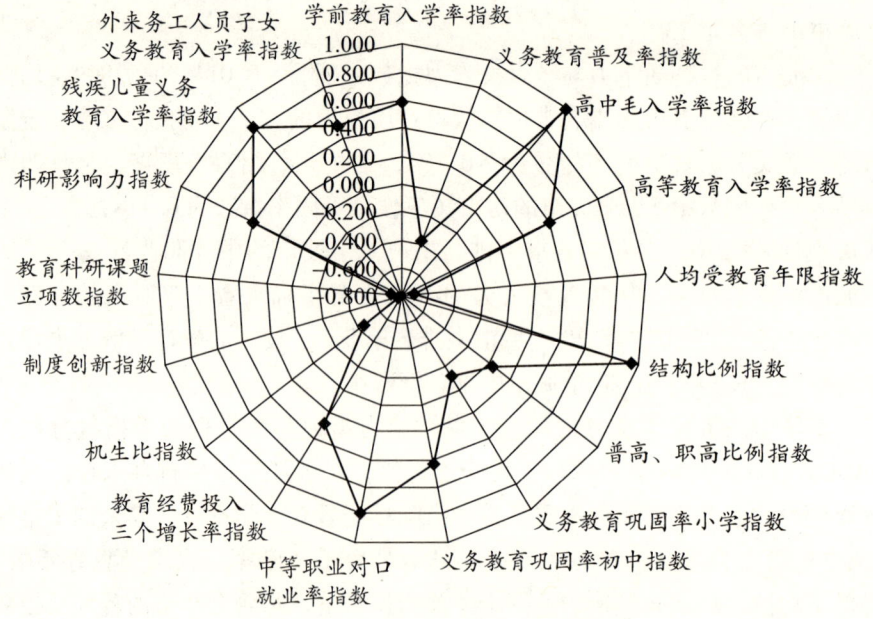

图7-2 绍兴市教育竞争力各指标雷达图

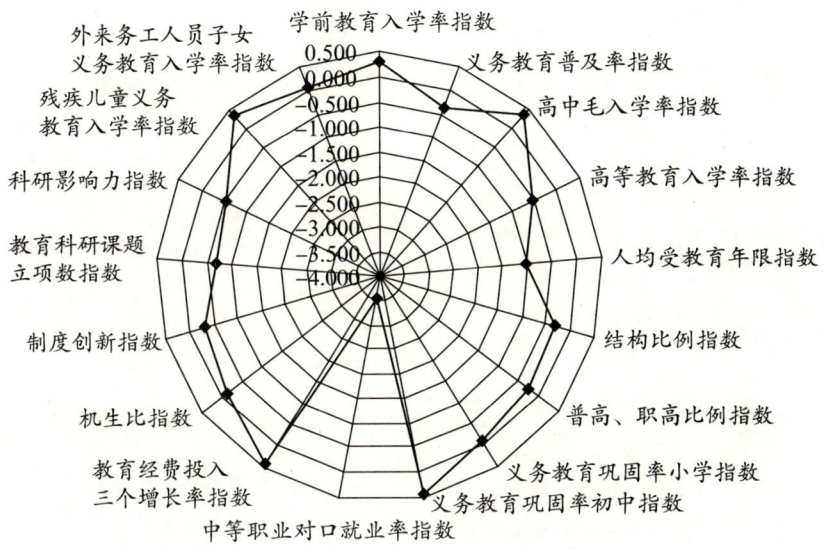

图7-3 嘉兴市教育竞争力各指标雷达图

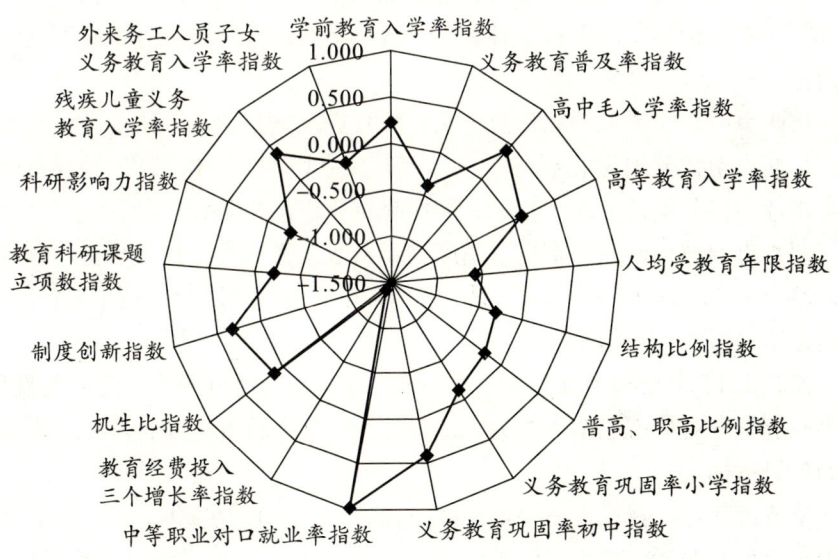

图7-4 宁波市教育竞争力各指标雷达图

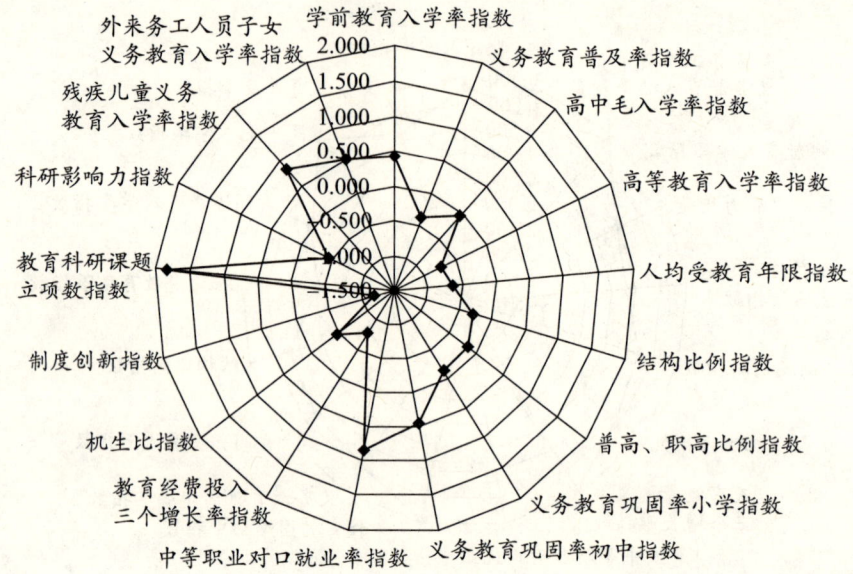

图7-5 金华市教育竞争力各指标雷达图

从浙江省五市教育竞争力各指标的雷达图（图7-1、图7-2、图7-3、图7-4、图7-5）来看，各个城市既有不同的优势指标，也有不同的劣势指标。

杭州市的教科研立项数指数、义务教育普及率指数、人均受教育年限指数、普职比指数分别为-0.932、-0.351、-0.222、-0.271，是杭州市十七个指标中得分最低的四个指标，因而是杭州市的劣势指标。

绍兴市的教科研立项指数、制度创新指数、人均受教育年限指数分别为-0.932、-0.891和-0.626，是绍兴17个指标中得分最低的三个指标，因而是绍兴市的劣势指标。

嘉兴市17个指标得分基本接近，显示出各指标之间具有高度的均衡性，中等职业教育对口就业率指数为-2.794，在20个城市中排名末位，是嘉兴市的劣势指标。

宁波市教育经费投入三个增长率指数为-1.390，在20个城市中得分仅高于天津市，并远远低于宁波市的其余16个指标，是宁波市的劣势指标。

金华市的制度创新指数为-0.891，在20个城市中排名末位，是金华市的最劣势指标。同时，金华市的高等教育入学率指数、人均受教育年限指数以及教育经费三个增长率指数分别为-0.692、-0.569与-0.762，是金华市的三个劣势指标。

第三节 浙江五市教育竞争力的特性、成因及其启示

浙江是一个以丘陵山地为主的区域,也是一个多文化的聚集地,浙江内部各城市之间存在着显著的发展差异,这种差异不但体现在经济发展水平上,同时也体现在文化传统方面,经济发展水平的不同形成了五市教育竞争力水平的差异,而文化传统的不同则塑造了浙江五市不同的教育竞争力特性。

一、浙江省五市教育竞争力的特性分析

浙江五市教育竞争力的差异不仅体现在发展水平参差不齐上,同时也体现在具有不同的发展特性。

杭州市教育竞争力的总体水平较高,不但在进入都市教育竞争力排名的20个城市中排名前列,同时在浙江五市的比较中也具有绝对的优势。杭州市的教育不但具有较好的结构力与规模力,同时也具有较强的创新力,杭州的科研影响力指数是杭州所有指标中得分最高的指标。但杭州市的教育投入力却低于其教育竞争力的总体水平,特别是杭州市的教育经费三个增长率在20个城市中排名第9位,远低于其教育竞争力的总体排名。杭州市教育投入的不足严重影响了其内部教育发展的均衡性,发展的不均衡是杭州教育面临的一大难题。

宁波市的经济发展水平与杭州接近,在浙江五市中,宁波市的经济发展水平与城市综合竞争力仅次于杭州,处于中上游。但宁波市的教育竞争力水平显然与其经济发展水平不相对称,在浙江五市中,宁波市的教育竞争力指数仅高于金华市,排名第四,处于中下游。宁波市的教育软分力指数优于其硬分力指数,特别是宁波市的教育公平力指数与教育创新力指数在区域内具备发展优势,宁波市的教育公平力指数在浙江五市中排名第1位,教育创新力指数与杭州并列第1位。但同时,宁波的教育投入力指数在浙江五市中排名末位。

绍兴市的经济发展水平在浙江处于中游,但绍兴市的教育竞争力表现出强劲的水平,在浙江五市中仅次于杭州,排名第2位。绍兴市的教育规模力、结构力与投入力均具有较高水平,在五市中排名第2位,这表明绍兴市

的教育具有良好的基础，同时政府也高度重视教育，教育投入力一直保持较高的水平。但绍兴市的教育创新力水平相对滞后，在教育制度创新方面缺少举措。

嘉兴市的经济发展水平在浙江处于中下游，但嘉兴市的教育竞争力表现也要优于其经济发展水平，在浙江五市中排名第3位。嘉兴市教育竞争力的最大特点就是各个指标之间具有高度的均衡性，除中等职业教育指标相对处于劣势外，其余16个指标得分基本相似，无特别优势的指标。但嘉兴市的教育科研力水平相对滞后，科研力指数为－0.744，在浙江五市中排名倒数第1位。缺少科研力的支持，嘉兴市的教育发展将会后继乏力。

金华市的经济发展水平在浙江五市中相对落后，排名末位。受经济发展水平的限制，金华市的教育竞争力在区域内体现为总体水平较低，教育规模力指数、教育结构力指数、教育创新力指数分别为－0.297、－0.105与－1.212，均低于均值，在浙江五市中排名末位，这表明金华市的教育基础较差，同时也缺少教育制度的创新举措。但金华市具有明显的教育软分力优势，特别是金华市的科研力指数在浙江五市中排名第一，具有明显的区域优势。较强的教育科研力水平将为金华的教育发展提供动力。

二、浙江省五市教育竞争力的成因分析：文化的视角

一个城市的教育竞争力水平总是与其经济发展水平相联系，而一个城市教育竞争力的特性则根植于其历史文化的传统。浙江五市虽然同处一个区域，但具有不同的文化传承，正是这种不同的文化传承形成了浙江五市不同的教育竞争力特性。

杭州市是浙江省的省会城市，"精致和谐，大气开放"是杭州市人文精神的高度概括。杭州市的历史文化向来是追求精致与和谐的，而杭州市的现代文化则体现出一种大气与开放。作为一个现代化的都市，杭州市的文化具有高度的开放性，在发展的过程中不断有新因素的融入。因此，杭州市的教育氛围一向非常活跃，不断有创新性的举措：以名校集团化实现了名校资源利用效益的最大化，推动了优质基础教育资源的快速扩充，解决了"上好学校难"的问题；打造"杭州城乡学校互助共同体"，推进教育均衡；推进学习型城市的建设，增强城市的学习氛围，打响"学在杭州"的品牌。

杭州市在教育方面能够不断推陈出新，不断地孕育创新性的举措，不但与其高度发展的社会经济相关，更多的是在于杭州的文化具有一种很大的开

放性，且能够不断吸收新的因素。具有高度创新力水平的杭州教育也保持了较高的竞争力水平。

宁波市是一个具有得天独厚自然优势的深水港口城市，货物吞吐量为9660万吨，居全国第3位。同时，宁波也是一个充满活力的商贸之城，信奉"儒学教义"的商邦文化，造就了宁波"诚信、务实、开拓、创新"的商业精神，民营经济的创造力与开放型经济的竞争力推动了宁波经济的快速发展，地区生产总值从1978年的20.2亿元一举跃上3000亿元的新台阶，年均增长14.7%，在15个副省级城市中位居第5。作为一个充满活力的商贸之城，宁波市的自主品牌建设名列国内前列，目前全市已拥有20个"商务部重点培育和发展的出口名牌"、69个"中国驰名商标"和61个"中国名牌产品"，全市自主品牌出口比重已超过15%。

宁波信奉"儒学教义"的商邦文化以及追求创新的商业精神造就了宁波教育对公平以及对创新的关注，在宁波的教育竞争力中，公平力与创新力是其优势指标。同时，近几年来，虽然宁波对教育的投入不断增加，但主要集中于高教园区建设，在基础教育方面缺少投入，因此，宁波的投入力指数在浙江五市中排名末位。由于在基础教育方面缺少投入，宁波市的教育竞争力要落后于其经济发展水平。

绍兴市是一个具有深厚文化底蕴的历史城市，古城、兰亭、大禹陵，众多的文物古迹构成城市血肉相连的脉络；越剧、绍剧、莲花落，形成了城市独步天下的戏曲大观；书法、兰花、黄酒，样样铺陈为城市内涵丰富的景致。范蠡受命"筑城立郭，分设里闾"至今，厚重的历史，凝聚成当代绍兴最大的财富。同时，绍兴的文化中既有杏花春雨小桥流水的细腻肌理，更有卧薪尝胆、精钢百炼的"胆剑精神"。绍兴之所以能抢抓机遇，实现乡镇企业、专业市场、块状经济、民营经济、上市公司、规模扩张等一次次飞跃，都与这种精神品质有关。也正是在这种精神品质的激励下，绍兴经济能够由小做大，集腋成裘。在这种精神品质的熏陶下，绍兴人做买卖很少投机，他们理性务实，一点一点地做实业，沉稳扎实的绍兴，也很少有乍富的张扬。

这种作风不仅体现在绍兴的经济发展特点上，同时也体现在绍兴的教育发展特点上。一方面，作为一个历史文化名城，绍兴市的教育具有良好的基础，教育竞争力在浙江五市中仅次于杭州，排名第2；另一方面，作为一所历史文化名城，绍兴人的理性、务实与扎实也使得绍兴的教育稳打稳扎，创新精神相对欠缺。

嘉兴市自古为富庶繁华之地，素有"鱼米之乡，丝绸之府"的美誉。新中国成立以来，尤其是改革开放以来，嘉兴承载着上海浦东开发的辐射、苏南开放型经济和浙南民营经济的交汇影响，社会经济快速发展，综合实力显著增强，目前所辖县（市）均进入中国百强县前 30 强和"浙江省小康县"行列。嘉兴市的地理位置也具有得天独厚的优势，位于浙江省东北部、长江三角洲杭嘉湖平原腹心地带，与沪、杭、苏、湖等城市相距均不到百公里，区位优势明显，尤以地处有人间天堂之称的苏杭之间而著称。由于数千年来人类的垦殖开发，嘉兴市的平原被纵横交错的塘浦河渠所分割，田、地、水交错分布，形成"六田一水三分地"，旱地栽桑、水田种粮、湖荡养鱼的立体地形结构，人工地貌明显，水乡特色浓郁。

正是这种优越的自然资源造成了嘉兴市的富足，这种富足也造就了嘉兴经济发展与教育发展的最大特点：均衡。嘉兴市所辖五县（市）均进入中国百强县前 30 强和"浙江省小康县"行列，同时嘉兴市教育竞争力的 17 个指标中，除中等职业教育指标相对处于劣势外，其余 16 个指标得分基本相似，无特别优势的指标。但也正是这种富足造成了嘉兴市教育科研力水平的滞后。缺少科研力的支持，嘉兴市的教育发展将会后继乏力。

金华市位于浙江省的中部，为省辖地级市，2008 年全市实现生产总值（GDP）1681.85 亿元，属于中等发展城市。金华素有"小邹鲁"之称，历来为文化礼仪之邦，历史上讲学群起，书院迭兴。宋元时期金华学派与金华文派名播四海。如今则基础教育、高等教育、成人教育三头并兴。文化兴盛必然名人辈出。文坛巨匠、丹青大师、爱国志士、民族英雄、专家学者，金华这块土地上代不乏人。

作为一个文化礼仪城市，金华历来有"耕读传家"的传统，民众一贯重视教育，但一方面，由于地处浙江中部，并受历史传统的影响，金华市的文化缺少开放性，文化缺少创新与活力，体现在教育方面就是金华市的教育制度创新与特色建设在全省不明显，不具备竞争优势。但另一方面，近几年来，金华市对教育科研高度重视，全市的科研氛围浓厚，"科研兴校、科研兴教"已成为金华市教育发展的特色。但就目前来看，金华市的教育科研仍未对体制创新产生影响，如果教育科研能够很好地应用于学校的实践，能够推进教育制度的创新，将可以极大地推动金华教育的发展。

三、浙江区域教育竞争力的共性分析

"区域教育是指占有一定地域的人口集体与自然区域所构成的区域社会

中所客观存在的相对独立而又基本稳定的教育实体。"（顾建军，1999）每一区域内的教育属性、教育内容、教育方法、教育手段、教育评价以及相应的外部支持系统都具有同一性和相关性。浙江作为一个经济高度发展的区域，其区域内五市的教育竞争力尽管具有不同的特性，但作为一个区域整体也表现出一定的共同性。

1、总体水平高。浙江作为一个经济高度发展的区域，总体经济发展水平在全国处于中上游，与此相应的是，浙江五市表现出相对较高的区域教育竞争力水平，浙江五市中，杭州、绍兴、嘉兴三市教育竞争力的综合得分均高于均值，排名进入前10位，宁波、金华排名分别为11、16，其中金华市在三个二类城市（金华、绵阳、兰州）中排名第1位。

2、强调教育创新。浙江人"敢为天下先"的精神不但促进了经济高速发展，同时也推动了教育制度的创新。浙江的教育氛围一向非常活跃，也不时有创新性的举措在全国产生重大影响。体现在教育竞争力方面，浙江五市在教育创新力与科研力方面均有不俗表现，杭州、宁波两市的教育创新力指数均为0.303，与厦门、北京、天津、徐州四市并列第五，杭州、绍兴、金华三市的教育科研力指数分别为0.707、-0.186与0.802，排名均进入了前10位，其中金华市的教育科研力排名进入了前5位。

3、注重教育公平。浙江教育不仅总体水平较高、强调教育创新，同时在发展的过程中也非常注重教育公平与均衡，通过"教育强县"评估等措施不断优化教育资源的配置，推进教育公平与公正。因此，浙江五市的教育竞争力中，具有一个共同的特点，就是教育公平力水平较高。浙江五市教育公平力指数分别为0.274（杭州）、0.209（绍兴）、0.218（嘉兴）、0.338（宁波）、0.209（金华），五市的教育公平力均高于均值，表现出较高的总体水平。

四、对经济较发达地区提升教育竞争力的启示

浙江五市表现出较高的区域教育竞争力水平，既与浙江省高度发展的总体经济水平相关，也与浙江省"义利并重"的商业文化传统以及"耕读传家"的教育传统密切相关，更与历届浙江省委、省政府的"科教兴省"、"教育强省"教育发展战略密不可分。正是这种战略上的高度重视在浙江大地上形成了"党以重教为先、政以兴教为本、民以支教为荣"的良好局面，保证了浙江区域教育竞争力处于一个较高的水平。将浙江五市作为一个区域

教育竞争力的样本进行分析，对我国沿海地区的教育竞争力水平具有启示意义。

（一）经济发展水平是教育竞争力的基础，教育优先发展战略是提升教育竞争力的关键。

从浙江五市教育竞争力水平的比较分析来看，教育竞争力水平与经济发展水平密切相关。首先，较高的经济发展水平可以为提升城市的教育竞争力创造有利条件，是一个城市较高的教育竞争力的保证，如杭州市、绍兴市、嘉兴市，由于具备较高的经济发展水平，教育基础相对较好，保证教育竞争力处于一个相对较高的水平。而相对较低的经济发展水平会制约城市的教育竞争力水平，如金华市，由于受经济发展水平的限制，教育基础相对落后，使其教育竞争力在区域内处于一个较低的水平。

因此，教育竞争力水平是与经济发展水平相匹配的，只有具备一个较高的经济发展水平，才能保证教育竞争力处于一个相对较高的水平。提升沿海地区的教育竞争力水平，首先要保证沿海地区经济的高速发展。

其次，经济发展水平只是提升教育竞争力的充分条件，而非必要条件，较高的经济发展水平并不能保证较高的教育竞争力水平，如宁波市。宁波市的经济发展水平在浙江区域内仅次于杭州，排名前列，但宁波市的教育竞争力水平在浙江五市中处于中下游，仅高于金华市。宁波市在教育发展过程中更多地关注高等教育，将大量财政用于高教园区建设，而在基础教育方面缺少投入，使得宁波市的教育质量力在浙江五市中排名末位，影响了宁波市教育竞争力的总体表现。

因此，沿海地区提升教育竞争力不仅需要经济发展水平的保证，同时也需要确立教育优先发展战略。浙江省正是在"科教兴省"、"教育强省"战略的推动下，确保教育经费持续增加，使得区域教育竞争力保持在一个相对较高的水平。

（二）一个城市的教育科研力与创新力可以弥补教育发展的短板，提升一个城市的教育竞争力。

浙江省区域教育竞争力体现出一种较高的水平，不仅与其经济发展水平相关，同时也与浙江文化中的创新氛围密切相关。浙江人富有冒险精神与商业意识，具有一种敢想、敢试、敢闯、敢干的社会心理状态，不但创造了经济高速发展的"浙江模式"，同时也使浙江的教育具有高度的创新性，浙江省的课程改革开全国课程改革之先河，率先开展民办教育、"独立学院"，等等。这种创新性不但为浙江教育发展赢得体制优势，也为教育发展注入无限生机和旺盛活力，同时也提升了浙江区域教育竞争力的水平。

例如，浙江省的金华市由于受经济发展水平的限制，在浙江五市中教育竞争力水平相对较低，但金华市具有明显的教育软分力优势，特别是金华市的科研力指数在浙江五市中排名第一，较强的教育科研力水平为金华的教育发展提供了动力。因此，尽管金华市的教育竞争力在20个城市的排名处于中下游（排名16），但在三个二类城市的排名中金华市具备绝对的优势，位列第一，并高于一类城市徐州市（排名17）。当然，如果金华市的教育科研力优势能够推动教育制度的创新，将会极大地提升金华市的教育竞争力水平。

因此，沿海地区提升教育竞争力水平不仅要通过发展经济来提升教育的硬分力水平，同时也要关注教育的软分力水平，特别要通过打造城市的科研力来推进教育制度的创新，弥补城市教育发展的短板，提升一个城市的教育竞争力水平。

(三) 提升沿海地区的教育竞争力要关注教育的公平与公正，着力提高城市的教育公平力。

浙江经济社会发展之所以能走在全国前列，一方面来源于民营经济的活力与创新性，另一方面则在于浙江省的社会经济发展始终围绕"富民"的目标，这是浙江"义利并重"的文化传统，也是浙江经济发展的一个核心经验。浙江省第十二次党代会提出的"创业富民、创新强省"总战略，是对浙江"富民"目标的高度概括。"创业富民、创新强省"有两个核心目标：一是使全省人民收入水平持续提高，家庭财产普遍增加，生活品质明显改善，走共同富裕道路；二是使全省综合实力、国际竞争力、可持续发展能力不断增强，加快建设富强民主文明和谐的新浙江。

因此，浙江省在社会经济高速发展的过程中，一直非常关注公平与公正问题，关注改善民生。"创业富民、创新强省"总战略中也明确提出："全面推进城乡统筹发展"、"全面推进区域协调发展"、"着力改善民生"，进一步创新扶持欠发达地区加快发展的政策机制，促进区域协调发展，让欠发达地区的群众共享改革发展成果。

浙江的教育在保持创新活力的同时，也非常关注教育的公平与公正。近几年来，浙江省全面提升农村教育，推进教育公平，在全省范围内实施农村中小学"家庭经济困难学生资助扩大工程"、"爱心营养餐工程"、"食宿改造工程"和"教师素质提升工程"、"领雁工程"五项工程，加大对农村地区和欠发达地区的扶持力度，推进教育均衡与教育公平的发展。

浙江省的教育基础在全国并不具备区域优势，但浙江省能够保持一个较高的区域整体教育竞争力水平，不仅与浙江省追求教育创新相关，更与浙江省对教育的公平与公正的高度关注相关。浙江五市具有较高的教育竞争力水平，教育公平力指数"功不可没"。浙江五市教育公平力指数分别为0.274（杭州）、0.209（绍兴）、0.218（嘉兴）、0.338（宁波）、0.209（金华），均高于均值，表现出较高的总体水平。

因此，沿海地区要提高教育的竞争力水平，不仅要适应市场经济的需求，推进教育制度的创新，同时更应关注区域教育的整体均衡性。在社会经济发展到一定阶段后，沿海地区的教育发展应从"重点示范、以点带面"阶段过渡到关注区域教育的综合实力，关注区域教育的公平与均衡，重点提升农村教育的发展水平，提高残疾儿童与民工子女义务教育的入学率，推动区域教育的可持续发展。从发展的角度来看，一个城市的教育竞争力更多地取决于城市的教育软实力，特别是其教育创新力与公平力。

附 录

各市教育科研院/所：

为了更好地了解我国 300 万以上人口的都市教育发展水平，尤其是教育的可持续发展态势，从而为增强都市教育竞争力提供诊断和决策支持，在国家财政部的支持下，中央教育科学研究所特开展了此项研究。

按研究计划，都市教育竞争力研究数据采集工作主要围绕三个方面进行：（1）都市经济社会背景相关数据；（2）都市教育硬实力相关数据；（3）都市教育软实力相关数据。

由于研究涉及样本城市多、数据采集量大，为了保证数据的完整性和有效性，我们特设计了此数据采集手册。现将数据采集有关事项说明如下：

（1）本研究采集的有关数据为 2006、2007 年数据。
（2）以表格形式搜集的数据，请依照表格栏目提示及相关要求填写。
（3）请按要求提供软实力调查所需的文字材料。
（4）所提供的文字材料上，请加盖单位公章。
（5）暂缺的数据，请在相应的地方填写"缺"。
（6）请提供 2006、2007 年全市《教育事业简况》（小册子）

请按本手册的有关说明，填写和准备相关数据资料。谢谢支持！

中央教育科学研究所
中国都市教育竞争力研究及数据库建设课题组
2008 年 3 月

以下材料为我单位提供，经核实，确认所提供数据与材料为准确、有效。

教育科研院/所公章
年　月　日

都市经济社会发展调查表

都市名称：_____

指标 \ 年份	2006 年	2007 年
人口（万） 常住人口		
人口（万） 外来人口		
人均 GDP（元）		
人均收入（元）		
一、二、三产业就业构成*		
一、二、三产业 GNP 构成*		

说明：

* 此两栏请按百分构成来填写，如 21∶35∶44。

都市教育规模调查表

指标 \ 年份		2006 年	2007 年
幼儿教育（1.1）	适龄幼儿总数（万）		
	适龄在园幼儿数（万）		
	幼儿教育毛入学率（%）		
九年义务教育（1.2）	6—14 周岁人口总数（万）		
	6—14 周岁在校生数（万）		
	九年义务教育普及率（%）		
高中教育（1.3）	15—17 周岁人口总数（万）		
	15—17 周岁在校生数（万）		
	高中段教育毛入学率（%）		
高等教育（1.4）	18—22 周岁人口总数（万）		
	18—22 周岁在校生数（万）		
	高等教育毛入学率（%）		
人均受教育年限（年）（1.5）		第四次全国人口普查数据	第五次全国人口普查数据

都市教育结构调查表

指标	年份	2006年	2007年
普通高中 (2.1)	招生数（万）		
	招生数占高中段教育招生总数的比例（%）		
	在校生数（万）		
	在校生数占高中段教育在校生总数的比例（%）		
中等职业学校 (2.2)	招生数（万）		
	招生数占高中段教育招生总数的比例（%）		
	在校生数（万）		
	在校生数占高中段教育在校生总数的比例（%）		
普通高校 （专科） (2.3)	招生数（万）		
	招生数占普通高等教育招生总数的比例（%）		
	在校生数（万）		
	在校生数占普通高等教育在校生总数的比例（%）		

续表

指标 \ 年份		2006年	2007年
普通高校 （本科） （2.4）	招生数（万）		
	招生数占普通高等教育招生总数的比例（％）		
	在校生数（万）		
	在校生数占普通高等教育在校生总数的比例（％）		

说明：普通高校以所在城市为准，下同。普通高等教育招生、在校生总数指所在城市普通高校的相应数据总和。

都市教育质量调查表

指标 \ 年份		2006 年	2007 年
小学 （3.1）	学校数（所）		
	在校生数（万）		
初中 （3.2）	学校数（所）		
	在校生数（万）		
普通高中 （3.3）	学校数（所）		
	在校生数（万）		
中等职业学校 （3.4）	学校数（所）		
	在校生数（万）		
九年义务教育 巩固率（3.5）	小学		
	初中		
中等职业学校 毕业生一次性 对口就业率 （3.6）	中等职业学校		
普通高校（专科） （3.7）	学校数（所）		
	在校生数（万）		
普通高校（本科） （3.8）	学校数（所）		
	在校生数（万）		
普通高校毕业生一 次性就业率（3.9）	普通高校（专科）		
	普通高校（本科）		

都市教育财力调查表

指标 \ 年份		2006 年	2007 年
生均教育经费（元）(4.1)	小学		
	初中		
	普通高中		
	职业高中		
	普通高校（专科）		
	普通高校（本科）		
预算内生均教育事业费（元）(4.2)	小学		
	初中		
	普通高中		
	职业高中		
	普通高校（专科）		
	普通高校（本科）		
预算内生均教育事业费增长率（4.3）	小学		
	初中		
	普通高中		
	职业高中		
	普通高校（专科）		
	普通高校（本科）		

续表

指标 \ 年份		2006年	2007年
预算内生均公用经费增长率（4.4）	小学		
	初中		
	普通高中		
	职业高中		
	普通高校（专科）		
	普通高校（本科）		
教育财政拨款增长率（4.5）	小学		
	初中		
	普通高中		
	职业高中		
	普通高校（专科）		
	普通高校（本科）		
生机比（平均每台计算机负担的学生数）（4.6）	小学		
	初中		
	普通高中		
	职业高中		
	普通高校（专科）		
	普通高校（本科）		

都市教育制度创新项目申报表

申报单位（公章）：

项目名称：		编号：	
项目创新价值评定（10分）：			
项目主要内容及实施进度			
项目创新点分析			

续表

项目名称：		编号：	
项目创新价值评定（10 分）：			
项目成效			
存在的问题			
专家评定意见			

2008 年　月　日

说明：

1. 请按表格要求提供 5 项 2007 年在区域层面有重要影响的制度创新项目，每一项目总字数不超过 1000 字（此表可复印）。

2. 制度创新项目将委托第三方进行量化评分，请务必保证真实性，一经发现造假，将取消评定资格。

都市教科研课题立项数统计表

编　号	立项题目	立项部门	立项时间	批准文号
1				
2				
3				
4				
5				

说明：

1. 本研究所指的教科研课题立项数是2007年在全国性权威教育及科研管理部门的课题立项数，反映都市教科研理论水平。

2. 本研究所指的立项课题限定为全国教育科学规划办立项课题、全国哲学社会科学立项课题及国家教育部立项课题，不含中国教育学会立项课题。

都市科研影响力统计表

编 号	宣传或报道标题	刊登报刊名称	宣传或报道时间	字　数
1				
2				
3				
4				
5				

说明：

1. 本研究所指的科研影响力是以特定时间内在中央媒体上被介绍或宣传的教科研、教改成果数及其实际成效与影响来评定。

2. 本研究所指的中央媒体限定为《人民日报》、《光明日报》、《人民教育》、《中国教育报》四家国家级媒体。报道时间限定为2007年1月1日—12月31日。

3. 请同时提供中央媒体宣传、报道文章的复印件。

都市教育公平统计表

指标 \ 年份	2006年	2007年
"三残"(盲、聋、弱智)儿童少年义务教育入学率 (7.1)		
外来务工人员子女义务教育入学率 (7.2)		

参 考 文 献

C

辞书编辑委员会.1999. 辞海 [M]. 上海：上海辞书出版社.
陈伟.2008. 2008—2009 全球竞争力简析 [J]. 中国经贸导刊 (21)：16-19.
陈学军.2006. OECD 教育指标体系概念框架及其内容的演变与发展 [J]. 比较教育研究 (8)：29.

F

冯增俊.1996. 教育现代化与面向 21 世纪的高等职业技术教育 [J]. 嘉庆大学学报（社会科学）(3)：63-69.
冯增俊.2000. 论创建中国新世纪区域现代教育体系 [J]. 教育导刊 (1)：1-4.

G

顾朝林.2006. 中国城市发展的新趋势 [J]. 城市规划 (3)：26-31.
国家教育发展研究中心项目组.1999. 教育指标与教育决策国际研讨会综述 [J/OL]. http：//www.moe.edu.cn/moe-direct/fazhanyjzx/171.htm,1999.7.1/2009-07-13.
国家体改委经济体制改革研究院联合研究组.1996. 中国国际教育竞争力发展报告 [M]. 北京：中国人民大学出版社.

H

韩抒怀.1999. 知识经济与世界经济发展 [M]. 北京：国家行政学院出版社.
洪成文.2001. 现代教育知识论 [M]. 太原：山西教育出版社.
湖南省人民政府.2007. 湖南计划十年建成教育强省 主要指标居全国前列 [EB/OL]. http：//www.gov.cn/gzdt/2007-08/31/content_733318.htm,2007.8.31/2009-07-10.
胡弼成，王莎.2006 论教育投入的结构及基本特征 [J]. 黑龙江高教研究 (10)：4.
何晋秋等.2003. 美国科技与教育发展 [M]. 北京：人民教育出版社.
侯惠夫.2008. 定位：基于顾客心智的品牌差异化战略 [J]. 新营销 (8).

L

连玉明等.2008.中国城市综合竞争力报告［M］.北京：中国时代经济出版社.
李树琮.2002.中国城市化与小城镇发展［M］.北京：中国财政经济出版社.
李笔戎.1988.城市化规律与中国城市化发展战略基本问题探讨［J］.人文杂志（4）.
李明.我国城市发展战略与政策［G］.中国城市统计年鉴［M］.2004.
李祖超.1999.迎接知识经济的教育创新［M］.武汉：华中理工大学出版社：53.
李铁映.1997.序［A］.国家体改委经济体制改革研究院联合研究组.中国国际教育竞争力发展报告（1996）［M］.北京：中国人民大学出版社.
李英国.2005.新加坡以思想政治教育推动和谐社会建设的实践［J］.思想政治工作研究通讯.2005（10）.
厉以贤.1988.现代教育原理［M］.北京：北京师范大学出版社.
刘清泗.1994.中国成人教育百科全书·地理·环境［M］.海口：南海出版公司：223.
靳希斌.2001.教育经济学［M］.北京：人民教育出版社：175.
联合国教科文组织（UNESCO）国际教育发展委员会.1996a.学会生存——教育世界的今天和明天［M］.北京：教育科学出版社.
联合国教科文组织（UNESCO）总部中文科.1996b.教育——财富蕴藏其中［M］.北京：教育科学出版社.
刘合群等.2005.城市化意识教育新理念［M］.广州：暨南大学出版社.

M

马庆斌.2004.全球化背景下的城市发展研究［J］.云南大学学报（1）.
马骥雄.1985.外国教育史略［M］.北京：人民教育出版社.
马国泉,张品兴,高聚成.1992.新时期新名词大辞典［M］.北京：中国广播电视出版社：329－330.

N

牛文元.2009.中国新型城市化报告2009［M］.北京：科学出版社.
倪鹏飞.2001.中国城市竞争力理论研究与实证分析摘要［J］.城市（1）：23.
倪鹏飞.2004.中国城市竞争力报告No.2［M］.北京：社会科学文献出版社.
倪鹏飞.2005.当前中国城市竞争力的若干问题分析［J］.福建金融（8）：4.
倪鹏飞,彼得·卡尔·克拉索.2006.全球城市竞争力报告（2005~2006）［M］.北京：社会科学文献出版社：123.
倪鹏飞.2008.中国城市竞争力报告No.6［M］.北京：社会科学文献出版社：60.
倪鹏飞.2009.中国城市竞争力报告No.7［M］.北京：社会科学文献出版社：88.

P

潘鉉.2006.科教兴国人才强国——学习胡锦涛同志关于科技教育和人才强国的论述[J].毛泽东思想研究（2）.

彭世华.2003.发展区域教育学[M].北京：教育科学出版社.

Q

秦玉友.2005.教育指标领域基本问题反思与探究[J].当代教育科学（8）.

邱立本.2009.香港搜索最新的城市竞争力[J].亚洲周刊（20）.

曲恒星等.2000.西方教育经济学研究[M].北京：北京师范大学出版社.

S

石中英.2001.知识转型与教育改革[M].北京：教育科学出版社.

沙培宁.2004.聚焦优质教育——"基础教育的使命——努力办好优质教育"学术研讨会综述[J].中小学管理（3）.

沈晓慧,宋莉.2005.构建科学适用的国际教育统计指标体系[J].中国冶金教育（2）：29.

赛明明.2004.我国教育公平问题研究[D].郑州：郑州大学.

双华斌.2009.城市竞争力首重地缘[N].中国教育报,7-15（12B）.

T

滕大春.1998.外国教育史和外国教育[M].保定：河北大学出版社：367-368.

陶西平.1998.教育评价辞典[M].北京：北京师范大学出版社：113.

谈松华.2004.教育竞争力与区域教育发展的报告[R/OL].http://www.cbe21.com/public/news/html/210101/2004_08/20040824_21116.html,2004.8.24/2009-07-12.

田丰等.2007.文化竞争力[M].北京：中国社会科学出版社.

W

魏城.2007.中国城市化"走势图"[N].国际金融报,9-13（4B）.

吴玉鸣,李建霞.2004.中国区域教育竞争力与区域经济竞争力的关联分析——兼复胡咏梅教授等[J].教育与经济（1）.

吴德刚.2007.中国教育发展对策研究[M].北京：高等教育出版社.

王秉安.2000.经济竞争力研究系列之一：区域竞争力理论与实证[M].北京：航空工业出版社：122.

王志民等.1996.中国古代学校教育制度考略[M].北京：首都师范大学出版社.

王道俊，王汉澜.1999.教育学［M］.北京：人们教育出版社：717.
伍业峰.2005.竞争概念辨析及竞争理论初探［J］.经济师（11）：29-30.
王成至.城市化与城市发展理论［R/OL］. http：//sh. eastday. com/eastday/shnews/node20504/node20505/node20508/node20519/userobject1ai294364. html，2004-06-13/2009-07-20.

X

夏泉.1998.知识经济与世纪之交的高等教育［J］.高等教育研究.1998（3）.
谢维和.2001.教育活动的社会学分析——一种教育社会学的研究［M］.北京：教育科学出版社：276-281.
谢维和.2006.当代高等教育的转型及其主要取向［J］.中国高等教育（6）.
徐辉等.1993.英国教育史［M］.长春：吉林人民出版社.
徐一超.2005.提升杭州教育竞争力研究［M］.杭州：杭州出版社.
徐云鹏.2008.义务教育性别差异拉大谁负责［EB/OL］.
http：//www. lsj. gov. cn/news/TalkingColu/200805/9210. html，2008.5.14/2009-07-12.
新华社.中华人民共和国国民经济和社会发展第十一个五年规划纲要［EB/OL］.
http：//www. gov. cn/ztzl/2006-03/16/content_ 228841. htm，2006.3.16/2009-07-12.
薛海平，胡咏梅.2006.国际教育竞争力的比较研究［J］.教育科学（2）：80-84.

Y

袁世全，冯涛.1990.中国百科大辞典［M］.北京：华夏出版社：272.
苑茜，周冰，沈士仓.2000.现代劳动关系辞典［M］.北京：中国劳动社会保障出版社：28-29.
杨东平.2006.中国教育公平的理想与现实［M］.北京：北京大学出版社.

Z

赵中建.2007.创新引领世界——美国创新和竞争力战略［M］.上海：华东师范大学出版社.
赵彦云等.2005.国际竞争力统计模型及应用研究［M］.北京：中国标准出版社.
赵俊海.2002.IMD世界竞争力年鉴：2002［M］.北京：中国财政经济出版社.
朱喜钢.2003.中国城市发展的若干趋势与特征［N］.光明日报，10-13（6）.
朱向军.2006.提升城市教育竞争力［M］.上海：上海三联书店：121-122.
朱永新，等.科学发展观与中国教育改革［M］.福州：福建教育出版社，2009.
周绍森等.1999.科教兴国论［M］.济南：山东人民出版社.
郑燕祥.2001.新世纪教育改革的三重化［J］.教学与管理（1）.

中国教育与人力资源问题报告课题组.2003.从人口大国迈向人力资源强国［M］.北京：高等教育出版社：16.

中华人民共和国教育部.2002.中共中央办公厅、国务院办公厅关于印发《2002—2005年全国人才队伍建设规划纲要》的通知［EB/OL］.

http://www.moe.edu.cn/edoas/website18/24/info424.htm,2002.5.7/2009-07-12.

曾国屏等.1999.世界各国创新系统［M］.济南：山东教育出版社.

中央教科所.国际教育发展规划资料（3）.

http://219.234.174.136/snxx/UploadFiles_2802/200811/20081125150428929.doc2008-09-23/2009-07-30.

国外

［澳］西蒙·马金森.2008.教育市场论［M］.金楠等，译.杭州：浙江大学出版社.

［美］莱斯特·布朗.2002.生态经济［M］.北京：东方出版社.

［美］Jeff Saperstein, et al. 区域财富：世界九大高科技园区的经验［M］.金马工作室，译.北京：清华大学出版社，2003：14.

［瑞士］斯蒂芬·格瑞理.2008.顶级竞争力［M］.何学文，译.北京：东方出版社：89.

［美］杰拉德·盖泽尔.美国多校园大学系统：实践与前景［M］.沈红，等，译.北京：教育科学出版社，2004：149.

英文部分

* Albergotti, Reed. 2006. The Most Inventive Towns ［J］. The Wall Street Journal（July）.
* Crafts, N. F. R. 1985. British Economic Growth during the Industrial Revolution ［M］. New York : Oxford University Press.
* Kresl, Peter K. 1995. The Determinants of Urban Competitiveness: A Survey, in Peter Karl Kresl and Gary Gappert（eds.）, North American Cities and the Global Economy, Urban Affairs Annual Review series, Sage Publications.
* Markoff, John. 2009. Searching for Silicon Valley ［EB/OL］. http://travel.nytimes.com/2009/04/17/travel/escapes/17Amer.html?pagewanted=1. 2009.4.17/2009-07-12.
* Morgan, Jane. 1967. Electronics in the West: the First Fifty Years ［M］. Palo Alto: National Press Books.
* O'Mara, Margaret Pugh. 2004. *Cities of Knowledge* ［M］. Princeton: Princeton University Press.
* OECD. 1989. Education and the Economy in a Changing Society ［R］. Paris.
* OECD. 2009. Education at a Glance ［R］.

http：//www. oecd. org/document/30/0，3343，en_ 2649_ 39263238_ 42200158_ 1_ 1 _ 1_ 1，00. html.

* OECD. 1996. OECD. The Knowledge Based Economic ［R］.

http：//www. oecd. org/dataoecd/51/8/1913021. pdf /2009 – 07 – 20.

* OECD. 2007. Education at a Glance 2007：OECD Indicators ［R/OL］.

http：//www. oecd. org/dataoecd/25/41/39315136. pdf.

* Pimentel，Benjamin. 2008. Silicon Valley and N. Y. still top tech rankings ［N］. MarketWatch，Jun 24.

* Smith Adam. 1776/1979 The Wealth of Nations ［M］. Penguin. Harmondsworth.

* Schultz Theodore. 1960. Capital formation by education ［J］. Journal of Political Economy：571 – 583.

* Sturgeon，Timothy. 2000. How Silicon Valley Came to Be ［A］. Martin Kenney, ed. Understanding Silicon Valley：Anatomy of an Entrepreneurial Region ［C］. Stanford University Press.

* Tajnai Carolyn. 1995. Fred Terman：The Father of Silicon Valley ［M］. IEEE Design & Test of Computers.

* UNESCO. 2005. EDUCATION TRENDS IN PERSPECTIVE.

http：//www. uis. unesco. org/TEMPLATE/pdf/wei/WEI2005. pdf 2005/2009 – 07 – 21

* Wikipedia. Silicon Valley ［EB/OL］.

http：//en. wikipedia. org/wiki/Silicon_ Valley 2009. 7. 31/2009 – 08 – 05.

出 版 人　　所广一
责任编辑　　周益群
版式设计　　沈晓萌
责任校对　　曲凤玲
责任印制　　曲凤玲

图书在版编目（CIP）数据

中国都市教育竞争力研究／中国都市教育竞争力研究及数据库建设项目组著．—北京：教育科学出版社，2011.8

（中央教育科学研究所 2008 年度科研业务费专项资金项目成果丛书／袁振国主编）

ISBN 978-7-5041-5447-7

Ⅰ.①中… Ⅱ.①中… Ⅲ.①城市教育—竞争—研究—中国 Ⅳ.①G52

中国版本图书馆 CIP 数据核字（2010）第 259909 号

中央教育科学研究所 2008 年度科研业务费专项资金项目成果丛书
中国都市教育竞争力研究
ZHONG GUO DU SHI JIAO YU JING ZHENG LI YAN JIU

出版发行	教育科学出版社			
社　　址	北京·朝阳区安慧北里安园甲 9 号	市场部电话	010-64989009
邮　　编	100101	编辑部电话	010-64989421
传　　真	010-64891796	网　　址	http://www.esph.com.cn
经　　销	各地新华书店		
制　　作	北京金奥都图文制作中心		
印　　刷	北京中科印刷有限公司		
开　　本	169 毫米×239 毫米　16 开	版　　次	2011 年 8 月第 1 版
印　　张	17.5	印　　次	2011 年 8 月第 1 次印刷
字　　数	294 千	定　　价	36.00 元

如有印装质量问题，请到所购图书销售部门联系调换。